天才たちのメッセージ

東大理III

合格の秘訣㊴

2024

まえがき

『東大理Ⅲ　合格の秘訣』の39冊目となる２０２４年版をお届けします。このシリーズを続けられるのも、毎年理Ⅲ合格者の方々にご協力をいただいているからに他なりません。改めて感謝を申し上げます。

そして、このシリーズをご愛読くださっている読者の方々にも同様に感謝を申し上げます。インターネットを見てみると、中には20年以上も本シリーズをお買い求めいただいている「理Ⅲ本マニア」のような方までいるようで、Amazonでは昔の版にプレミア価格がついています。20年以上読んでいるというのは、すでに大学を卒業している方である可能性が高いわけで、大学受験という人生のイベントが終わった人にも興味を持っていただける本なのかなあと何やら不思議な気持ちです。

ＹｏｕＴｕｂｅを見てみると、理Ⅲ生が登場したり、「東大理Ⅲ」をキーワードにした動画が多くの視聴者を集めていて、「東大理Ⅲ」に対する関心は増しこそすれ、まったく衰えていないのをひしひしと感じます。

かたや「東大理Ⅲ神話」の負の側面が露わになったというべきでしょうか、２０２２年には共通テストの試験場となった東大キャンパス前で、高校生が負傷させられるという事件も起こりました。その後の報道で、事件を起こした少年は「東大理Ⅲ」合格に強い執着を示していたことが明らかになりました。

あるＹｏｕＴｕｂｅの番組で、出演者が口にした「東大理Ⅲ以外はカス」というワードが話題になったこともありました。東大理Ⅲを過剰に崇拝する、このような「東大理Ⅲ神話」に、もしかしたら本シリーズも加担してきたのかもしれないと思うと、我々にも反省すべきところがあるのかもしれません。

それでも、勉強することや努力することを何かと冷笑しがちないまの時代に、勉強に青春のエネルギーを惜しみなく捧げた、本書に登場する若者たちの姿は、清々しさを感じさせるものであることは変わりません。「医者になるならば東大医学部でなくてもなれるのに、どうして理Ⅲを目指すのか?」。そんな何度も繰り返された問いは、彼らはとっくの昔に乗り越えているはずです。彼らの話を聞いていると、こんな若者たちがいるのならば、日本の未来もまだまだ捨てたものではないと、そんな風に思わせてくれます。本シリーズが読者の方々にとって、何かの参考や道標になっているのでしたら、制作スタッフにとっては何にも勝る喜びです。

来年以降の理Ⅲ合格者の皆様へ

みなさんがこの本に登場する先輩方を参考にしたように、未来の後輩たちの参考になるよう、ご自身の体験をこの本で伝えてみませんか? もし可能であれば直接お会いして、それが無理ならオンラインにてインタビューをさせていただけたらと思っております。見事理Ⅲに合格されましたら、ぜひ以下の連絡先までお気軽にご連絡ください。お待ちしております!

■連絡先　電話:03-3988-3551　FAX:03-3988-3557
メールアドレス:info@wasedakikaku.co.jp(メールをいただくのが一番確実です)

令和6年7月吉日　『東大理Ⅲ』編集委員会一同

※本書の内容に関するすべての責任は「『東大理Ⅲ』編集委員会」にあります。

目次

※各合格者の名前の下にある「臨床医になりたい」「研究医になりたい」「医者以外の道もあり」は、★の数が多いほど現時点でその意思が強いことを表します。

※プロフィールの受験した大学名の下にある◯、×は、◯（合格）、×（不合格）を表します。

※プロフィールの「家庭教師生徒募集のメッセージ」では、個人のメールアドレスを掲載しています。家庭教師依頼に関係する連絡の場合のみ使用してください。

※「合格者解答例この１題」では、2024年の東大二次試験の問題の中から、各合格者の印象に残った設問の解答を紹介しています。

阿津川 仁（あづかわ じん） 臨床医になりたい★★★★☆ 研究医になりたい★★★☆☆ 医者以外の道もあり★☆☆☆☆

福井県立高志高校卒 現役
共通テスト 787点
前期 東大理Ⅲ ○
後期 なし
得意科目 数学
家庭教師生徒募集のメッセージ
私には突出した才能や絶対的な得意科目があったわけではなかったけれど、計画的に毎日コツコツ勉強した結果、最終的には第一志望校に合格できました。家庭教師をさせていただけるなら、その生徒様に私が考えていた戦略やモチベーションの保ち方も全て教え、一人ひとりに合った方法を考え、全力でサポートします。対面での指導ももちろん承りますが、私自身地方出身ですので地方の方へのオンラインでの指導も大歓迎です。ご連絡お待ちしております。

E-mail used.nijza@gmail.com

部活に打ち込んだ中高時代

僕が卒業した福井県立高志中学校、高等学校は公立の中高一貫校で、僕は中学から入りました。

部活は硬式テニス部でした。6年間通して力を注いでおり、中学の時も高校の時も週5日ほど練習していました。北信越大会で団体戦3位にもなりました。テニス部では中学でも高校でも部長を務めました。高3の時も6月までテニス部の活動をしていました。最後の大会は新潟県であったので、部員たちと一緒に泊まりで遠征に行ったのが思い出深いです。

勉強に関しては、中学の頃から東進の数学特待を活用しており、中2の終わりのコロナ禍に入った頃から、数学に多くの時間を割きました。コロナで部活も休みになったのですが、僕は身体を動かさないとストレスがたまるので、毎日のようにランニングをしていました。中3の時は、友達と駅伝大会にも出場しました。

僕は大学受験の時も塾の授業としては東大特進のオンライン授業くらいしか受けていませんでした。今はオンラインが充実しているので、それらを活用すればライブの授業を受けなくても受験で勝負できる面もあると思います。あとはZ会の過去問演習や、臨海セミナーの過去問添削を活用していました。Z会で受けたのは英語です。臨海セミナーは高3から始めました。

部活時代の短時間集中の勉強

東進では自分でどんどん先に進められたので、中3で数Ⅲまで進めていました。高1までも引き続き東進の数学特待を主にやっていました。中学時には英語は『ハイステージ英語』などの参考書を使って勉強していました。

東大対策として、高2の頃から東進の東大特進を本格的にやり始めました。数学のほかに物理や国語の講座も取っていました。映像授業には分からないところを何回も視聴でき、一時停止もできるというメリットがあります。部活で忙しい中でも空いている時間で勉強できたのは映像授業のおかげでした。気になるところを自分でノートにまとめ直したりしていると、最終的には理解できるようになります。

ほかに、物理は「ハイレベル物理」という講座を取っていました。参考書は『難系』を少しやりました。

化学は最初はあまり東進の講座は取っていなかったので、学校の授業を聞いて、あとは学校で配られた参考書を解いて勉強していました。

そのように勉強すると模試ではいい点数が取れることもあったので、部活を引退してから勉強時間が増えれば鉄緑会に通うような人たちとも勝負できるかなと考えていました。

英語は高1の時は『ロイヤル英文法』を使って分からないことを調べていました。単語帳は『鉄壁』などを使いましたが、あまり単語の暗記に割く時間がなかったので、勉強机に向かっている時ではなく空いた時間に見る程度でした。

修学旅行はもともとアメリカの予定でしたが、コロナの影響で福岡と屋久島と種子島になりました。特に屋久島と種子島はなかなか行く機会のないところですし、大自然も味わえたので印象深かったです。

学校生活では毎年クラス代表も務めていました。勉強時間は、部活をやった日は時間がないので2時間くらい。土日も部活をやる日が多かったので、その時は2、3時間ですが、部活を引退してからは平日は5時間、休日は15時間くらい勉強するようにしました。15時間というと起きてる時間は食事とお風呂以外ほとんど勉強する感じですが、勉強は部活よりは体力を使わないのでそれほど疲れはしませんでした。やはり部活を頑張ってきたおかげで体力面でもメンタルでも受験を勝ち抜く力がついたと思います。

部活引退で受験勉強へ

高3になってもテニスの大会があったので、最後の大会に向けて部活を頑張っていて、6月までは部活を続けていました。引退直前がテニスの実力もメンタル面も一番成長したと思います。

精一杯頑張ったので部活を引退してからはもう思い残すことはなく、すぐに気持ちを勉強に向けて切り替えることができました。

そのあとは、まず理科をメインに勉強しました。基礎の理解がまだ甘いと思ったので、もう一回最初から見直して、理解していないところを探り出して理解を深めていました。東大特進のテキストも使って基礎問題から見直していました。

6月には東進の全国統一高校生テストの決勝大会を東京で受ける機会がありました。その時に出会った東京や大阪などの同じ学年の生徒たちと連絡先を交換して、それから情報交換をするようになりました。何をやっているか聞くと参考になり、同じ志望校の子が同じ高校にほぼいなくても連絡を取り合っていると退屈にはなりませんでした。

夏休みも引き続き理科の基礎固めをして、その後、東大の過去問を解いていました。東大の過去問は英語と数学は40年分くらい解きました。数学は鉄緑会の過去問集を利用しました。理科の過去問は始めたのが遅かったので解いたのは20年分くらいです。国語は10年分くらいです。

勉強は主に家でしていました。勉強中はスマホを別の部屋に置くようにすれば、家の中でも集中できました。

共通テストで失敗

2学期も引き続き過去問を解きながら、基礎を振り返ったり、東進の新たに公開された授業を見たりしていました。特に良かったのは物理の苑田先生です。苑田先生の授業は、物理学の本質をごまかさず教えてくれる内容で興味深かったです。

数学は長岡先生の授業が良かったです。長岡先生の授業は解説もわかりやすいのですが、演習問題をたくさん用意してくれてためになりました。

冬になっても、二次試験の勉強をやりたかったので、共通テスト対策はほぼしませんでした。そもあって共通テストは787点で、サボった罰があたったなと思いました。共通テストは全体的にミスが多すぎて、どんどん失点が重なっていました。予想問題パックをやったときは830点くらい取れていたので、それよりかなり低くてショックでした。でも二次で頑張って取り返すしかないと気を取り直しました。

私立や中期、後期は受けないと腹を括った方が理Ⅲに受かる確率が高まると思ったので受けませんでした。浪人してもまた理Ⅲを受けようと思っていました。二次試験の勉強を一生懸命していましたが、夢に共通テストに失敗したことが出てきたりして、つらかったです。

自分を分析すること

1日目の国語は古文漢文の出来は悪くなかったですが、現代文は少し解きづらいと思いました。数学は受験直前には調子が良くて、問題を見た感じで簡単そうだと思いました。5完くらいできるかなと思ったのですが、4完で終わりました。試験が終わってみると、試験開始時に思ったほどにはできなかったので、1日目が終わって落ちそうだと思いました。

2日目の理科については、物理は時間が経つのが早くてそこまで解けず、65分くらいで物理の残り1問はあまり手をつけないまま化学に切り替えました。そのあとは物理には戻らずにずっと化学を解きました。

英語は解きにくく感じ、過去問をやったときよりできていないと感じました。リスニングも分かりにくかったです。

試験が終わってから合格発表までは毎日遊び続けました。発表の日はその時間まで心拍数が上がり続けました。いつもは8時くらいに起きるのですが、わざと生活時間をずらして正午の発表の少し前に起きるようにしました。合格者の番号の一覧を見ると、一番上に出ていたのが自分の番号でした。落ちてるのではと思っていたので受かったことが信じられないような気持ちでした。

理Ⅲに受かるために大事なのは、自分を分析することだと思います。間違えた問題1問1問に対してちゃんと向き合って、自分のどういうところが足りなかったからこの問題が解けなかったのか、どうすれば解けるようになるのかを、よく考えるようにしていました。僕はミスをよくするので、どういうときにミスをするのか自分で分析していました。

大学では教養課程で幅広いことを学びたいです。部活は鉄門のテニス部に入るつもりです。患者の気持ちに寄り添える医師になるのが目標です。

阿津川 仁

オススメの参考書・塾・勉強法

数学

『入試数学の掌握』（エール出版社）

躓きがちな分野に集中して、わかりやすく考え方を教えてくれるため

国語

『鉄緑会東大古典問題集』（KADOKAWA）

古典を読んでいる中で気になることほぼ全てのことにコメントがあり、深く学ぶことができるため。

アンケート

○理Ⅲ合格の自信は何%あった？

昨年4月30%、今年2月60%

○勤務医、開業医、研究医。どれになりたい？

開業医

自らの手で自分の病院に来る人たちに安心してもらえる病院を作り、理想の医療を追い求めたいから。

○尊敬する医師・研究者は誰？

福島孝徳先生

素晴らしい手術の腕を持ち、患者への負担をできる限り減らそうと手術の方式を研究されるところが私が思う理想の医師の姿と重なるため

○医師以外でなりたい職業は？

宇宙飛行士

○東大の好きなところは？

異なる環境でこれまで生きてきた人たちと話すと自分の知らない世界を知ることができる点

○東大の変えたいところは？

同じ内容の授業であってもクラス指定の授業が多いけれど、これを減らせばより多様な人と関わる機会が得られて良いのではないか

○大学生活で、勉強以外にやりたいことは？

部活動、サークル、アルバイト

○ストレス解消法は？

テニスやランニング、筋トレなどで体を動かすと気分がリフレッシュして良いです。また私にとっては、野球などのスポーツ観戦もストレス解消によかったです

○あなたの長所と短所は？

長所：よくない出来事に直面しても過度に思い詰めず、ある程度楽観的でいられるところ

短所：心配性であるところ

○好きな本は？

『嫌われる勇気』岸見一郎

○好きな映画や音楽は？

「コード・ブルー」 Mrs.GREEN APPLE

○受験勉強中、負けそうになった誘惑は？

スマホを触り続けたい誘惑

○理Ⅲ受験で最も大切なのは？

メンタルコントロールをして計画的に学習すること

○人生で最も必要なものは？

根気強く人のことを理解しようとし続けること

安積 知史（あづみ さとし）

臨床医になりたい★★☆☆☆ 研究医になりたい★★★★☆ 医者以外の道もあり★★★★☆

私立白陵高校卒 現役
共通テスト 841点
前期 東大理Ⅲ ○
得意科目 物理
不得意科目 古典
兄弟 姉1人
家庭教師生徒募集
E-mail az31.utssi@gmail.com

灘ではなく白陵へ

子供の頃はWii Sports以外のゲームは買ってもらえなかったので、よく外で走り回って虫を捕まえたり写真を撮ったりして遊んでいました。小4から日能研に入ったら、小5の時に日能研の幹部の人に灘特進という灘を受ける子向けの特別なクラスに来ないかと誘われたんです。仲のいい友達も誘われて、お互いに「君が行くなら灘特進に行く」と言ったのですが、結局ふたりとも白陵がいいという結論になりました。灘だと家から遠いし、あまり受かる自信もなかったので。

将来については、親が医者なので、僕にも医者になってほしいと小さい頃から言われていました。そうやって勧めてくるのは、やりがいのあるいい仕事なのかなと僕も思うようになりました。

白陵に入ってみると、中学の時から数学の先生が朝特別に高校（大学）数学や発展的内容を教えてくれる朝ゼミとか、数学オリンピックの問題を解く会などがありました。毎週1回放課後には、大学数学の教科書を読むゼミもありました。

中2の時に科学の甲子園ジュニアで全国大会まで行ったりして、物理や数学にも興味を持っていたので、物理や数学の方面に進みたい気持ちの方がその頃は大きかったです。なので医者にもなれるし、もし他の道に進みたくなれば進振りで進路も変えられる東大理Ⅲが僕には合っているのかなと思いました。

塾に入らずに勉強

部活は中高ずっとバレー部でした。ずっと週5日、試合前は週6日練習していたので結構忙しかったです。高3の時は自分がエースを務めて近畿大会まで進みました。

高1の時にコロナ禍になると、父が医者で、家族の僕も感染するとまずいため外出を控えてほしいと言われました。それで家と図書館以外は外出しないようにしていました。学校が休校中は部活もほぼ休みでしたが、学校が始まると部活も再開。それでもマスクをつけていたので、運動するのも息苦しかったですね。

Z会は使っていましたが、それ以外には塾は通っていません。Z会は中1で入って中2で一旦辞めてしまったのですが、その後模試の成績が下がった時があったので、しばらくして再開しました。

高校では物理チャレンジや化学グランプリ、それに科学の甲子園にも出場していました。中でも一番頑張ったのは物理チャレンジです。僕はどの教科もある程度好きだったのですが、どれか突出した教科が欲しいと思って、物理を極めようと思いました。何より身の回りの物の現象とかを数式で表現できるのが面白い。

物理チャレンジの対策として、まず高1の時の高校範囲の物理の教科書を一周。それで高2の時に物理チャレンジに出場して入賞しました。でも金銀銅の下の優良賞だったので、まだまだ世の中には優秀な人がたくさんいるな、と痛感しました。英語については、中3の時に英検準1級を取りました。

また、高1の時に物理の先生に「プログラミングをやりたい」と相談したら、AtCoderというサイトを紹介されました。このサイトでかなりプログラミングを覚えました。

高2の3月に出場した科学の甲子園では筆記、実験競技に加え、決められたコースを自分たちがプログラミングした車で走らせる種目もやりました。僕はプログラミングを担当したのですが、これが難しくて1か月かかりっきり。しかも本番前に車が壊れ、前日の夜は朝4時まで車を直し、ホテルで徹夜でした。

それでも結局思うように走らなかったので、その時は悔しかったですね。

バレーを最後までやりたい

受験勉強については、数学は参考書のチャート式をずっとやっていて、『数学の真髄』を高2の後半くらいにやりました。物理の『名問の森』は高2の始めから。『化学の新演習』は高2の夏休み。英語の『鉄壁』も高2から始めました。

問題集を解いた後は、赤ペンで採点し、どう間違ったかを青ペンでノートに書き込んでいました。部活は高3の夏の大会が終わるまで続けると決めていました。周りはとっくに部活を引退して、学校が終わったらすぐ勉強していたので、まだ部活をしていて大丈夫かなと思いましたが、これまでやってきたバレーだから最後までやりとげようと決めました。

嬉しいことに7月の近畿大会に進めることになったのですが、6月の学校の球技大会で悲劇が起きます。全力でやった結果、足首を骨折してしまったんです。その1か月後が近畿大会だったので、まだ治りきってなくて、包帯をぐるぐる巻きにして出場しました。全然ジャンプできなくてボールを打てなかったのですが、引退試合だからと思って頑張りました。怪我をしていたのに試合に出してくれた先生と仲間に感謝です。

高3でも物理チャレンジ

高3の夏休みは、最初はずっと図書館で1日10時間くらい勉強していたのですが、そこが飽きてくると、学校の高3用のスペースで友達と一緒に勉強していました。

7月に代ゼミの東大模試があったのですが、数学が思ったよりもずっと難しくて、最後の30分は何も答案を書けませんでした。結果、120点中38点しか取れなくて、これはヤバいと思いました。それで夏休みは特に数学をずっとやっていました。それまで数学は解いているうちに何をやっているかわからなくなることがあったのですが『数学の真髄』を使って勉強しているうちに、数学の論理が捉えやすくなっていきました。その後東大の過去問を20年分くらい解いていると、パターンがだんだん分かるようになっていきました。

物理は高3でも物理チャレンジという大会に参加していました。まず予選として5月末までに課題に従った実験を家や学校でして、そのレポートを書いて提出します。その後オンラインの筆記試験があって、それに受かると8月に岡山で本選がありました。このときは銀賞を取りました。

化学グランプリも一次筆記、二次実験と進んだのですが、僕は実験が下手なんです。これらのグランプリの勉強は東大受験とは関係ないこともありましたが、全体的にとてもためになりました。実際の大学受験では実験はしないですが、実際に実験することで勉強の内容がイメージしやすくなることはありました。

卒業式の答辞を盛り上げる

共通テスト対策は、2、3週間前から始めました。僕にとって共テは数学と理科は簡単なのですが、英語・国語は難しいです。共テぼけが怖いので時々二次の数学の勉強として東大の数学を1問解いたりしたのが意外といい気分転換でしたね。

共通テストの後に、学年代表の卒業式の答辞をすることになって、二次試験の前なのに何を話そうかずっと考えていました。卒業式の3日前に友達に案を見せたら、「感動させるか面白くするか、どっちかやれ」と言われて、友達5人で台本を考え、「学校へ行こう!」という番組でやっていた「未成年の主張」を真似ることにしました。

学校生活が楽しかったことを証明するという内容で、卒業式を盛り上げられたかなと思います。

この答辞のことで忙しかったり、インフルエンザにかかったりして、東大受験がやばそうだったので、出願していた慶應医学部を結局受験しませんでした。

面接でラッキー

共通テストの時に、テスト前は絶対に寝れない、ということを学んでいたので、二次試験の前日は、寝る一時間前からはスマホを見るのをやめて、起きたい時間の10時間前には布団に潜りました。途中で何度も目がさめたのでだいぶ質の悪い睡眠でしたが、なんとかなる眠気だったので作戦は一応成功でした。

国語は、現代文の問題文から東大が何のメッセージを伝えたいのかわからなくて困惑しました。古文漢文は普通に意味わかりませんでした。終了5秒前に現代文の文末表現のミスに気づき、すこし落ち込んだまま一教科目が終わりました。

数学は不安だったので前日と当日の始まる直前に過去問とかを計4問ぐらい解いていましたが、焦りもあったのかその中の1問しか解けなくて軽い絶望のなか始まりました。始まって全問題目を通した時、「あれ?なんか去年、一昨年と比べたら簡単過ぎない?結構解けないとやばいな」、と思いながら解いてました。結果、実感は4完2半で悪くなさそうでしたが、いつも通りどっか間違ってるだろうなって思いながら試験後の待ち時間を過ごしました。

周りの出来を絶対聞きたくなかったのでホテルに着くまでずっとイヤホンをしながら帰りました。

次の日、理科がちゃんと難しく、得意教科で差がつけられない、と焦りながら解いて、そのまま時間配分をミスしました。その後の休み時間で叫んでる人がいたし、理Ⅲ志望の人たちも終わってから物理を見返していたので、皆難しかったのだろうし大丈夫かなとは思いました。英語はリスニングが全然聞こえなかった以外いつも通りでした。

その夜に、先に受験が終わった友達に電話で面接練習をしてもらいアドバイスをもらいました。その友達の質問が本番で出たのでめちゃくちゃラッキーでした。

面接は東大では名前の順で、終わったら帰れるので、僕は9時半に終わり、開放感の中、そのまま3日目まで残ってくれていた友達と東京で遊びました。

判定は悪い方がいい(かも)

自己採点は、数学で解いたところが全部合うという奇跡がおきつつ、化学が周りと比べて結構悪かったのでどうなるかなという感じでした。英語と国語は怖くて見れませんでした。

合格発表は試験本番より緊張しました。受かった時は嬉しいと言うより安堵という感じで、ＬＩＮＥや電話で友達と喜びを分ち合いました。

僕が合格できたのは、中学時代からいろんな教科を先取りして勉強していたことと、コンスタントに勉強し続けたことが良かったからだと思います。やる気があれば勉強を頑張って受験に受かると思うのですが、やる気を生むのは興味と危機感だと思います。判定は下手にA判定を取るよりも、少し悪い方が危機感が生まれ、勉強へのやる気が出て自分にとってある意味よかったと思います。これを読んでいる皆さんもぜひ目標に向かって頑張ってください。

オススメの参考書・塾・勉強法

数学
『数学の真髄』
論理がとらえやすくなって、どうすれば同値か、証明できるか、などが分かりやすくなる。自分が今何を書いていて、どこへ向かっているのか、がとらえられます。
・通っていた塾・予備校
　Z会（通信添削）

物理
『名問の森』（河合出版）
　基礎が固まる
物理チャレンジの勉強が受験にもつながった

化学
『化学の新演習』（三省堂）
　計算力がつき、基礎が固まる。学校の授業で昨年の国公立の化学の入試問題はほとんど解いた。いかに早く解けるかの訓練になる。

英語
『英語長文問題精講』（旺文社）
　速読の練習で、電車の中でずっと解いていた
『キムタツの東大英語リスニング』（アルク）
『鉄緑会東大英単語熟語　鉄壁』（KADOKAWA）
・通っていた塾・予備校
　Z会（通信添削）

国語
過去問
僕は時間がぎりぎりだったので、時間配分に気をつけながら1年分まとめて解いて、先生に添削してもらう、というのを繰り返してました
・通っていた塾・予備校
　Z会（通信添削）

アンケート
○理Ⅲ合格の自信は何％あった？
昨年4月70％、今年2月65％
○勤務医、開業医、研究医。どれになりたい？
研究医　人体の仕組みを知りたい
○尊敬する医師・研究者は誰？
父　医者という仕事に誇りを持っているのがひしひしと伝わってくるから
○医師以外でなりたい職業は？
エンジニアとか？　物理学者とか？
○東大の好きなところは？
進振りがある。レベルの高い人がいる。
○東大の変えたいところは？
学食が高い、混みすぎ
○大学生活で、勉強以外にやりたいことは？
留学とかインターンとか
○ストレス解消法は？
スポーツ、YouTube
○あなたの長所と短所は？
長所：忍耐強くどんなこともする
短所：気になったことは気がすむまでそれに取り組んでしまう
○好きな本は？
『ハリー・ポッター』
○好きな映画や音楽は？
『君の名は。』　流行りの曲はだいたい好きです
○受験勉強中、負けそうになった誘惑は？
YouTube、テレビ
○理Ⅲ受験で最も大切なのは？
やる気、危機感
○人生で最も必要なものは？
やりたいことをすること

柔道大会

合格者解答例この1題

科目 物理 第 1 問

II (2) 速度0となるまでに動くキョリを Y として

$$0 - v_0^2 = 2g(\mu' \cos\theta - \sin\theta)Y$$

$$Y = -\frac{v_0^2}{2g(\mu' \cos\theta - \sin\theta)}$$

エネルギーについて

$$\frac{1}{2}mv_0^2 = \frac{1}{2}mv^2 + \mu' mg\cos\theta \cdot 2Y$$

$$v = \sqrt{v_0^2 + 4\mu' gY\cos\theta}$$

$$= v_0\sqrt{\frac{3\mu' \cos\theta - \sin\theta}{\mu' \cos\theta - \sin\theta}}$$

「運動の対称性より、v_0で終わる問なのに、時間をかけて、しかもまちがいました。試験中の自分の焦りが見える一題です」

修学旅行

卒業式

安東 亮祐（あんどう りょうすけ）

臨床医になりたい★★★★☆ 研究医になりたい★☆☆☆☆ 医者以外の道もあり★★★☆☆

私立ラ・サール高校卒 現役
共通テスト 841点
前期 東大理Ⅲ ○
後期 東京医科歯科大医（出願）
併願 慶應大医 ○
得意科目 化学
不得意科目 数学
親の職業 父・開業医 母・事務員
兄弟 妹1人

「小3からやり直しなさい」

父が医師であるため、幼い頃から医療を身近に感じながら育ってきました。父は僕が小5の頃に消化器内科の医院を開業。母もその医院の職員として働いています。医院は家とは別なのですが、学校から医院に帰ることもありました。

父が医者だと、具合が悪い時にわざわざ病院に行かなくても、父がある程度診断してくれるのでありがたかったです。高校で親元を離れるまではそのありがたさに気づけませんでしたが。

出身は福岡。小学校の頃は宿題もせずに遊びまわっていました。宿題をさせるために夏休みに小学校に呼び出されたこともありますし、小4の時には僕があまりにも宿題をやらないのに先生が怒って、小3の教室の前まで引っ張って連れていかれ、「あんたここからやり直しなさい」と言われたほどです。

中学受験はしませんでしたが、パズル道場というものには通っていました。頭の体操になっていたかもしれません。

中学受験してみる?と親に打診されましたが、当時はその価値がわからず、公立の中学校に行きました。

「ラ・サールを受けてみない?」

中学校に入ってからは卓球に熱中していました。だけど中3になってコロナで学校が休みになり、卓球ができなくなったのと、まったく勉強しなくなるのはさすがにまずいという気持ちから、全教研という塾に入りました。

そこで勉強して、地元の福岡高校を受験しようかなくらいに思っていたのですが、冬に塾の先生から「ラ・サールか久留米大附設あたりを受けてみないか」と言われ、難関校を受けるクラスに移ったんです。

とはいえ中学校の時の勉強は、塾の課題をしたほかは、受ける学校の過去問を解いたくらい。特別なことはしていません。

やはり上の学校に行ったほうが、自分の選択肢は広がるので、挑戦してみようという感じでした。

開成も受けたのですが不合格。長崎の青雲は合格しましたが、ラ・サールに進学しました。

友人との距離が近い寮生活

ラ・サールの寮は、スマホも自由に使えないとか、いろいろ規則があるのですが、慣れれば大丈夫だろうと気軽に考えました。

ラ・サール寮の特徴は、とにかく友人との距離が近いことです。高校はひとり一部屋の個室なのですが、誰かの部屋に集まってダベることが多かったです。集まって一緒に数学の問題を解くこともあり、勉強面でも密接な友達関係でした。

午後7時半から15分の休憩を挟んで3時間は義務自習の時間になっていて、必ず机に向かわなければなりません。夕食後の眠くなる時間なので結構大変でした。

寮ではテレビもスマホもなく、勉強する以外だと漫画か小説を読むくらいしかやることがありません。そんな環境ではありますが〝住めば都〟で、それなりに楽しく過ごしていました。

中学校では卓球部に力を入れていたのですが、ラ・サールに入るとなかなか部活にエネルギーが割けなくて。高校はテニス部でしたが、中学の卓球部ほどには力が入りませんでした。学校の活動ではラ・サール中学の入試ボランティアをしたくらいです。

中上がりに負けるな

入学当初は大学について全然知らなかったので、とりあえず医学部かつ地元の九州大医学部くらいに入れたらいいなくらいに考えていました。

でも、高校受験のときも、上を目指すうちにどんどん新しい景色が見えてくるのを経験したので、いちばん上を目指そうかなと。

ラ・サールでは、ラ・サール中学から入ってきた生徒を中上がり、高校入学組を新高といいます。中上がりの人たちは数学の進度が先まで進んでいるので、高1の時は追いつくので大変でした。

数学では宿題がたくさん出たし、英語も周りのレベルが高く見えました。土曜日は昼の4限までなのですが、新高だけは5、6限を使って、中上がりの進度に追いつくための授業を受けました。

高2になると学校から出される課題も少なくなって、週テと呼ばれるテストにも慣れてきたので、自分なりに問題集などを解いていました。

英語は高1、高2の頃はとにかく教材の英文を暗記して、英語の型を叩き込んでいました。

数学は数学好きな高校入学組の友人たちと、問題集から選んで同じ問題を解いたりしていたので、問割と楽しめていました。

安東 亮祐

イートン校に留学

高2の夏休みには、ラ・サールが案内しているイギリスのイートン校留学に2週間参加しました。英語漬けの環境に身を置けて楽しかったし、日本とイギリスの文化の違いも面白かったです。

日本に帰ってくると、高2の秋には科学の甲子園の予選に参加。予選まで本選には行けなかったのですが、このときに化学を少し詰めたので、受験にも役立ちました。

数学は、同じ参考書をずっとやるのは面白くないと思ったので、いろんな参考書から目新しい箇所をつまみ食いしていました。他には、東大の問題を友達と一緒にセットで解いたり、東進のテストゼミの映像授業も視聴しました。東大模試の過去問も友人と集まってやりました。これはペースメーカーになってよかったです。

英語は、参考書で勉強するばかりでは面白くないので、過去問や東大特進の授業をやりつつ、ネットで気になるキーワードをGoogleで検索して、気になる文章を読んでいました。リスニングもさまざまな社会課題についてプレゼンする番組「TED」を聞いたり、海外のお笑いを見たりしていました。

尻込みしたくない

夏休み明けの最初の日に、ラ・サールで駿台の東大実戦を受けたのですが、思うようにはいかず、夏休みの怠惰な自分を思い返して落ち込みました。

それから1か月くらいは結構頑張れたのですが、秋にはラ・サールの体育祭あたりから勉強へのモチベーションがちょっとダレました。

ストレスが溜まっていた際には散歩として近くのコンビニや本屋に行っていました。道中で今後の計画を考えていました。受験勉強では立ち止まることも多かったため、計画は全然遂行されず、立てるだけのものだったかもしれません。また、ストレス解消に友人とカラオケにもしばしば行っていました。もちろん帰った後に後悔しますが。

河合の「東大オープン」は夏も秋もA判定だったのですが、駿台の「東大実戦」は秋はD判定とさらに落ちてしまいました。ただ、秋の代ゼミの「東大プレ」で6位を取れて、結局、本番さえうまくいけばいいや、駿台とは相性が悪いだけだと楽観できるようになりました。

共テのあとインフルエンザに

共通テストの対策は、日本史の参考書を読んだり、数学の解くスピードに慣れる練習をしていました。結果は841点。東大の試験では共通テストにそこまで重きは置かれないので、これなら問題ないだろうと思いました。

ところが共通テストの後に映画にカラオケと遊んでしまい、インフルエンザにかかってしまって、1月末まで体調が悪化。最後の模試も受けられず、気分的にもダレて、体が回復してからもダラダラと過ごしてしまいました。理Ⅱかほかの大学の医学部に志望を変えようか悩みましたが、最終的には、医師になるという初心を思い返し、また、トップレベルを目指すなら尻込みしてはいけない、と心を決めました。

慶應医学部の受験が終わってから東大の二次まですっと東京にいたので、十日くらいお茶の水のホテルに泊まっていました。近くの東大特進の自習室が使えたので、そこで6時間ほど勉強。東大の過去問を解いたり、東大特進のテストゼミの講座を見たりしていました。

動揺しすぎないように

入試前日は今更やることもないと思い、世界卓球女子団体の決勝を見ていました。日本の選手が王者中国相手に奮闘するプレーを見て、自分も頑張ろうと思えました。

1日目は終始リラックスできました。数学は試験中に解答欄のミスに気付いて、やっちゃったとは思いましたが、以前同じことを模試で経験済みだったのと、5、6完を目指していたところを4

完でいいやと思い直したことで焦りはしませんでした。

1日目が終わった後ホテルで解答を見たところ、4問は合っていたので安心しました。理科が失敗しなければいけると思い、この日も卓球を見ていました。

2日目は朝から胃もたれで吐きそうでした。前日の夜にハンバーグを食べたことをちょっと後悔しました。

物理は苑田先生の授業を東大特進で見てはいましたが、勉強時間が足りてないのを自覚していました。化学でカバーできればと思っていたのですが、受けてみると物理が想像以上に失敗。昼休みは結構落ち込んでいました。でもこの昼休みの時間に慶應の一次が合格したという結果をスマホで確認したので、少し気持ちが回復しました。

理科をあまり勉強しなかった分、英語を勉強してきたから大丈夫なはずだと自分に言い聞かせて午後の英語の試験に臨みました。

英語はかなり集中できて、いつも模試ではギリギリに終わるのですが、本番では10分くらい時間が余って見直しできたので、英語はいけたと思いました。発表のときはホッとしたという感情が大きかったですね。

自分に合った勉強法を

大学では、医学部の部活にも入りたいし、これまでやってみたいと思いつつなかなかやる機会がなかった競技かるたをやってみたいです。

『東大理Ⅲ合格の秘訣』や、ＹｏｕＴｕｂｅなどを参考にしながら、色々な人の勉強への考えを知ることが合格につながりました。また、受験について思い返してみると、人との出会いがとても大事だなと思います。

他人に対して優しい自分であれるように、大学生活でたくさんの経験を積んでいきたいです。

オススメの参考書・塾・勉強法

数学
中村（勝）先生（ラ・サール）
小島先生（ラ・サール）
『難関大入試数学　方針をどう立てるか』（東京出版）
『入試数学の掌握』（エール出版社）
・通っていた塾・予備校
東大特進

物理
苑田先生（東進）
・通っていた塾・予備校
東大特進

化学
東進過去問データベースで初見の問題を探して解いていた。
・通っていた塾・予備校
東大特進

英語
宮崎先生（東進）
・通っていた塾・予備校
東大特進

国語
橋本先生（ラ・サール）
林先生（東進）
・通っていた塾・予備校
東大特進

アンケート

○理Ⅲ合格の自信は何％あった？
昨年4月95％、今年2月70％
○勤務医、開業医、研究医。どれになりたい？
勤務医。自分が人の役に立っている確かな感覚がほしい。
○尊敬する医師・研究者は誰？
特にいない。先人達に感謝。
○医師以外でなりたい職業は？
作家
○東大の好きなところは？
前期教養課程
○東大の変えたいところは？
大学近くの部屋の賃料
○大学生活で、勉強以外にやりたいことは？
競技かるたを始めたい
○ストレス解消法は？
読書
○あなたの長所と短所は？
長所：真面目
短所：計画通り進まない
○好きな本は？
『もう誘拐なんてしない』（東川篤哉）
○好きな映画や音楽は？
あいみょんの曲
○受験勉強中、負けそうになった誘惑は？
読書
○理Ⅲ受験で最も大切なのは？
度胸
○人生で最も必要なものは？
やさしさ

安東 亮祐

合格者解答例この１題

科目 化学 第3問

I エ (2)

過程を書き忘れて試験後ショック

イートン校研修の時に学校の友人たちと撮ったもの

稲垣 黎（いながき れい）

臨床医になりたい★★★★☆ 研究医になりたい★★★★☆ 医者以外の道もあり★☆☆☆

私立岡山白陵高校卒 現役
共通テスト 852点
前期 東大理Ⅲ ○
後期 千葉大医（出願）
得意科目 物理
不得意科目 英語

国際物理オリンピックの代表候補に

父が医師で、小さい頃から「できれば医学部に行ってほしい」と言われていましたが、それは大学受験の時になったら考えようと思っていました。

東大を目指すようになったのは、高2の時に物理チャレンジで銅賞をいただき、国際物理オリンピックの日本代表候補になったことからです。代表候補として同年代の人たちと一緒に半年くらい研修・合宿を受けた時に、そこで同じ志を持ちながらも私の周りにはいないような趣味を持っている面白い友達を見つけることができました。

残念ながら代表選考には落ちてしまいましたが、みんなが東大志望だったので、東大に行けばこういう環境で勉強できるのかと、東大を志望しました。一方でここまで育ててくれた両親への恩義からも医学部に行かねばと思っていました。その両方を通すには理Ⅲしかなかったわけです。模試の結果もいけそうな成績だったので、自分の希望を通すためにも理Ⅲを目指すようになりました。

環境が似ていた中学受験と理Ⅲ受験

生まれは関東で、小1の時に父が岡山大学病院に転勤し、岡山市に移り住みました。小1からピアノを始め、それ以来、ピアノは私の人生の半分といっても過言ではないです。その割には練習量と実力がないかもしれないですが。大学受験直前期の高3の9月までレッスンを受けていて、それ以降も普通に勉強の合間に家で弾いていました。

日能研に毎週通い始めたのは小3から。塾の方針で岡山だけでなく他の最難関校の合格レベルになるための授業をわざわざしてくださいました。

結局、最難関校の方は数点差で落ちてしまいました。塾の先生は「岡山という環境でそこまで到達できただけでも十分」とフォローを入れてくれましたが、当時の私はボロ泣きでした。それは単純に自分の実力不足による悔しさではなく、自分のために尽くしてくれた塾の先生方の熱意に恩を返すことができなかったことへの感情でした。

今回の理Ⅲ受験は、環境としては当時と似ていました。岡山白陵は理Ⅲ合格者が毎年出るような学校ではなく、現役合格は13年ぶり（と一瞬伺いました）で、岡山には東進衛星予備校はあれど東京や関西のように駿台や鉄緑会といった対面の塾はなく、客観的にも環境は劣っているといえます（そんな中でも東進には大いに助けられました）。また、恩返しマインドは小学生の頃から変わっておらず、学校の先生方の熱意と期待を十分に感じていたので、それに報いねばと思っていました。

先生公認で授業中に内職

中学に入ってからは数学に対する意識が高く、純粋に学問的興味から発展的なことをやりたいと強く思ったので、学校のスピードを無視して自分で勉強を進めていました。ただ、途中で物理に浮気したため、高校数学を終えたのは高1夏でした。

高1の時には数学オリンピックの本選に出ましたが、物理や化学に比べて出場者のレベルがすごく高く、勉強をやめた翌年には余裕で予選落ちしました。物理は学校に物理教育に熱心な先生がいて、物理チャレンジ出場をサポートしてくれました。物理チャレンジは高1の時は予選で落ちてしまい、来年は絶対に本選に出て日本代表候補になれるぐらいの学力をつけようと、大学物理の勉強に高1夏から挑んでいました。

学校では数学と物理の先生が私の実力を分かってくれていて、お前は授業内容をもう理解しているから、授業中は自分の勉強をしていいと言ってくださり、それが大きかったですね。

物理は中3から一番基礎的な『リードα』を始めて、その後も一つ二つ問題集を解いて大学受験用の地盤を固めつつ、物理チャレンジのためにさらに上のレベルの大学の数学的な物理の勉強も始めました。あとは、高1夏から始めた東進の苑田先生の映像授業がすごく良かったです。

参考書や問題集はＴｗｉｔｔｅｒ（現・Ｘ）やＹｏｕＴｕｂｅの情報を参考にしていて、特に参考にしていたのがＹｏｕＴｕｂｅの『予備校のノリで学ぶ「数学・物理」』。大学の授業を分かりやすく解説していて、大学内容の学術書などはそこでお勧めされたものを読んでいました。高3春までに数学物理のいろいろな分野を勉強し、日本代表選考の理論試験に向けて猛勉強していました。

英文は構造的に読む

数学と物理は中学生の時から自分で先に進めていましたが、その他の科目を自分で始めたのは高3春から。それまでは学校の定期試験の前以外、数学・物理以外の自習時間はほぼゼロでした。

私は高1から東進に通っていて、塾長に言われて高2の時から1学年上の東大本番レベル模試を受けていました。なので東大の問題形式には慣れていて、どんな問題が解けるようになればいいのかが分かっていたので、高3春からはいつまでに何を終わらせるといった長期的な目標を立てて勉強を進めていきました。

英語は配点を考えるとリスニングと英作文、長文読解が重要です。最初に始めた英作文は参考書を数多くこなし、長文対策はひたすら英文を口述する意識をして多読。多読は主に『京大の英語25カ年』や東大の要約問題60年分、学校の難しめの教材などをほぼすべてやりました。京大の長文問題はほぼ和訳で、内容も楽しいです。

多読の際の意識というのは、英文を構造的に読むことです。漠然と量を増やすよりも圧倒的に重要です。これは英文の意味を取っていくだけでなく、この文章は何が言いたいのかをつかむよう意識するとか、段落で何が言いたいのか、そこからどう展開していき、文章全体で何が言いたいのかを意識しながら読むというものです。東大の問題は英文の要点や段落の相互関係を聞く長文問題が多いので、これで英語の成績が高3の後半にめちゃくちゃ上がりました。

高3春は化学に重点を置く

代表選考が終わると、物理は直前まで放置していました。数学は高2冬から各予備校の模試のセットをこなしていて、本番までに東大の過去問も合わせて計75年ほどやりました（その割には本試の点が高くないんですよね、悲しい）。

化学は高2の時の授業が本当に良くて、授業を受けるだけでどんどん覚えられるし、勘違いしやすいところを全部丁寧に拾っていく先生でした。それで原理を理解することができたので、時間が十分にあればほぼすべての問題は解けるようになっていました。しかし、高3春の定期試験で計算ミスと勘違いを多発して絶望的な点数をとったことを契機に、気を引き締めることになります。

東大化学は一部の問題と構造決定を除いて典型

的な問題が多く出ます。難しさは問題量の多さにあり、要はスピード勝負です。そこで、やや難しめで、計算が重くて問題がたくさん載っている本を何周かして、こういうところで間違えるなとか、この問題は解くのが遅いなといったことを書き出し、どの問題でも速く正確に解ける状態にしていきました。高3春に化学に重点を置いたおかげで、夏の東大実戦で40点くらい取れました。

国語の現代文は学校と東進の林修先生の授業のみ。学校の先生は文章における段落の関係を構造的に考えることを強調してくださって、林先生のやり方も似ていて、双方納得できることが多かったのでよかったです。

古文・漢文も学校の授業で高2までに句法や単語はある程度固まっていて、あとは古文単語をひたすら覚えていきました。漢文は先輩に勧められた『漢文句形とキーワード』が句法から漢字の意味から漢文常識から全部載っているので、それを全部覚えました。これは神参考書です。

忙しくも充実していた高3の夏

高3の8月はピアノの発表会のためにかなり時間を取って練習していました。それに加えて8月は物理チャレンジの全国大会があり、模試の東大実戦は学校の方針で東京に行って駿台お茶の水校3号館で受けるなど、予定がかなり詰まっていました。でも、物理チャレンジでは金メダルをいただけましたし、東大模試は実戦・オープンともA判定だったので、忙しかったというより充実して楽しかった8月でした。

私はずっと自分の苦しくないペースで淡々と勉強してきて、高3になっても変わらなかったので、苦労した記憶があまりありません。勉強は東進の自習室が開いている夜10時までと決めていて、家では絶対に勉強しない、というかする気にならなかったので、毎日12時頃には寝ていました。結局、生活リズムの安定が大事なのかもしれません。

勉強時間は、学校を終えると6時頃に帰宅して晩ご飯を食べたら、家から歩いて10分くらいの東進の自習室に7時に行って10時まで3時間。土曜日も学校で授業があるので、放課後の4時頃に東進に行って、晩ご飯を食べに家に帰ってまた東進に戻って10時までで合計5時間。日曜日は午前9時から夜8時までで、1回ご飯を食べに帰るので10時間くらいでした。高3の勉強時間だけでいったら、周りの人のほうが多かったと思います。

合格したのは長期的なビジョンを持てたから

共通テスト後の直前期は、引き続き過去問を解いていました。重視していたのは解いた後で、特に数学は、解けなかった問題はなぜ解けなかったのか、どういうことを念頭に置いたらこの発想が自然に出てくるのか、といったことをノートにまとめていました。発想が天から降ってくることはないです。普段の勉強から、自分が常に意識していることを増やして、自分からすれば自然な発想として解けるものを増やしていくイメージです。

本番の二次試験は、数学で大失敗しなければ大丈夫と自信を持って受けました。ところが数学は、私に苦手なセットに当たってしまった感じで、あまりできずに3完ちょっと。ぎりぎり想定内でしたが、全試験を終えた時は、正直ちょっと不安でした。なので合格発表で自分の番号を見つけた時は、嬉しいのと同時に安心しました。これで学校に恩返しできたと。

私が理Ⅲに合格できたのは、長期的なビジョンを持てたからだと思います。いつ何をやればいいかを深く考えて、自分で導き出した答えが妥当性のあるものであったことが一つ。もう一つは、過去問を解いた後に再現性を求めて勉強したことがよかったのだと思います。

物理オリンピックのような大会は全国の優秀な人たちと交流できる機会になるので、私と同じような地方の受験生は、そういう大会に積極的に出て交流して、刺激と情報をもらうようにしていくのもいいと思います。あとはやるべきことを自分で考えて頑張ってください。

オススメの参考書・塾・勉強法

数学

『入試数学の掌握』（エール出版社）

　数学の問題を解く際の姿勢などの抽象的な視点、個々のテクニックなどの具体的な視点両方を与えてくれる。

『やさしい理系数学』（河合出版）

　言うなれば準典型のような問題がたくさん載っていて良い。

物理

・通っていた塾・予備校

　東進衛星予備校（苑田先生の授業を受けていた）

化学

『鉄緑会 東大化学問題集 2014～2023』（KADOKAWA）

　解説がかなり厳密。たださらに過去のものも見ようと思ったら値が張る。

英語

『竹岡広信の英作文が面白いほど書ける本』（KADOKAWA）

　英作文の考え方や基本的な英語表現を網羅している。塾で指導を受けていないならやるべき。

国語

『文脈で学ぶ 漢文句形とキーワード』（Z会）

　漢文神参考書。句形、漢字、語彙、漢文常識、すべてこれ一冊。例文が多いのも良い。例文が普通に模試とか過去問とかで出る。

アンケート

○理Ⅲ合格の自信は何％あった？
昨年4月50％、今年2月80％

○勤務医、開業医、研究医。どれになりたい？
勤務医　同僚など人との関わりが多いので精神が安定しそう。

○尊敬する医師・研究者は誰？
医師 岡田康志さん　興味の幅が広く研究者として分野融合的に発見をしているのがすごい。

○医師以外でなりたい職業は？
塾講師

○東大の好きなところは？
みんな賢い。たぶん。

○東大の変えたいところは？
駒場東大前に急行が止まるよう京王電鉄さんの方に訴えかけてほしい。

○大学生活で、勉強以外にやりたいことは？
ピアノ、運動、十分な睡眠

○ストレス解消法は？
ピアノを弾く。友達と話す。睡眠。

○あなたの長所と短所は？
長所：要領が良い。
短所：要領が良いゆえの怠惰。

○好きな本は？
『蜂蜜と遠雷』（恩田陸）

○好きな映画や音楽は？
ラフマニノフのピアノ協奏曲2番など、好きなクラシック音楽は数え切れない。

○受験勉強中、負けそうになった誘惑は？
普通に誘惑に負けていて、YouTubeで「くさあん」という方のマリオカートを見ていた。メンタル面で参考になった。

○理Ⅲ受験で最も大切なのは？
泰然自若の精神

○人生で最も必要なものは？
コミュ力、人脈、精神の安定、睡眠

今村 藍子（いまむら あいこ）

臨床医になりたい★☆☆☆☆ 研究医になりたい★★★★☆ 医者以外の道もあり★★☆☆☆

私立青雲高校卒 現役
共通テスト 849点
前期 東大理Ⅲ ◯
後期 名古屋大医学部医学科（出願）
得意科目 英語・古文
不得意科目 数学、物理
兄弟 弟1人

サイエンス部で蚕を育てる

子供のころは活発で、母が言うにはこれをやると決めたらとことんやる猪突猛進なところがあったそうです。勉強に関しても負けず嫌いなところがあったみたいです。

小学校3年頃に、いくつかの塾のテストを受けて、日能研の問題が一番面白く感じたので、日能研に入りたいといって通うことになりました。家が長崎なので、長崎で一番有名な学校の青雲を受けて合格。久留米附設も受かったのですが、迷った結果、地元で通いやすい青雲に進学することにしました。

青雲ではサイエンス部に入りました。最初は友達に引きずられるようにして入ったのですが、すごく居心地のいい部活で、6年間続けることになりました。

サイエンス部では蚕を育てていました。桑をたくさん食べるので葉っぱを変えたり、毎日気を使うことがいろいろあるんです。科学の知識を使っていろいろやりたいなと思う時にちょうどコロナ禍になって、思うような活動ができなかったのですが、蚕から糸を取るという活動はずっとやっていました。

青雲ではイートン校との提携プログラムもあるのですが、私の学年はコロナ禍でなくなりました。ほかに高1はスキー合宿に行くことになっていて、これは1年遅れて高2の冬に行くことができました。行き先は新潟だったのですが、出発の日が長崎でも大雪になって、交通面でも大変でしたがなんとか出発。スキーをしたのはその時が初めてでした。それでも最終日は滑れるようになって楽しかったです。

学園祭である青雲祭では、クラスで企画をやるのですが、私は高2の時にクラス委員長みたいな役割である級長として、演劇と有志の企画をまとめることができて、クラスのみんなに楽しかったと言ってもらえたのは嬉しかったです。中3と高1の時は青雲祭がコロナでなくなって、高2の時も縮小開催でやっとできたので、嬉しさもひとしおでしたね。

外交官に憧れる

中3の時に青雲に赴任してきた英語の先生がすごく英語についての洞察が深い方でした。ほかにも、もうひとり英語ってとても楽しいと思わせてくれる先生もいたんです。その先生方の授業で英語を学んでいるうちに、外交官のような英語を使った職業につきたいと思うようになりました。でもその先生方に相談したら、「英語はあくまでも手段であって目的ではない」ということも聞いて、それもそうだなと思ったんです。

性格的には文系のほうが好きな教科が多いので、

文理選択も悩みに悩んだのですが、医学の道に挑戦したいと理系に進みました。その際に、東大理Ⅲに受かるための勉強をしていたら、あとからほかの大学に行きたくなってもチャレンジできるけど、ほかの大学から理Ⅲに志望をチェンジするのは難しいだろうと思って、まずは理Ⅲに志望を設定しようと思いました。

諦めないで頑張ろう

英検は中3で2級を取っていたのですが、高1になったときに何か目標が欲しいなと思って、高1の5月に準1級、10月に1級を取ったんです。それで英語は弾みがついた感じです。

物理化学数学はなかなか点数が取れるようにならず、参考書を解いては自分で手を動かして解法を確認することを繰り返していきました。駿台、代ゼミ、河合の東大模試の過去問を解いて、分からないところがあれば『漆原晃の物理解法研究』や『化学の新研究』を参照していました。

高3になると数学をメインにしていました。夏休みは学校の授業で理科の全範囲も終わった頃だったので理科の過去問を頑張って解きました。

それまで学校は無遅刻無欠席だったのに、高3の秋にコロナにかかり、学校を休むことになってしまいました。それで生活リズムも崩れて、秋模試ではあまりいい結果が出ませんでした。数学も40点程度だったし、一時は志望を理Ⅰに変えようかと思った時もあったのですが、ここまで理Ⅲを目指してきたのだし、最後まで諦めずに頑張ろうと思いました。そこで学校の先生にも相談して、東大模試の過去問をもらい始めて、10回分くらい解きました。

そうしたら、東進の直前模試で判定がCで、秋模試のDから上がっていたので、これはいけるんじゃないか、と気分が上がって、理Ⅲをやっぱり受けようと思いました。そんな私の決断を親も応援して後押ししてくれました。

それがよかったのか、秋模試では数学が40点程度だったのが、本番では92点取れたんです。

青雲には寮があるのですが、年末年始は寮生が帰省している間、受験を控えた高3が寮の自習室などを使えるようにしてくれて、そこで皆で勉強していました。年末年始も友人の顔を見ながら頑張れたという意味ですごくよかったです。

この時期は共通テストの勉強もしていましたが、数学とか理科は二次の勉強をしていないと忘れそうで怖かったので、なるべく触れるようにしていました。でも日本史に関しては、青雲の先生が、自分の授業についていてくれれば8割は取れるからついてこいと言ってくれる熱い先生だったので、先生のくれた課題を頑張って一気に覚えていきました。

大晦日や元日も朝から学校に行って勉強して、初詣は行くか行かないか迷ったのですが、年初めだしと思って1月4日に行きました。

秋模試から12月にかけては本当にスランプで、共通テストの模試の成績もだんだん下がっていました。理Ⅲに受かる自信は全然なかったのですが、受けないと後悔するだろうという気持ちははっきりとありました。東大対策だけに集中できなくなるのがいやで私立は受けませんでした。

時間配分が大事

共通テストが終わった後は、学校の先生に理科と数学の模試の過去問をもらって解いていました。ひとつの予備校に偏らないようにしながら、駿台が難しいと聞いたので駿台を多めに解いていました。解く際には、国語と英語は、本番でも時間内に解けるだろうと思ったので、一気に解くことにはこだわらず、国語は現代文、古文、漢文、英語も大問ごとに分けて解いていました。

それに対して数学と理科は時間配分が重要になると思ったので、試験時間に慣れるよう、本番と同じ時間で全部の問題を解くようにしていました。最初に全部の問題を眺めて、計画を立てて解く練習をしていました。数学の場合、私は図形がそんなに得意ではないので、確率とかから解こうと思っていました。そういうふうに自分と相性のいい問題を探す作業は大事だと思います。

楽しんで解こう

青雲からは東大を受ける人が20人くらいいたので、学校が手配して皆で一緒に行って同じホテルに泊まりました。直前まで知っている顔が近くにいるというのは心強い環境でした。

普通は前の日は知っている問題を振り返ったほうがいいそうですが、私は少しでも演習をしたくて、まだやっていない模試の過去問を持ってきていたので、それを解いていました。

東京大学の文字が入っているノートを知人にもらって、問題を解いて間違えたところをそのノートにまとめていたので、二次試験当日の朝はそれを見ていました。

国語は、昔から古文は好きだったので、楽しもう、と思って臨みました。とりあえず書けることを書きましたが、あとから他の人の感想なども聞いて、読みづらい文章だったのかなと思いました。

数学は、第1問が私はあまり得意ではない図形だったのですが、見た目で解けそうかなと思って解いたら、思ったより短い時間で解けて弾みがつきました。私としては数学が天王山だと思っていたし、秋模試で失敗したことも思い返して不安があったので、そこで不安が消えてよかったです。

結局4完2半解けて、私としては史上最高の出来でした。模試でも4完できたことはこれまでなかったので、それだけでテンションが上がりました。頑張ってよかった。受けてよかったという気持ちが湧いてきました。

それまでは受かる自信は0・1％くらいしかなかったのですが、明日頑張れば受かるかもしれないと思いました。

理科は数学と同じくらいネックだったのですが、頑張ろうと思って、その日もホテルに帰ってから理科の初見の問題を解いていました。

理科は解き始めると手は動くのですが、焦りが出たのかなかなか最後まで解ききれませんでした。

　英語はここまで来たら楽しんで解こうと思って、第1問は読みづらいなと思いましたが、なるようになるかと思っているうちに終わりました。

　面接は面接官の先生がしっかり聞いてくださる方々だったので、私も思っていることを正直に話すことができました。

　二次試験が終わった後は、ラ・サールに通っている弟に会いに鹿児島に行ったりして過ごしました。大学受験が終わって改めて英語に触れたいと思って、インターネットで英語の論文を読んだりもしていました。

　合格発表の日は母とふたりで掃除をして、発表の時間を迎えました。パソコンはひとりで見たのですが、このボタンを押したら結果がわかるというところまで来て怖くて押せないでいたら、私が受験の応援ソングにしていたＹＯＡＳＯＢＩの「群青」という曲をかけたので、そのサビのところでボタンを押しました。恐る恐る見たら合格だったので、驚いて母に報告しました。

　高校の間も私はずっとキッズ携帯を使っていたので、ＳＮＳに時間を取られて勉強時間が減るということがなくてすみました。東大の合格発表が終わって、ようやく初めてスマートフォンを買いました。

　この本の表紙には「天才たちのメッセージ」と書いてありますが、私は天才などではなく、頑張り続けることで理Ⅲに受かれたのだと思っています。理Ⅲに受かるのは厳しい成績だったけど、受けないほうが後悔すると思って勉強し続けて本当によかったと思います。受けなければ受かる確率は０％だけど、受ければそれよりも受かる確率は高いわけですから。

　これから理Ⅲを受ける人たちも、受験勉強を楽しもうという気持ちを持って、挑戦してほしいと思っています。将来は、患者さんのＱＯＬを少しでもよくできるような医療に携わりたいです。

今村 藍子

オススメの参考書・塾・勉強法

数学
『Focus Gold』（啓林館）
学校の先生のオススメ
・通っていた塾・予備校
東大特進

物理
『漆原晃の物理解法研究』（KADOKAWA・中経出版）
1つのテーマについて深く掘り下げられている
・通っていた塾・予備校
東大特進

化学
『化学の新研究』『化学の新演習』（三省堂）
コラムを読むのが面白かった

問題を解いて間違えたところをまとめて試験直前まで見ていた、東京大学の文字が入ってるお守りノート。

アンケート

○理Ⅲ合格の自信は何%あった？
昨年4月2%、今年2月0.1%

○勤務医、開業医、研究医。どれになりたい？
研究医（未来の医療につながる研究をしたい）

○尊敬する医師・研究者は誰？
エリザベス・ブラックウェル（女性が医学の道に進む先駆けとなったから）

○医師以外でなりたい職業は？
創薬系

○東大の好きなところは？
様々な強みを持つ人が集まっている点

○大学生活で、勉強以外にやりたいことは？
アルバイトとサークル

○ストレス解消法は？
眠る、食べる

○あなたの長所と短所は？
短所：流されやすい

○好きな本は？
瀬尾まいこさんの作品

○好きな映画や音楽は？
StaRt（Mrs.Green Apple）、群青（YOASOBI）は応援ソングとしてよく聞いていました

○受験勉強中、負けそうになった誘惑は？
眠い（抗わず寝ました）

○理Ⅲ受験で最も大切なのは？
決意したらやり通すこと

○人生で最も必要なものは？
失敗から学び、再び一歩踏み出す力

合格者解答例この1題

科目 理系数学 第 5 問

当日がむしゃらに解きすぎてほとんど記憶がないのですが、これまで微積分が苦手だったためこの問題の答えが $\frac{\pi}{9}$ になったことはとても嬉しかったです。

必要以上な場合分けをして、何か書こうとしてメネラウスの定理を使いました。

梅田 倫太朗（うめだ りんたろう）

臨床医になりたい★★★★★ 研究医になりたい☆☆☆☆☆ 医者以外の道もあり☆☆☆☆☆

私立東海高校卒 現役
共通テスト 866点
前期 東大理Ⅲ ◯
後期 名古屋大医（出願）
併願 慶應大医 ◯
早稲田大政経政治（共テ利用）◯

家庭教師生徒募集のメッセージ
僕は学力を客観的に分析し、効率的な勉強をすることが得意でした。少ない勉強量で最大限の効果を出す勉強法を伝授することができると思います。

E-mail rumeda929@icloud.com

親戚は皆東海

父はいまは開業しているのですが、以前は勤務医で、自分の得た症例で研究もしていました。パリやアムステルダムの学会で発表した時には、僕も小学生の頃、3回ほど連れて行ってもらったことがあります。父が発表している間は僕は母と観光したりしていたのですが、合間に父の姿を見て、父のような臨床医になりたいと思うようになりました。

父は家でカテーテル手術について教えてくれたこともありますし、印象的だったのは、僕が高校生の時に、ベルヌーイの定理について聞いたら、それは物理だけじゃなくて血圧の計算にも使うことがあると教えてくれて、いろんな分野がつながっているんだなと感銘を受けた記憶があります。

小学校は国立の学校でしたが、父や父の兄弟が皆東海高校出身なので、僕も小5から浜学園に通って中学からは東海に進みました。

勉強ができたので神童と言われたりして僕も思い上がっていたところがあって、灘も余裕だろうと思って受けたら落ちてしまって、そのときは自分の存在を否定されたくらいにショックでしたね。

でも東海は入ってみると提出物もなく、規則に縛られたくない僕の性格にとても合っていました。僕が理Ⅲに受かったのも東海のおかげだと思います。中3の頃なんて皆で職員室にチョーク投げて遊んだりしてたんですけど（笑）、アホなことしたい年頃なんだなくらいに温かく見守ってくれた先生には本当に感謝しています。

僕はマスカットや紙飛行機を投げた記憶もありますね（笑）。チョーク投げてた連中は医学部とか、皆結構いい大学に入ってます。

コロナ明けに自信を取り戻す

中1中2は全く勉強せず、席次も100位くらいでしたが、中2の終わりから中3の半ばにかけてコロナで学校が休みになりました。この休み期間で自分の現状に危機感を感じ、中3の9月の実力試験を2日前から勉強したら17位を取ることができ、中学受験で打ち砕かれた自信を取り戻しました。次の11月の実力試験で10日前から勉強したら、7位を取ることができました。それ以降、高校卒業までの実力試験、校内模試において一桁から陥落することは一度もありませんでした。

中学の時は卓球部に入っていましたが、高校では部活はやりませんでした。空手の道場に週1回通っていたのと、定期的に父や祖父と一緒にゴルフをしていたのが、部活がわりの運動ですね。

高校に入って、学校で外国の人を呼んで話を聞くプログラムがあった時に、通訳の人が来れなくなって、僕が通訳したことがあったんです。自分の英語が使えることがわかって自信がついて、それから英語の勉強にも弾みがつきました。

塾はSEAというところに中1から行っていました。数学とかはここで先取りしていたので、中学の頃は学校の授業を聞いてなくてもなんとかなったという感じです。ほかにも英語は小3からずっと地元の塾に通っていて、基礎的な英語力はそこでつけました。受験期になると駿台や東大特進にも通いました。

学年一桁以内なら理Ⅲに入れる？

高1になったとき、その年東海から学年何位の人がどの大学に行ったかという資料が配られて、理Ⅲに受かるのかと思ったんです。それまでは名古屋大学医学部を考えていたのですが、急に理Ⅲを現実的に感じました。

高2になるときには、その年は東海から4位の人を含む3人が理Ⅲに入っていたのですが、その4位の方が僕と得点の取り方が似ていたので、先生にこの人と話したいと言ったら電話番号を教えてくれたんです。それで1時間くらい電話で話したのですが、とても人間的に尊敬できる方で、この人を目標に頑張ろうと思うことができました。「過去問を取っておきすぎると使えなくなるので、早めにやっていい」という話なども参考になりました。

理科は高2から始めたのですが、全然終わらなくて苦労しました。結局理科の全範囲が終わったのが高3の12月くらいで、その前の秋模試とかも理科が悪くて足を引っ張っていました。東京や大阪の人は鉄緑会があるので、体系化されたカリキュラムで理科をうまく進めることができると思うのですが、名古屋はやっぱり鉄緑会がないのはハンデだと思います。

理科がなかなか終わらなかったので、高3の1学期も理科ばかりやっていました。夏休みから本格的に東大模試が増えてくるので、それまでに理科を終わらせたかったのですが、夏休み中は昼まで寝ていたこともあり、到底終わらないので焦っていた記憶があります。

実際、夏休みに模試を受けると、結果が出る前から理科が全然できていなかったのがわかったので、相変わらず理科ばかりやっていました。

勉強に疲れた時は息抜きに友達とサッカーをしたり、あとは僕は誰もいない海で波の音を聞くのが好きでした。知多半島のほうに行って海の群青と空の水色のコントラストを眺めていると勉強のことを忘れられて疲れが癒やされる気がしました。受験生って何をしても勉強のことを考えちゃうので、何も考えない時間を作って頭を休めるのって大事だと思います。

模試で一喜一憂しないほうがいい

受験勉強でつらかった時期といえば、高3の夏休みですね。この時期は受験までまだ半年くらいありゴールが見えておらず、過去問をやっても実力不足でまだ合格点を越えられないんですよね。おまけに理科が終わってない焦りもありました。

また、僕は勉強が嫌いで、受験期の学校がない日も1日5時間くらいしか勉強していなかったので、危機感もありましたね。

ところが、秋になったら東進の模試でものすごく調子がよくて、全国で一桁台の順位が取れたんです。でもこれがかえってよくなくて、油断してしまって、11月にあまり勉強しなくなってしまったんです。

だから模試の結果であまり一喜一憂しないほうがいいと、いま振り返ってそう思います。

共通テスト前にも、共通テストの勉強はほとんどせずに二次の勉強ばかりしていた覚えがあります。英語は得意でしたが英作文には不安があったので、学校の先生にメールで送って添削してもらったりしていました。

数学は、僕は頭の回転が早くてわかってしまう分、きちんと書かずに頭の中で解いてしまうくせがあって、言葉足らずな答案になって減点されてしまうことがよくありました。なので数学も答案を学校の先生に見せ採点してもらったりしていました。

友達とも自主ゼミみたいにして集まって、数学や理科のお互いの答案を採点したりしていました。人の答案を採点していると、自分もこう書こうとかすごく参考になるので、勉強になりました。

両親の励ましに感謝

共通テストの対策を始めたのは年明けからで、河合塾が出しているKパックを友達3人でやったら僕が最下位だったんです。10日間急いで勉強して本番を迎えました。そうしたら本番では調子がよくて、866点という学校でも2位の成績が取れたのでよかったです。

共通テストはこれ以上勉強してもこの点数以上には伸びなかったと思うので、年内はギリギリまで二次の勉強をしていたというのは、振り返っても正解だったと思います。

二次の時は2日前に東京に行きましたが、10回以上の東大模試を受けて全てB判定以上で、過去問15年分を解いて全ての年で理Ⅲ合格最低点を超えていたので、当然受かるだろうと思っていました。

ところが試験場の緊迫感がすごいんですよね。殺気が漂っているというか。試験監督の人が軽い冗談を言っても誰も笑わないんです。

古文と漢文はほとんど勉強せずに行ったら全然解けなくて、現代文はそこそこできたけど、出鼻を挫かれました。

僕は普段コンタクトなのですが、一応いつも予備でメガネを持っているのに、この日メガネを忘れてしまって。両親が東京まで来ていたので、電話して、試験会場までお昼休みの間に持ってきてもらいました。そのときに「できなかった」と話したら、「お前ができなかったら皆もできてないだろ」と言ってくれて、それでだいぶ気持ちが楽になりました。

数学は今年は計算力の多い問題で、計算が得意な僕に合っていて史上最高の出来だと思ったのですが、答案回収中に4問目の（2）の問題を読み飛ばしていたことが発覚して、結局4完2半でした。

物理は難しくて面食らってあまりできなかったです。その上、化学は完全にヤマが外れたのでこれは終わったと思いました。

英語は得意だからこそ英語で稼がなきゃというプレッシャーになってしまって、具合が悪くなってしまい、全然予定通りに解けませんでした。しかしリスニングあたりでだんだん冷静になってきて、2回流れるリスニングの1回目だけで解いて2回目を聞かずにほかの問題を解くことでなんとか時間を捻出して解き切りました。

試験が終わった後は、母親と沖縄に行ってちゅら海水族館で魚を見て心を無にしたりしていました。合格発表の時は悶々とするのが嫌でわざと前日夜更かししたんですけど、早く起きてしまってすごく時間が長く感じました。合格がわかった時は号泣しましたよ。

理Ⅲ合格に必要なもの

理Ⅲに合格するために必要なのは、理Ⅲと自分の間の距離感を正しく把握して、その距離を埋めるためにはどう勉強するかという戦略を立てることだと思います。僕の場合は情報処理能力が高いのには自信がありましたが、数学をフィーリングで解くようなセンスはなかったので、じゃあ自分のできることでどうできないことをカバーするかを考えながら勉強していきました。

理Ⅲを目指す理由は多種多様です。僕は自分のプライドを守るため、あるいは高みを追求する衝動に身を任せて理Ⅲを目指しました。それらの理由に優劣はありません。受験勉強で辛くなった時、挫けそうになった時は、自分がなぜ理Ⅲを目指しているのかということに立ち返ってほしいと思います。理Ⅲを目指すためのモチベーションを再確認することで自ずから闘志が湧いてくるでしょう。

最後に、僕の受験生活を支えてくれたみなさんにこの場を借りてお礼を申し上げたいと思います。学校や塾の先生の献身的な指導、共に戦った友人、僕の挑戦を温かく見守ってくれた家族がいなければ、僕の理Ⅲ合格は成し得なかったと思います。

素晴らしい先生方、常にライバルでいてくれた友人たち、そして僕に最大限の愛情を捧げてくれた家族に囲まれて最高の青春時代を送った僕は、本当に幸せな少年だったのだと思います。

共に切磋琢磨したグループ。全員が理Ⅲ、理Ⅰ、名大医に現役合格した。
左から3人目が僕。

オススメの参考書・塾・勉強法

数学
青チャート
何周も解いて完璧にすれば、基本的な解法がほぼ全て身につく。基礎固めに最適。
『入試数学の掌握』シリーズ（エール出版社）
東大における標準〜難の問題を解き崩すための解法を体系的に学べる。解法の暗記が好きな僕にうってつけの本だった。
反対意見も多いだろうが、僕は数学は暗記だと思う。問題の種類とその解法を脳内でフローチャート化できれば、東大の標準以下の問題はほとんど解ける。重要なのは、難問を解くことではなく、易問を間違えないことである。
・通っていた塾・予備校
SEA、駿台

物理
SEAのテキスト
基本的な解法を学ぶための基本問題から、容易に解けない難問までバランス良く載っている。僕は全て3周した。
『良問の風』『名問の森』（河合出版）
2周くらいした。
『新・物理入門問題演習』（駿台文庫）
決して入門ではなく、難しい。直前期に1周はした。
僕は物理は膨大な演習を積むことで実力を上げた。直前期には、ほとんどの問題が見たことがあるような問題に見えるようになった。
・通っていた塾・予備校
SEA

化学
『化学の新演習』（三省堂）
演習素材として優秀。僕は2周した。
僕はあまり化学が得意ではなかったが、それは演習不足に起因していると思う。特に有機分野に関しては、十分な勉強時間を確保できなかったため構造決定にヤマを張ったら、本番に出題されず、問題文を見た瞬間絶望した。
・通っていた塾・予備校
SEA

英語
幼少期から、愛知県岡崎市材木町にある地元の個人塾に通っていた。この塾に通っていたことで、東大のリスニングはほとんど対策をせずに乗り切ることができ、大学受験における英語の勉強にすんなり入ることができた。また、英語は得意だったので、大手予備校には通っていなかった。
・通っていた塾・予備校
地元の塾

国語
共通テスト形式は得意だったのが、東大形式の問題は苦手だった。また、模試においては、予備校によって採点が大きく異なり、得意なのか苦手なのかよく分からない状況だった。本番は42点と悪かったので、僕から助言できることは少ない。
・通っていた塾・予備校
東進（東大特進）

アンケート

○理Ⅲ合格の自信は何%あった？
昨年4月90%、今年2月95%

○勤務医、開業医、研究医。どれになりたい？
勤務医または開業医　臨床に興味があり、多様な人とコミュニケーションをとることが得意だから

○尊敬する医師・研究者は誰？
父　循環器系の医師として精力的に働いていて、研究でも成果を残すタフな医師であり、周囲からの高い評価・信頼を得ているから

○医師以外でなりたい職業は？
外交官

○東大の好きなところは？
自分よりも優秀な人がたくさんいる点

○東大の変えたいところは？
理科の解答用紙。1行の幅があまりに狭く、非常に書きにくいと同時に、受験生が書く小さな字が採点者のおじさんの老眼の進行を助長しているのではないかと案じている

○大学生活で、勉強以外にやりたいことは？
スポーツ、部活、趣味（ゴルフ、ダイビングなど）

○ストレス解消法は？
誰もいない渚で、青空と大海原、水色と群青のコントラストに意識を集中させ、「無」の境地へ至ること。

○あなたの長所と短所は？
長所：向上心旺盛で、常に理想の自分を追い求めている点
短所：ナルシストである点

○好きな本は？
「ソードアート・オンライン」

○好きな映画や音楽は？
「天気の子」

○受験勉強中、負けそうになった誘惑は？
友人とのサッカー、ゲーム

○理Ⅲ受験で最も大切なのは？
プライドと自信

○人生で最も必要なものは？
信頼と実力

合格者解答例この1題

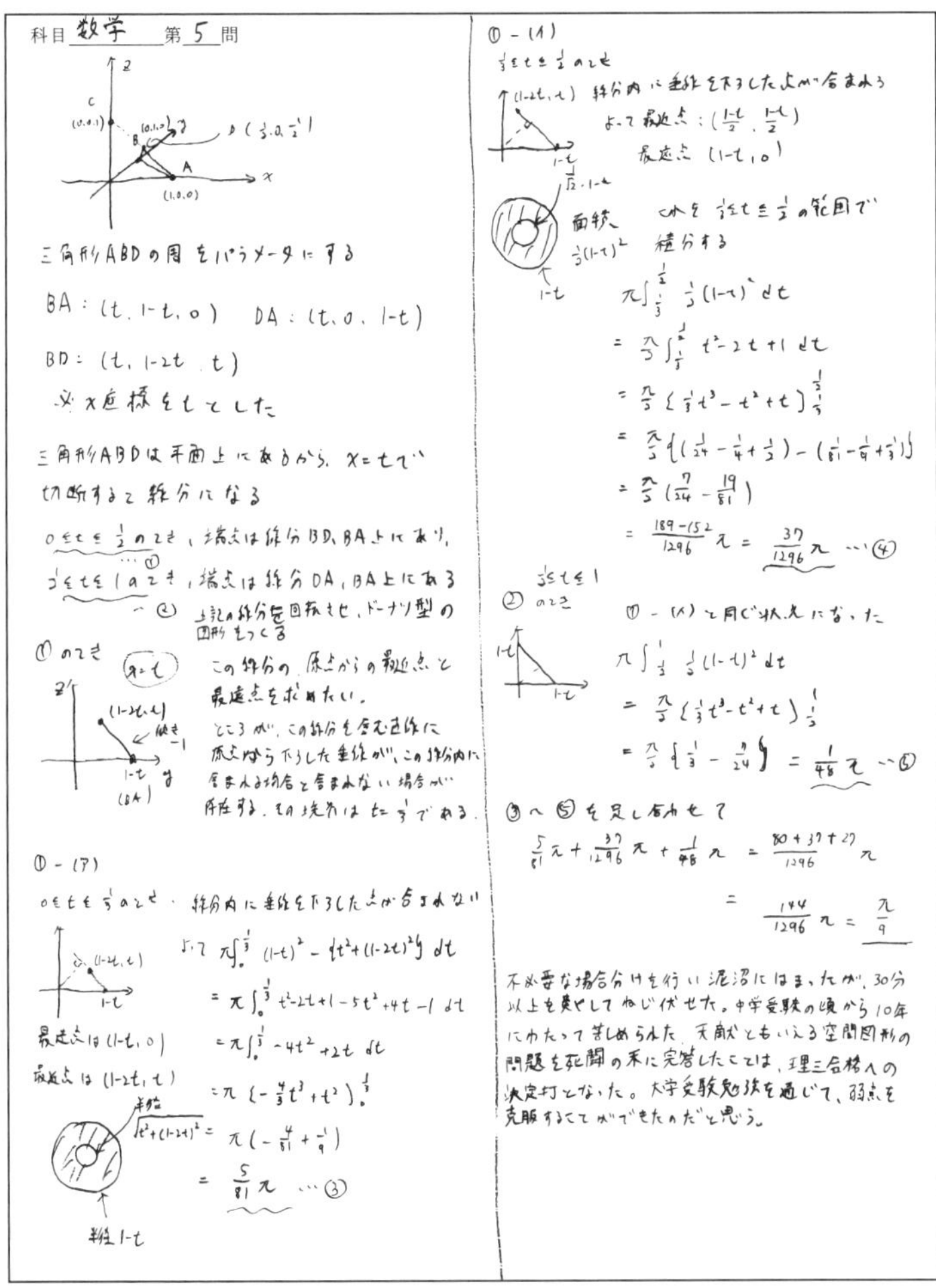

科目 数学 第 5 問

三角形ABDの周をパラメータにする

BA：$(t,\ 1-t,\ 0)$　DA：$(t,\ 0,\ 1-t)$

BD：$(t,\ 1-2t,\ t)$

※ x座標をtとした

三角形ABDは平面上にあるから，$x=t$で切断すると線分になる

$0 \leqq t \leqq \frac{1}{2}$のとき，端点は線分BD，BA上にあり，…①

$\frac{1}{2} \leqq t \leqq 1$のとき，端点は線分DA，BA上にある …②

上記の線分を回転させ，ドーナツ型の図形をつくる

①のとき（$x=t$）

この線分の原点からの最近点と最遠点を求めたい。

ところが，この線分を含む直線に原点から下ろした垂線が，この線分内に含まれる場合と含まれない場合が存在する。その境界は $t=\frac{1}{3}$ である。

①-(ア)

$0 \leqq t \leqq \frac{1}{3}$のとき，線分内に垂線を下ろした点が含まれない

最遠点は $(1-t,\ 0)$

最近点は $(1-2t,\ t)$

よって $\pi\int_0^{\frac{1}{3}} (1-t)^2-\{t^2+(1-2t)^2\}\,dt$

$=\pi\int_0^{\frac{1}{3}} t^2-2t+1-5t^2+4t-1\,dt$

$=\pi\int_0^{\frac{1}{3}} -4t^2+2t\,dt$

$=\pi\left[-\frac{4}{3}t^3+t^2\right]_0^{\frac{1}{3}}$

$=\pi\left(-\frac{4}{81}+\frac{1}{9}\right)$

$=\frac{5}{81}\pi$ …③

半径 $\sqrt{t^2+(1-2t)^2}$　半径 $1-t$

①-(イ)

$\frac{1}{3} \leqq t \leqq \frac{1}{2}$のとき

線分内に垂線を下ろした点が含まれる

よって最近点：$\left(\frac{1-t}{2},\ \frac{1-t}{2}\right)$

最遠点 $(1-t,\ 0)$

面積 $\frac{\pi}{2}(1-t)^2$　これを $\frac{1}{3} \leqq t \leqq \frac{1}{2}$ の範囲で積分する

$\frac{1}{\sqrt{2}}(1-t)$　$1-t$

$\pi\int_{\frac{1}{3}}^{\frac{1}{2}} \frac{1}{2}(1-t)^2\,dt$

$=\frac{\pi}{2}\int_{\frac{1}{3}}^{\frac{1}{2}} t^2-2t+1\,dt$

$=\frac{\pi}{2}\left[\frac{1}{3}t^3-t^2+t\right]_{\frac{1}{3}}^{\frac{1}{2}}$

$=\frac{\pi}{2}\left\{\left(\frac{1}{24}-\frac{1}{4}+\frac{1}{2}\right)-\left(\frac{1}{81}-\frac{1}{9}+\frac{1}{3}\right)\right\}$

$=\frac{\pi}{2}\left(\frac{7}{24}-\frac{19}{81}\right)$

$=\frac{189-152}{1296}\pi=\frac{37}{1296}\pi$ …④

②のとき $\frac{1}{2} \leqq t \leqq 1$

①-(イ)と同じ状況になった

$\pi\int_{\frac{1}{2}}^{1} \frac{1}{2}(1-t)^2\,dt$

$=\frac{\pi}{2}\left[\frac{1}{3}t^3-t^2+t\right]_{\frac{1}{2}}^{1}$

$=\frac{\pi}{2}\left\{\frac{1}{3}-\frac{7}{24}\right\}=\frac{1}{48}\pi$ …⑤

③〜⑤を足し合わせて

$\frac{5}{81}\pi+\frac{37}{1296}\pi+\frac{1}{48}\pi=\frac{80+37+27}{1296}\pi$

$=\frac{144}{1296}\pi=\frac{\pi}{9}$

不必要な場合分けを行い泥沼にはまったが，30分以上を費やしてねじ伏せた。中学受験の頃から10年にわたって苦しめられた，天敵ともいえる空間図形の問題を死闘の末に完答したことは，理三合格への決定打となった。大学受験勉強を通じて，弱点を克服することができたのだと思う。

漆間 虎弥太（うるま こやた）

臨床医になりたい★★☆☆☆ 研究医になりたい★★★★☆ 医者以外の道もあり★★★★☆

私立岩田高校卒 現役
共通テスト 856点
前期 東大理Ⅲ ◯
後期 東北大理学部（出願）
併願 早稲田大政治経済（政治）◯
福岡大医 ◯
得意科目 数学・物理・化学
不得意科目 国語

しゃべるより前に数字を覚える

理Ⅲという存在を知ったのは、近所にたまたま理Ⅲ出身の人がいたからなんです。その人の父と僕の父が知り合いで、その人は僕より6歳上でした。その人が理Ⅲに入ったときに周りが「すごい」と言っているのを見て、「普通は東大に入るとすごいと言われるのに、東大の中でもさらに理Ⅲというところがあるんだ」と知りました。僕も小さい頃から自分は勉強が得意だと思っていたし、負けず嫌いでもあったので、自分もそんな最高峰のところに挑戦してみたいと思ったんです。

親はもともとそんなに教育熱心なタイプではなかったと思うのですが、僕がしゃべり始めるよりも前の2歳にもなってないころから数字にすごく興味を持っていたので、その興味を伸ばしてあげたいと思ってくれたみたいです。銀行からお金を下ろすときに暗証番号のボタンを僕に押させてくれたり、九九を覚えてその答えをボタンで入力できる知育玩具を買ってくれたりもしました。だから九九は3歳くらいで覚えてしまったみたいです。

祖母が公文で働いていたので、小学2年生で正式に入会する前から祖母に教材をもらって解いていました。割り算とかは普通に学校で教わる筆算のやり方ではなくて、自分で考えた独自のやり方で解いていましたね。

そろばんもやっていて、4段まで取りました。そろばんの県大会は小学校のときに3位までは進んでいます。

公文では数学は小学校のうちに大学数学まで進んでいました。大分大学の学生さんもアルバイトで来てくれていたので、教えてくれていたんです。

公文でかなり先のほうまで進んでいたので、公文の先生が僕のことを教えたのか、大分県の私立岩田高校の校長先生も僕に「岩田に来てほしい」と言ってくれていたみたいです。それで岩田を受けて合格して、中学から入りました。

首席になりたかった

岩田中学はすごく自由な校風で、自分には合っていました。周りも個性的な生徒が多かったです。入学試験の成績で誰が首席か分かるのですが、僕は首席ではなくて2番だったので、それが悔しくて、それ以降は学年で一番の成績になろうと思って頑張りました。

勉強以外のことでは、僕は父の影響でビートルズが好きなんです。最初に父が車の中でビートルズを流してくれたときの衝撃は今でも覚えています。いまはサブスクで聴いてますけど、前はCDで聴いていて、全アルバムを集めたくて誕生日のたびに親に買ってもらっていました。

英語は小5から公文でやっていたので、ビートルズの歌詞の意味も分かるようになってくるのが面白かったです。

　数学は、当時数検1級を中1で取れば最年少記録になったので、それを目指して勉強した時期もあったのですが、統計が難しくて諦めてしまっていました。でも、中3のときに岩田に入ってきた新しい数学の先生が、九州大学の数学科の大学院を出た人で、僕が数学が得意なのを聞いて、「数検1級受けないの？」とか聞いてくれて、それがきっかけで再チャレンジ。数検1級は結局高2の4月に取りました。その先生は理Ⅲ受験にあたっては東大の数学の問題の添削も何十年分もやってくれたので、本当に感謝しています。

　岩田では中3から医進コースに進みました。成績のいい生徒が進むコースで、実際には医学部志望ではない人もいたのですが、医師の講演とか、医学部受験についての話もあり、ためになりました。本当は病院に実習にも行く予定だったのですが、コロナでなくなってしまいました。

　最初に好きになった分野は数学だったので、数学者になりたいと思った頃もあったのですが、その後化学も学んでみたら好きになったし、これからまた別の分野に興味が湧くかもしれない。いまの段階で数学科に絞るより、いろんな可能性が開ける理Ⅲを目指してみようと思うようになってきました。

高2のときがピーク？

『東大理Ⅲ 合格の秘訣』を読んでいて、鉄緑会に通っている人は何を勉強しているんだろう、というのはすごく興味を持っていました。理Ⅲの合格者の半分近くを鉄緑会の生徒が占めるというのはある意味脅威なので、その人たちに近い勉強をしようと思って、鉄緑会のテキストを参照しながら勉強したりもしていました。

　受験勉強に本格的に取り組み始めたのは高1の時です。数検の勉強もしていましたが、東大の過去問も高1で解き始めました。数学は数検の再チャレンジを勧めてくれた先生が古い東大の過去問も集めてくれて、最終的に50年分は解いたと思います。

英語は英検準1級を高1の時に取りました。最初は単語さえ覚えれば英文は読めるようになると思っていて、『鉄壁』も中学生のうちに買って覚えていました。ところがいざ英文を読もうとすると、単語はわかるのに意味がわからないということがあったので、それから英文解釈の勉強をするようになりました。

特に『ポレポレ英文読解プロセス50』という本からは、英文は必ずしも論理的ではなく、筆者の気分で倒置が起こったり単語が省略されたりするということを学べてよかったです。

東大模試も高1から受けていて、理I志望で出したらD判定が取れました。高2の時は、東進の「高2東大本番レベル模試」を受けたところ、理系の中で全国2位。受けた人が少ないとはいえ、理Ⅲ志望の中では1位だったので、自信がつきました。どうせなら理Ⅲ首席を目指したいとも思ったのですが、後からみるとそのときがピークで、その後ほかの人たちが追い上げてきて順位が下がっていきました。それなのに周囲の期待は変わらないから、結構プレッシャーでしたね。

高3の10月の東進の東大模試で理系99位だったときは、全員理Ⅲを受けたら落ちてしまう、と焦りを感じました。得意だったはずの数学も、高1の時より点数が悪くなっていたんです。それまで数学は高2で完成させて高3は苦手分野の補強をしようと考えていたのですが、これは数学をもっとやらないといけないなと思いました。

生徒会長を務める

学校では生徒会長も務めました。行事の企画運営や、学校との交渉など、いろいろな仕事を経験しました。生徒会長選挙のときに打ち出した公約で、課題、つまり宿題の提出を任意化したいということを言ったんです。減点されないため、怒られないために課題を仕方なくやっている、という人が多くなっていると感じたのです。提出する課題の内容を生徒が自分で決められるようにしよう、そのほうが勉強が身につくし、勉強が楽しくなると思う、と訴えたんです。先生たちと話し合って、先生と生徒側双方が納得いく制度になるように努めました。

共通テストに全振り

僕は勉強する内容を、演習と研究のふたつに分けて考えていました。演習とは過去問とかで実践的な力をつけること、研究とはそれぞれの科目の本質的なところ、問題の核となるところの理解を深めていくことをそう呼んでいました。

たとえば物理だと、問題を解くためだけなら微分積分は必要ないと思うのですが、本質を理解するためには微分積分が基本的な概念に関わってくる。高校の物理の中には大学数学の要素も潜んでいるので、高校物理の教科書で感覚的に終わらせているところを、数式で考えてみたら大学の範囲だと気づくこともありました。

高3の夏休みは、東進の映像授業を一気に見ていました。わかりやすくてなるほどと思えるのと、自分で手を動かして見ているより楽しいので、実践的な練習がおろそかになってしまったかもしれません。

12月からは共通テスト対策をやると前々から決めていました。あまり共通テストの勉強をやり過ぎると終わった後に共テぼけになるとよく言われますが、気にせず共テに全振りしました。日本史にはかなり時間を取られました。

共通テストの856点という点数は、それまでの自己ベスト857点に1点足りないだけだったので、まあよかったと思いました。

二次試験の時は前々日から東京に行きました。本番はうまくいきそうだという自信があったので、前日は国語の残っていた東進の教材と、Twitter（現・X）に上がっていた数学の問題を時間をかけて解きました。

漢文と英語の要約が難しかった

1日目の国語は、現代文は満足な出来でしたが、漢文がこの文章はどういう教訓を言おうとしているのかまったく分かりませんでした。でも国語を得点源にしようと思っていたわけではないので、まあいいかと思って次に臨みました。

数学は、自分の中では結構できたと思っていて、実際開示も106点でした。今年の問題は落ち着いて解けば難しくないものの、試験会場で向かうと計算量が多くて慌ててしまうような設定になっていたと思います。

1日目が終わって解答速報を見てしまったのですが、数学が合っていたので、これはいけたな、と安堵しました。

2日目の理科は問題を見て物理は大変だったので、化学に時間をかけました。といっても物理70分、化学80分くらいですが。

英語は最初の要約問題が難しかったです。言っていることは分かるのですが、文章にまとまりがなく、どこを要約すればいいか困るのです。そこで思ったより時間を取られてしまいましたが、最後まで解けて、受かってるだろうとは思いました。でも目標だった首席は無理だろうと思いました。

その後、日にちが経つにしたがって、受験番号を書いただろうかとか、不安が増していきました。その不安を和らげるために、友達と会うとか、本屋に行くとか、毎日何か用事を入れるようにしていました。

発表の時は、合格番号を書いたPDFを開いた途端自分の番号が目に飛び込んできて、ほっとしました。

理系分野はこれまでも学んでみたら好きなことばかりだったので、これからもいろいろ新しいことを勉強して自分の進む分野を決めたいです。いまの理Ⅲは天才と言われるような人でなくても努力すれば十分受かる可能性があると思っているので、これから受ける人たちも、ぜひ自分に合った戦略を立てて挑戦してほしいです。

オススメの参考書・塾・勉強法

数学

『入試数学の掌握』シリーズ（エール出版社）

解法アプローチが網羅されている

『新数学演習』（東京出版）

『考え抜く数学』シリーズ（東京出版）

『入試のツボを押さえる重点学習　数学Ⅰ・A・Ⅱ・B』（東京出版）

・通っていた塾・予備校

東進（東大特進）

物理

『物理のエッセンス』（河合出版）

『名問の森』（河合出版）

『理論物理への道標』（河合出版）

『難問題の系統とその解き方』（ニュートンプレス）

『鉄緑会物理攻略のヒント』（角川学芸出版）勘違いに気づける

・通っていた塾・予備校

東進（東大特進）

化学

『鉄緑会東大化学問題集』（KADOKAWA）

背景知識等も豊富

『京大入試詳解25年化学』（駿台文庫）

東大の過去問より解説が詳しい

・通っていた塾・予備校

東進（東大特進）

英語

『鉄緑会東大英単語熟語鉄壁』（KADOKAWA）

単語はこれ以上でもこれ以下でもない

『ポレポレ英文読解プロセス50』（代ゼミライブラリー）

この本をやって以降急に英文がスラスラ読めた

・通っていた塾・予備校

東進（東大特進）

国語

『鉄緑会東大古典問題集』（KADOKAWA）

一文一文に丁寧な解説

・通っていた塾・予備校

東進（東大特進）

アンケート

○理Ⅲ合格の自信は何％あった？
昨年4月100％、今年2月80％

○勤務医、開業医、研究医。どれになりたい？
研究医（せっかく最先端の医療の研究をしている大学に通うなら研究に従事したい）

○尊敬する医師・研究者は誰？
今のところいません

○医師以外でなりたい職業は？
数学の先生、数学者

○東大の好きなところは？
様々な分野で志の高い仲間がいる点

○東大の変えたいところは？
今のところありません

○大学生活で、勉強以外にやりたいことは？
家庭教師等のアルバイト

○ストレス解消法は？
1人カラオケ

○あなたの長所と短所は？
長所：粘り強い　短所：不器用

○好きな本は？
『博士の愛した数式』

○好きな映画や音楽は？
Mr.Children、BOØWY、THE BAWDIES

○受験勉強中、負けそうになった誘惑は？
YouTubeやお笑い番組を見たかった

○理Ⅲ受験で最も大切なのは？
自信

○人生で最も必要なものは？
仲間

受験前に親友にもらったカイロ兼お守り

合格者解答例この1題

科目　国語　第　1　問

五　(一)　曖昧

「昧」と「味」で迷って
何回も書き直して結果不正解。
漢字は1回迷うと違和感とか感じなくなって
正解を思い出せなくなるので注意！

学園祭でヘビーローテーションを踊る自分と歌う恩師

大澤 航太（おおさわ こうた）

臨床医になりたい★★★★☆ 研究医になりたい★☆☆☆☆ 医者以外の道もあり★★★★☆

国立筑波大学附属駒場高校卒 現役
共通テスト 799点
前期 東大理Ⅲ ◯
後期 東京医科歯科大学（出願）
併願 慶應大医 特待
得意科目 英語
不得意科目 国語
親の職業 父・医師、母・薬剤師
兄弟 兄1人

家庭教師生徒募集
E-mail 2024osawa@gmail.com

日本に住むなんて思ってもいなかった

僕はアメリカで生まれ、アメリカで育ちました。父もまた東大医学部出身で、『東大理Ⅲ』にも出ているそうですが、父は医学部を出るとアメリカの病院で研修医として働くことを決め、同じく東大出身の母と結婚しています。

その父が渡米後、生まれたのが兄と弟の僕です。

生まれた場所はニューヨーク市でしたが、その後ペンシルバニア州ピッツバーグ、ニューヨーク州バッファローに移り住みました。

家では日本語を使って会話をしていましたが、外では英語を話し、現地の学校に通って、現地でできた友達たちと一緒になって遊んでいました。

一方で土曜日は日本語補習校に通い、国語と算数の勉強を日本語で受けていました。

習い事は水泳とバイオリンです。エレメンタリースクール……日本でいうと小学校にあたる学校ですが、その頃に住んでいた地域が音楽教育に力を入れていたのです。その流れで僕は何かひとつ楽器を習うことは確定していて、兄がバイオリンを選択していたので、僕もノリでバイオリンを習うことにしました。日本でいう小学校1年生の夏頃から個人レッスンを受け、小4からは、学校で弾いていました。

僕はアメリカに馴染んでいた……。馴染んでいたというより、アメリカで生活するのが当たり前で、友達もいて楽しい毎日を送っていました。だから12歳で両親に「日本に戻るよ」と言われたときは、物凄くイヤでした。僕には環境を変える理由がなにひとつなかったですからね。

かといって、ひとりでアメリカで暮らし続けるのには無理がある。それで日本に「戻る」ことになりました。

すぐに馴染んだ日本の生活

日本に戻ってからは、お茶の水女子大学附属中学校の帰国者向けの編入検定を受けて、中学1年生の夏休み後から、帰国生徒教育学級に通うことになりました。

日本の学校では、朝礼があったり、掃除は自分たちで行なったりと、アメリカの学校にはないものもありましたが、帰国生徒教育学級に通う生徒たちは、みんな帰国子女ですから、英語も話せたし、バックボーンも同じなのですぐに馴染みました。それに、もともと僕はアメリカにいたときも、2か月ある夏休み期間中に日本に「一時帰国」して、母方の祖母の家から毎年1か月間、日本の学校に通っていましたから、それほど戸惑うこともありませんでした。

自由を好んで筑駒に

高校は筑駒に通うことにしました。レベルの高い高校を狙えたから入ったという感じです。開成

も狙えましたが、すでに兄が入学していましたから、「兄と同じ学校というのもなぁ」という気持ちもありました（笑）

それに高校はレベルが高くなると、その分、校則が減り、生徒たちの自由度も増えていく傾向があります。文化祭だって大規模になる。その点においても筑駒は「自分が責任もって行動できているのであればそれでいい」という校風で、そもそも生徒の成績を学校は気にしないし、さすがに単位を落としそうになると先生から呼び出しをくらいますが、進級さえできればそれでいいし、授業をサボろうが、授業中に何をしていようが、本当に何も言われませんから居心地がいい学校でした。

筑駒伝統の文化祭

筑駒の文化祭は楽しかった。毎年、11月の文化の日付近で3日間にわたって開催しているのですが、ほとんどの構造物を、木材を使って、自分たちの力で一から作るのが伝統です。クラブや同好会に木材が配布されると、それを皮切りに放課後、学校の至る場所でノコギリやトンカチの音が響き渡るのが風物詩となっています。

僕はSCC委員会に所属して、立て看板や建造物、教室を区切るための仕切りなどを作ったり、雑用をこなしたり、文化祭開催中は先輩の出し物にお邪魔して、心理戦ゲームに出場したりしていたのですが、どれも思い出深いものになりました。

熱が入ったディベート

高校時代に一番熱が入ったのは、即興型で英語を話すディベートです。僕は英語もできるしやってみようかなと軽い気持ちで入ってみたところ、想像以上にハードで、最初は嫌になったこともありました。大会が多くて、土日がどんどん潰れていくからです。自分が出たいと思えば、どれだけでもハードになっていき、例えば海外の大会で、毎週水曜日の日本時間で午後6～7時頃から、1ラウンド目が始まり、8週間続くものもあったたくらいです。

ただ、やっぱり英語を話せる機会があるのは嬉しいし、ディベート自体も楽しい。何より先生に餌付けされて、いつの間にかその気になってしまった。

高校1年生の時に、ＰＤＡ（一般社団法人・パーラメンタリーディベート人財育成協会）が主催する学校の授業内でも参加できる大会があったのですが、先生に「優勝したら叙々苑で焼肉をご馳走してあげよう」と言われて、本当に優勝してしまったんです。

それで先生は、３人１組の僕たちのチームと、練習に付き合ってくれた先輩２人の合計５人を、本当に叙々苑に連れていってくれました。

豚肉ばかりでは満足できないので、牛肉のいろいろなメニューを頼んで味わいましたが、すっかり味を占めてしまい、高校２年生の頃は、楽しんで大会に出ていました。

受験対策の中心は鉄緑会

受験勉強の中心は鉄緑会ですね。学校でももちろん勉強はしますが、受験のために大きく時間を割いて自分で何かをすることは少なかった。鉄緑会で必要最低限の知識は得ていく感じです。ただその鉄緑会の宿題自体が多いので、家でも勉強はすることになりますが、鉄緑会をサボれば成績が落ちていくのは実感としてありますから、みんなまぁまぁ頑張る。僕に限らず筑駒の生徒はこんな感じが多いと思います。

一方で高３の11月から早稲アカで物理の演習、同じく高３の２月から古文の基礎の基礎を教えて貰っています。

鉄緑会の古文にも行ってはいたのですが、高３では演習しかなく、基礎を覚えるためには自分で勉強するか、高２の時に学校の授業を受ける必要があったのですが、学校の授業はあまり聞いていなかったので、かけこみで基礎を覚えた感じです。

計算上は数学と理科で１４０点。国語と英語で

140点とれれば合格ラインに乗ると思っていて、物理化学は上位クラスにいましたし、数学も悪くない位置取りをしていましたから、数学と物理化学はなんとかなると思っていました。英語と国語に関しても、得意な英語で110点ほどとれれば国語は30点程度ですむと思っていましたから、国語の勉強時間がどんどん減って、古文が後回しになったという流れです。だた、その結果、高3の11月に受けた駿台模試で国語の点数で、9／80点をたたき出してしまったという……。

もはや英語で満点とっても140点いかないので、これはどうしたものかと思いましたが、同時期に受けた河合の模試では43点ありましたし、古文も漢文も勉強したくなかったので、結局2月まで後回しになりました。

そう考えると、英語には本当に助けられました。英語は過去問があれば解きましたし、文法の基礎も見ましたが、特別な対策が必要ない状態で満点か、満点近くはとれましたからね。他の科目の勉強に時間をまわすことができました。

ただ帰国以来、英語を話す機会が減ったことで、日に日に英語力が下がっていったのは実感していて、もし浪人していたらやばかったかも知れません。僕は洋書を読んで、自分が覚えているものを無くさないように努めました。

受験勉強はスマホの誘惑に負けっぱなし

大量の漫画本、布団の中、スマートフォン。どれも強敵で僕は負けっぱなしでした。漫画本は一巻だけと読んだら最後、きりのいいところまで読んでしまい、睡眠欲にも勝てない。スマートフォンも、クリアしたところで「だからどうした」といわんばかりの〝作業ゲー〟を繰り返しやってしまう。

特に英語のニュースサイトは〝強敵〟で、「これは英語の勉強だから」と自分に言い聞かせてしまえるから、薄い焦燥感で、あっという間に1～2時間が溶けてしまう。「英語の勉強にはなるけど、その時間を他の科目に使った方がいいよね」と勘づいてはいたのですが、なかなかやめられませんでした。

それで対策をたてて、スマホに関しては過去に使っていたスマホにＳＩＭカードを挿して、初期設定で何も入れないようにして使い、とにかく起きたら漫画本も新しいスマホもない鉄緑会の自習室に向かうように習慣づけました。

僕の短所は一度ハマったら没頭して抜け出せなくなるところですが、それは長所でもあります。自習室にさえ行ければ、そこでしっかり学習できました。

東大理Ⅲを選んだ理由

東大理Ⅲのいいところは、卒業後の進路が医者以外の人たちがたくさんいるところです。自分のコミュニティーを医者で固める理由はないと思うし、同窓会で会ったときに「お前いま何しているの？」と聞けるほうがきっと楽しい。

他の大学ではそうはいかない。医学部を出ればほぼ医者になる。その点、理Ⅲであればクラス単位で色々な人がいるから視野を広くとれる。僕自身も外交官も楽しそうだし、興味がある。ただ自分の性格を考えると、外交官になるために、必要最低限以上の単位をとって、大学時代を勉強に追われる生活を嫌って、医者になるような気もしています。

高校の文化祭にて

オススメの参考書・塾・勉強法

数学
鉄緑会のテキスト・鉄緑会東大数学問題集
解ける問題の計算は必ずやり直す
・通っていた塾・予備校
　鉄緑会

物理
鉄緑会のテキスト・鉄緑会東大物理問題集
大問の最初の方に好きなだけ時間をかけていいから必ず正答すること
・通っていた塾・予備校
　鉄緑会・早稲田アカデミー

化学
鉄緑会のテキスト・鉄緑会東大化学問題集
計算問題は練習すれば必ず取れるようになるから絶対に捨てないこと
・通っていた塾・予備校
　鉄緑会

英語
鉄緑会の教材・鉄壁
とにかく洋書を読むこと、勉強以外でも使うこと
・通っていた塾・予備校
　鉄緑会

国語
鉄緑会の教材・『解法古文単語350』（数研出版）
基本を忠実に（古文漢文）
・通っていた塾・予備校
　鉄緑会・早稲田アカデミー

アンケート

○理Ⅲ合格の自信は何％あった？
昨年4月50％、今年2月70％

○勤務医、開業医、研究医。どれになりたい？
勤務医

○尊敬する医師・研究者は誰？
三つの中で一番自由度が高そう
今はいない

○医師以外でなりたい職業は？
外交官

○東大の好きなところは？
クラスに医学部進学以外の人もいること

○東大の変えたいところは？
入学手続きの期間が短い

○大学生活で、勉強以外にやりたいことは？
部活（ディベート）

○ストレス解消法は？
音楽を聴く

○あなたの長所と短所は？
長所：何かに没頭できること
短所：何かにハマると他のものに手が回らないこと

○好きな本は？
『The Martian』（邦題『火星の人』映画「オデッセイ」原作）

○好きな映画や音楽は？
「君の名は。」

RADWINPS

○受験勉強中、負けそうになった誘惑は？
携帯・睡眠

○理Ⅲ受験で最も大切なのは？
諦めない

○人生で最も必要なものは？
やりたいことを見つけてそれに向かって努力する

合格者解答例この1題

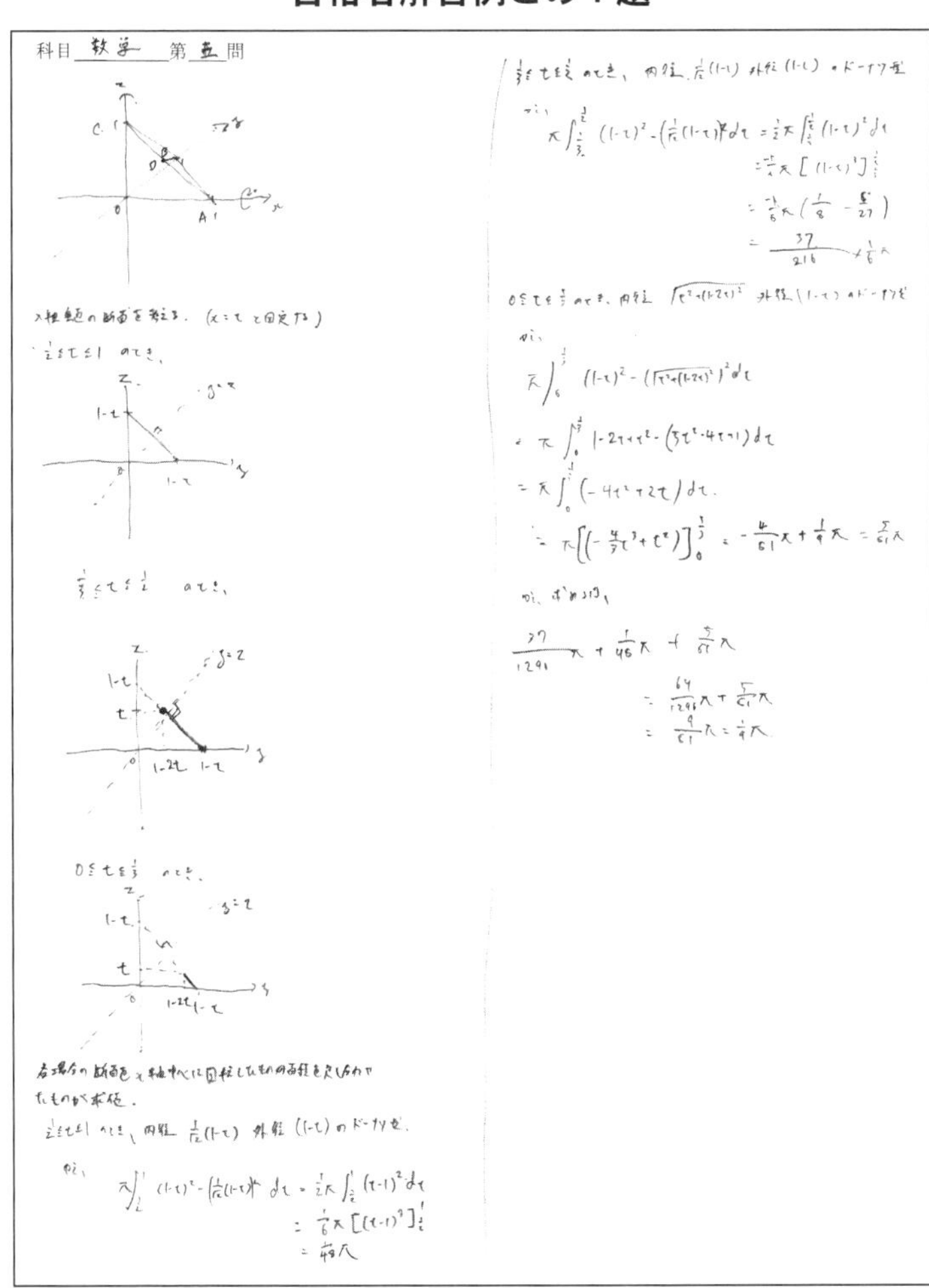

大畑　俊輔（おおはた　しゅんすけ）

臨床医になりたい★★★☆☆　研究医になりたい★★★☆☆　医者以外の道もあり★☆☆☆☆

私立灘高校卒　現役
共通テスト　830点
前期　東大理Ⅲ　○
後期　千葉大医（出願）
得意科目　数学、物理、化学
不得意科目　国語
兄弟　一人っ子

家庭教師生徒募集のメッセージ
東大模試理系総合全国2位　理科全国1位複数回化学全国1位、東大本試数学理科100点、等の実績がございます。英語でもお手伝いできます。小中高、どの方からのご連絡も是非お待ちしております。

E-mail　tutor.shunsuke.o@gmail.com

周りの子たちに負けたくない

理Ⅲを目指そうと思ったのは高1からですが、医師への憧れは小さい時からありました。特にきっかけはないのですが、いつからか、人が病気で苦しんでいる時に人体に直接アプローチをすることで、患者を回復させることに責任を持つ、医師という職業が魅力的に思えていたのです。

子供の頃はたくさんの習い事をしていました。水泳、フットサル、野球のほかに、自宅ではZ会の教材で先取り勉強もしていました。

小4の時には父親の仕事の都合で埼玉から関西に引っ越しました。浜学園に入ったのはそれからです。それより前に入っている子たちが最初は成績が良かったので、その子たちに負けたくないと思って勉強した記憶があります。

最初は灘を志望していたわけではないのですが、小5でぐんぐん成績が伸びて、灘が志望校に入ってきた感じです。灘の文化祭に行ったら、生徒たちが生き生きしているので、ますます行きたいと思うようになりました。

コロナ禍で中だるみ

野球が好きだったので、灘に入ったら野球部に入部して、中学3年間は野球漬けの生活でした。学校の勉強もしていましたが、部活優先でしたね。中学の時の成績は学年で180人中90位とか。ちょうど半分くらいの位置でした。

また、中学の時は中学委員長という役職に立候補して当選しました。中学の1年から3年までをまとめる役で、学園祭の運営や、中1の新入生に灘がどんなところかを説明する冊子を作る仕事などをしました。

コロナ禍は中高一貫では中だるみになる中3の時期にちょうど重なったので、家でダラダラと過ごしてしまいました。

高1から鉄緑会に入る

鉄緑会は、高校1年の始めに、まずは英語だけ入りました。将来の目標が医師というのははっきりしていたので、高校生になったからそろそろちゃんと勉強しようかなと。

もっとも理Ⅲとまでは固まっていなくて、京大医学部か理Ⅲか決めかねていたのがこの時期です。京大だったら家から通えて安心だけど、東京へ出て新しい刺激を受けるのもいいな、と迷っていました。

数学は高1の秋、後期から鉄緑会での受講を始めました。高2の時にクラス分けで一番上のクラスになったら、鉄緑会の数学の鶴田先生のクラスになったんです。鶴田先生の授業が話も面白いし数学の面白さが伝わってくる内容で、それから一層頑張って勉強するようになりました。

鉄緑会だけではなく、灘の先生の数学の授業もよかったです。生徒の答案の細かいところまで見てくれて、高校数学を厳密に教えてくれる先生でした。河内先生の授業には特にお世話になりました。鉄緑会で一番上のクラスになれたのも河内先生の授業のおかげだと思います。

英語は結構苦労して、高2の最後のクラス分けテスト、通称クリスマス模試でようやく一番上のクラスになりました。一番上のクラスに上がれたのは、高2の後期で教わった鉄緑会の片山先生のおかげだと思います。

鉄緑会のほかに、高1からは化学だけ高等進学塾に通っていました。鈴木先生の授業がたとえ話で化学を解説してくれる内容で、面白い話で勉強の原動力になりました。

文化祭でダンスを披露

野球部はスケジュール的に厳しくなったので、高校からは部活は水泳部に変えました。そのほかに、高2と高3では灘の文化祭を運営する文化委員に所属。加えて高2では体育委員にも所属していました。ほかにも、演劇コンクールで高1の時は脚本を書いたり、高2では演者として主演のひとりを務めました。

文化祭では、高2と高3の時にダンスも披露しました。高2の時はEXILE、高3ではKing & Princeと、BTSのダンスです。

また、沖縄での修学旅行では、野球部で一緒だった友達とかと、夜中遅くまでいろんな話をしたりゲームをしたのが思い出深いですね。

ここまでやって受からないなら……

高3になった頃に家族会議を開いて、僕はやっぱり関西で育ってきたこれまでとはフィールドを変えて東大理Ⅲに挑戦したいと話して認めてもらいました。また、東大なら2年間の教養課程があるので、それを通して特定の分野に偏らずにいろんなことを学んでいけること。それに東京という新しい土地に行くことにも魅力を感じました。

京大医学部はあまりにも灘や大阪鉄緑会出身の仲間が多く行くので、それよりも新しい仲間から刺激を受けて今後の人生につなげたいと思っていました。

高2の最後の同日模試は225点という成績で、理系で全国10位くらいでした。そのため、高2の終わりくらいに理Ⅲであってもこのままなら十分受かるなという手応えは持っていたので、高3からは自分のすべきことを淡々とやるという感じでした。問題集を無心で解いて、ここまでやって受からなかったらもう自分は理Ⅲに縁がないんだろうくらいの気持ちで1年間勉強を続けていました。

大晦日はのんびり

東大の過去問は、英語は高2の時に鉄緑会で一番上のクラスにいきたかったので、クラス分けテストの対策として25年分を使い切ってしまっていました。それで高3からは、さらに25年より前を少しずつさかのぼって解いていたのです。

高3の秋には数学と理科の過去問ばかりをやるようになって、それらも20年分ずつは解きました。いい問題が多かったので実力がつきました。

理Ⅲの判定は基本的にAだったのですが、8月の東大実戦ではBが出てしまいました。得意だったはずの数学で42点を出してしまい、A判定に3点届かなかったのです。それまで東進の模試ばかり受けていたのですが、浪人生もいる冠模試でA判定を逃したことで、思ったほど簡単にはいかないのかも、と思いました。一度は理Ⅲ志望者の中で10位を取ったのに、100位台になってしまったことが自分としてはショックでしたね。

それで夏から猛勉強したら、11月の東大オープンでは全国2位を取れて、ひとまず安心しました。東大理Ⅲは自分が想定していたより難しかったけど、そこにもとりあえず届いたかな、と思うことができました。同時に共通テストの対策もそろそろしないとな、と思いました。12月からは共テに完全に振り切って、マークの問題しか解いていませんでした。

とはいえ共テは圧縮されるし、そこまで合否に直結しないだろうと思っていたので、年末年始は少しのんびりしていました。紅白歌合戦と「ゆく年くる年」も全部見てしまったくらいです。元日も勉強は少しお休みして、神社に合格祈願に行きました。

友達に会えてほっとする

共通テストの830点という点数は自分としては大満足だったのですが、学校に行ったらもっと高い点数を取った人もいて、ちょっとだけビハインドになったのかな、という気持ちになりました。とはいえ、二次で巻き返せるだろうくらいの気持ちで捉えてはいました。

共通テストのあとは、鉄緑会で直前講習があって、久しぶりに友達と会えてほっとしました。それまでずっと友達と一緒の空間で勉強してきたので、ひとりで机に向かうことの多くなった直前期は結構つらかったんです。それが友達と久々に会話することで、気持ち的にも落ち着いた気がします。また、この頃はとにかく目に入った問題をなんでも解くという生活をしていました。

前日に自信がついた

本番の時は灘校生は皆一緒のホテルに泊まっていて、前の日は数学の模試の問題を解いていました。そのときにすごく調子がよくて、本来150分で解く問題を90分で解けたんです。それが本番へと向かう自信になりました。

当日は、最初の国語は少し漢字が難しいな、と思いながら普通に解きました。数学は終わった時は、「これは6完来た！」と思ったのですが、あとになって第1問で計算ミスをしていたことが分かりました。自分では書けていたと思った第6問(2)の証明も、開示の点数を見たら崩れていたようです。ただそれに気づいたのは後日なので、

1日目が終わったあとはハッピーな気分でした。

理科は、自信を持って臨んだのですが、手応えは少し悪かったです。でも同時に、ほかの受験生と比べたらよくできているほうだろう、ということも肌感覚で分かったので、このときに合格を確信しました。だから英語はとにかくミスだけしないようにしよう、と落ち着いた気持ちで受けることができました。

面接では医師を志した理由を聞かれて、患者の病気を完全に治すことができるという医師の仕事に魅力を感じた、と答えました。そうしたら、世の中には完全に治せない病気もたくさんあるが、そういう患者と接した時にあなたはどうするか、と面接官から重ねての質問がありました。「その時は患者に正直に伝えるが、患者にとって医者や病院は、自分たちを救ってくれるであろうものの中で最後の砦であり、医師が患者にそっぽを向いてしまっては救いようがない」と答えました。

また学生時代に印象に残ったことは、と聞かれ、高3の時のダンスのことを答えました。

そのあとは、合格発表の前ですが受験のことは忘れて友達と6人で3泊4日の九州旅行に行きました。福岡、熊本、大分を回って、伸び伸びすることができました。

自信はありましたが、発表の時はさすがに緊張しました。友達とメールのやり取りをしていたら発表の時間になったので見たら、やっぱり自分の番号があったので、安心しました。

理Ⅲに合格できたのは、僕の負けず嫌いな性格があったからだと思います。これから理Ⅲを受ける人には、高3の1年間で数学や理科はどんどん点数が伸びるので、そのことを忘れないように伝えたいです。試験中に信じられるのは自分の頭と腕だけ。試験中に自分を信じられなくなったら終わりなので、自信を持って臨んでほしいし、自信が持てるくらい勉強してほしいです。将来は患者の大変さを和らげたり、取り除いてあげることのできる医師になりたいです。

オススメの参考書・塾・勉強法

数学
『東大実戦模試数学』（駿台出版）
模試系で理系数学のクオリティがずば抜けて高いと思う。本試特有の問題の"汚さ"を省いた（メリットでもデメリットでもある）、数学への習熟を直に聞いてくるプレーンな良問が並んでいる。
・通っていた塾・予備校
鉄緑会

物理
『名問の森』（河合出版）
図が見やすい。問題にいたカエルが可愛い（諸説あり）。物理の標準問題が過不足なくそろっていて、物理を考えるうえでの足場を作るのに役立った。いわゆる『難系』は、フォントや図に若干抵抗を覚えてしまい、やる気が出ず、結局最後まで開かずじまいとなった。
・通っていた塾・予備校
鉄緑会

化学
『化学の新演習』（三省堂）
化学の学習初期から直前までずっとこれを解いて本試では化学51が生えてきたので本当にお勧め。理系的センスがあると自認されている受験生の方は、『重要問題集』（数研出版）を解く必要はほとんどないと思う。実際僕は途中で飽きてやめてしまった。
・通っていた塾・予備校
高等進学塾

英語
特になし
・通っていた塾・予備校
鉄緑会

国語
特になし
国語は「頑張りすぎない」「差をつけられすぎない」程度で十分。
・通っていた塾・予備校
東進衛星予備校、東進東大特進コース

合格が決まったあと、USJで思い切り羽を伸ばしました。関東に行っても頑張ります。

アンケート

○理Ⅲ合格の自信は何%あった？
昨年4月100%、今年2月100%

○勤務医、開業医、研究医。どれになりたい？
まだ決めていません。ゆっくり考えます。

○尊敬する医師・研究者は誰？
坪倉正治さん。灘校から東大医学部を出られて、原発事故以降、南相馬で福島県の地域医療を支援し続けていらっしゃる先生であり、そういう進路をとること自体が、並大抵のものではないと感じるから。

○医師以外でなりたい職業は？
小さい頃はロールケーキ屋さんでした。

○東大の好きなところは？
入ってから2年間のモラトリアム期間。

○東大の変えたいところは？
駒場キャンパスの湿度が高すぎる。森。

○大学生活で、勉強以外にやりたいことは？
旅行に行きたい。

○ストレス解消法は？
寝る。とにかく寝て心身を回復させる。

○あなたの長所と短所は？
長所：コミュニケーションが割とうまい
短所：一方的に喋りすぎるきらいがある

○好きな本は？
『岸部露伴は動かない』シリーズ小説集

○好きな映画や音楽は？
King Gnu

○受験勉強中、負けそうになった誘惑は？
こんなに頑張っているのだから「丸一日休憩する日」を作ってもよいかもしれない、という誘惑。

○理Ⅲ受験で最も大切なのは？
妙案でなく愚直なもので良いから、自分の考えをペンと紙を通じてきちんと伝えられること。

○人生で最も必要なものは？
度胸

合格者解答例この1題

科目 数学 第 2 問

$$f(x) = \int_0^1 \frac{|t-x|}{1+t^2}dt \quad (0 \leqq x \leqq 1)\text{。}$$

$$f(x) = x\int_0^x \frac{1}{1+t^2}dt - \int_0^x \frac{t}{1+t^2}dt + \int_x^1 \frac{t}{1+t^2}dt - x\int_x^1 \frac{1}{1+t^2}dt$$

$$f'(x) = \int_0^x \frac{1}{1+t^2}dt + \frac{x}{1+x^2} - \frac{x}{1+x^2} - \frac{x}{1+x^2} - \int_x^1 \frac{1}{1+t^2}dt + \frac{x}{1+x^2}$$

（∵ 微積分学基本定理）

$$= \int_0^x \frac{1}{1+t^2}dt - \int_x^1 \frac{1}{1+t^2}dt \quad ①$$

ここで、

(☆) $t = \tan\theta \left(-\frac{\pi}{2} < \theta < \frac{\pi}{2}\right)$ と置換する。

$dt = (1+\tan^2\theta)\,d\theta$、又、$x = \tan\theta$ なる $\theta = \varphi$ として、

t	0	…	x	…	1
θ	0	…	φ	…	$\frac{\pi}{4}$

なる。

$$① = \varphi - \left(\frac{\pi}{4} - \varphi\right) = 2\varphi - \frac{\pi}{4} \quad ②$$

(1) $f'(\tan\alpha) = ②\Big|_{\varphi=\alpha} = 2\alpha - \frac{\pi}{4}$

これが0に等しいから $\underline{\alpha = \frac{\pi}{8}}$ //

(2) $\tan\frac{\pi}{8}\ (>0)$ を y とおくと

tan 2倍角の公式より

$$\tan\frac{\pi}{4} = \frac{2y}{1-y^2}$$

$1-y^2 \neq 0$ のもと

$1-y^2 = 2y$ に同値

$y>0$ のもとといて、

$$\tan\alpha = y = \underline{-1+\sqrt{2}} \ /\!/$$

(3) ② $= g(\varphi)$ とおく。

x：増加 に伴い φ：増加 より、

x が $[0, 1]$ で増加する時の $f(x)$ の

増減は以下。

x	0	…	y	…	1
φ	0	…	α	…	$\frac{\pi}{4}$
$g(\varphi)$		$-$	0	$+$	
$f'(x)$		$-$	0	$+$	
$f(x)$		↘		↗	

∴ $f(x)$ の $[0, 1]$ での min：$f(y)$

Max：max $\{f(0), f(1)\}$。

$$f(y) = y\int_0^y \frac{1}{1+t^2}dt - \int_0^y \frac{t}{1+t^2}dt + \int_y^1 \frac{t}{1+t^2}dt - y\int_y^1 \frac{1}{1+t^2}dt$$

$$= y\alpha - \left[\frac{1}{2}\log(1+t^2)\right]_0^y + \left[\frac{1}{2}\log(1+t^2)\right]_y^1 - y\left(\frac{\pi}{4} - \alpha\right) \quad (∵ ☆)$$

$$= -\log(1+y^2) + \frac{1}{2}\log 2 \quad \left(∵ 2\alpha - \frac{\pi}{4} = 0\right)$$

$$= \underline{-\log(4-2\sqrt{2}) + \frac{1}{2}\log 2} \quad (∵ y = -1+\sqrt{2})$$

が min //

又、$f(0) = \int_0^1 \frac{t}{1+t^2}dt$

$$= \frac{1}{2}\log 2$$

$$f(1) = \int_0^1 \frac{1}{1+t^2}dt - \int_0^1 \frac{t}{1+t^2}dt = \frac{\pi}{4} - \frac{1}{2}\log 2 \quad (∵ (☆))$$

ここで

$$f(1) - f(0) = \frac{1}{4}(\pi - 4\log 2)$$

$$> \frac{1}{4}(\pi - 4 \times 0.7) > 0$$

（直径1の円に内接する正六角形とその円の周長を比べれば、$\pi > 3 > 2.8$ より上記の大小関係が成立）

より、$\underline{\text{Max は } \frac{\pi}{4} - \frac{1}{2}\log 2}$ //

数学はどの大問も傾向通り（かそれ以上に）息の長い計算が求められており、試験中は「単調だな」と思いながらそれを耐え忍ぶタフな時間になりました。が、唯一②は少し面白い類の、東大「らしさ」（微積分学基本定理は何年周期かで出てくる）があるように感じられ、印象に残りました。この問題でテンションが上がり、残りの問題にも自分の実力が発揮できたように思います。

小笠原 英司（おがさわら ひでし）

臨床医になりたい★★★☆☆　研究医になりたい★★★☆☆　医者以外の道もあり★★☆☆☆

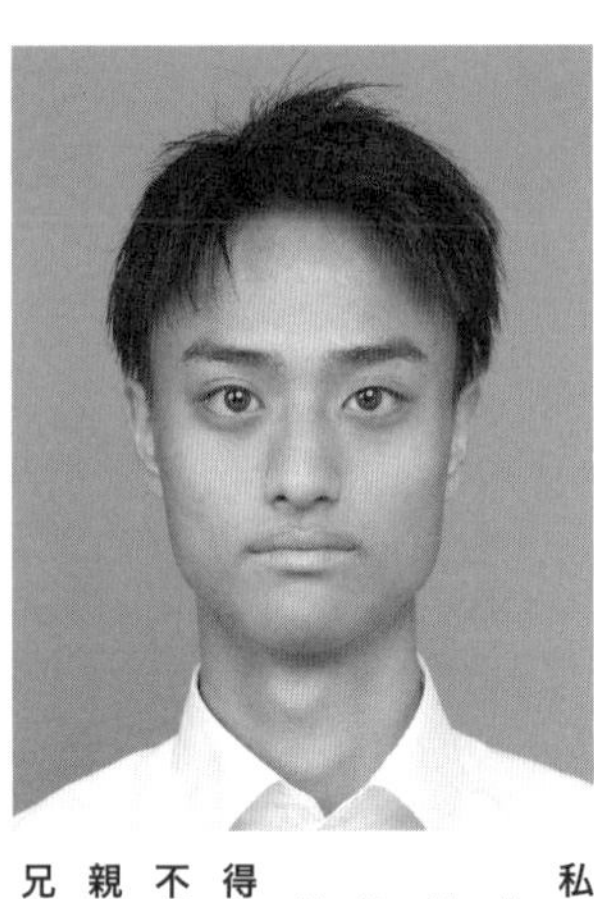

私立開成高校卒　現役
共通テスト　807点
前期　東大理Ⅲ　○
後期　千葉大医（出願）
併願　慶應大医　○
得意科目　英語
不得意科目　国語
親の職業　父・会社員、母・専業主婦
兄弟　兄・姉1人ずつ

家庭教師生徒募集のメッセージ
苦手意識のあった理系科目を克服した経験を活かして、一生懸命指導したいと思います。よろしくお願いします。
E-mail　hideshi.tutoring@gmail.com

イギリスでの中学時代

小4の夏から中3の高校受験の前までを、父の仕事の関係でイギリスのロンドンで過ごしました。イギリスに行くまでは家庭はどんな教育方針だったかというと、とりあえずゲームは禁止でしたが、年齢が上がるにつれてだんだん規制がゆるくなっていった感じです。水泳、テニス、剣道といろいろ習い事は通っていましたが、公文はすぐやめてしまいました。

イギリスで通ったのは、現地の子供も通う普通の学校です。最初はハローくらいしか言えなかったのですが、ジェスチャーで半年くらい乗り切って、それからはだんだんしゃべれるようになりました。

イギリスには日系の塾もあって、そこに通っていたのですが、真面目に聞いてないとかでやめさせられて、別の塾に移るということがありました。

ロンドンで通った中学校は、ギリシャ正教の学校で、学年のほとんどがギリシャ人とキプロス人でした。この学校で知り合ったトルコ人の友達とは、いまでも時々ビデオ通話をしています。

数学の授業はイギリスの学校は日本よりも簡単だったので、高校受験のために日本から「高校への数学」を航空便で取り寄せてやっていました。

高校入試で開成へ

兄と姉はそのまま海外の大学に進んだのですが、僕は自分は日本人だし、日本の高校を受けたいと思って、母に相談したら、それでは僕と母で日本に戻ってもいい、ということになりました。

僕の高校受験はコロナとかぶっていて、日本の早稲田アカデミーがZOOMで授業をすることになったんです。母がそれを聞いてイギリスからでも受けられないかと問い合わせたら、受けられることになりました。時差があってイギリスでは真夜中だったのですが、週1回だけ早稲田アカデミーの授業を受けていました。

開成と渋谷教育学園幕張と筑駒を受けて、筑駒は落ちたのですが、開成と渋幕は合格しました。

開成は入ってみると、思ったより体育会系で縦のつながりが強かったです。特にそれを感じたのが体育祭や、恒例行事になっているボートレースですね。

授業は数学とかはイギリスの学校より進んでいましたし、数学を始め、全科目すごく授業が面白かったです。高校受験は英語力で突破したようなところがあって、イギリスにいたときは数学は苦手だったのですが、開成高校に入ってからは好きになりました。英語はイギリスにいたとき、「ハリー・ポッター」を英語で何周も読んでいたので読解は大丈夫でしたが、文法問題は結構難しかったですね。

噂に聞いた鉄緑会

鉄緑会には高1から入りました。兄は中1の最初に鉄緑会に入って、すぐにイギリスに行ったのですが、その兄から鉄緑会について聞いていたので、自分も入ってみたいと思ったのです。

鉄緑会では高1では数学だけ、英語は高2から取りました。

鉄緑会は入ったばかりの頃は、開成の生徒もたくさんいて、宿題が多くて、みんな真面目でなんだか怖いところだなと思いました（笑）。

鉄緑会では、数学は中学の間に、高校範囲のかなり先の方まで進んでしまうのですが、高校から鉄緑会に入った人用の数学の授業もあって、最初はそこで学んでいました。遅れを取り戻すための授業だったので、進度は速かったですね。

兄と姉が海外の大学の医学部に進学していたので、僕も医学部に進みたいと思って、高2の時に東京医科歯科大を見学したのですが、医学部と歯学部のみの大学よりいろんな人が通う総合大学に行きたいと思って、東大理Ⅲを受けたいと思うようになりました。

高2の最後に鉄緑会の英語科の脇田先生に相談したところ、「理Ⅲを受けてもいいのでは」と言われ、本格的に理Ⅲを目指すように。

英語は出来ていたのですが、数学は高2でようやく人並みの成績になったと思います。特に高3になってから力を入れて勉強したことでようやく成績が伸びました。

物理と化学は鉄緑会では高2で授業が始まるのですが、高2の間は物化は鉄緑会の宿題だけをやっていました。高3からは英数から物化に勉強の比重を移していきました。

剣道部と運動会も

開成では部活は剣道部に入っていました。剣道は小さい頃からやっていて、イギリスでも車で1時間くらい行ったところにある道場に通っていたんです。

高1の時は、文化祭の出し物のボールを当てるミニゲームの副責任者をやったり、運動会では高2係のサブチーフ、ボートレース応援団では高校から入った高1をまとめる係もしました。

高2の文化祭の時にはMr. 開成に出ていて、グランプリを取りました。

Mr. 開成のコンセプトはもちろんかっこよさで競うことなのですが、文化祭当日のパフォーマンスや、舞台上で見せる人となりなどの総合で、その場にいる観客に投票してもらい決まります。僕はEd Sheeranの「Galway Girl」という英語の曲を歌いました。

このグランプリは、中学から開成にいる友達と高校から僕と一緒に入学した友達の両方の助けがあってとれたので、高校生活を通して、非常に印象深い出来事でした。

高3の5月には運動会があるので、4月5月はその準備が大変で、鉄緑会の授業はほぼ全て休んでいたし、復習もあまりできず、その頃のテストは散々な結果でした。時間がないので、電車の中で、コロナで始まった鉄緑会の映像授業の動画を見て勉強していました。

開成の伝統で、運動会で自分のチームが負けると高3は坊主になるんです。僕のチームは負けてしまったので、後輩にバリカンで頭を丸刈りにしてもらいました。運動会の間全然勉強していなかったので、まずは理科から勉強を再開しました。

高3の夏休みは、運動会でやれていなかった物化と数学の勉強を取り戻すことを目標にしました。物理は新しい問題にはあまり手を出さず、鉄緑会の例題と練習問題をやることに集中しました。化学は鉄緑会の教科書を化学式から豆知識まで、ひたすら覚えていました。

数学も新規の問題には手をつけないで、鉄緑会の高3以降にやった演習を解き直していました。英語にはほとんど触れませんでした。

2学期に学校が始まると、自分で勉強できる時間は夏休み中より減って、また鉄緑会の宿題をやるので精一杯になってしまいました。

直前期は主に早稲田アカデミーの自習室で勉強していて、そこでは友達がいるのでやる気が出たのですが、家ではなかなかやる気が出なかったんです。でもその頃は化学が得意な父が日本に帰ってきていたので、夕飯の時間に化学の問題を出してくれて、それから家でもやる気が出るようになった気がします。

この時期に一番勉強に集中できる時間が増えて、成績的にも一番伸びたと思います。鉄緑会の高3前期のテキストの問題も改めてやり直したことで、後期の問題についても、この問題はこういう意味だったんだ、とはっきりわかることが増えました。全体を一周したことで全体像が捉えられたのがよかったのだと思います。

二次の勉強に集中

共通テストの問題は秋の駿台模試が終わった頃から徐々に解いていました。社会は倫理経済選択で、経済学とかが面白かったので学校の授業を思い出しながら勉強していました。

共通テストの807点という結果はちょっと失敗したと思いましたが、圧縮されるからそこまで気にする必要もないし、そのときはもうやるしかないなと思っていたので、二次の勉強に集中しました。

慶應医学部の対策はそれほどしませんでしたが、物理は原子物理が出たりくせが強いので、そのあたりの知識を確認しました。

共通テストのあとは友達に声をかけて、学校や喫茶店で一緒に勉強していました。ひとりで勉強する時はお茶の水の早稲田アカデミーの自習室を利用して、疲れたら外にご飯を食べに行ったり散歩したりして、11時間くらい勉強。あとは夕飯を食べながら古文単語とかを覚えていました。

二次試験では、国語は「憤り」という漢字が書けなかったものの、現代文はできたのですが、苦手な古文漢文が全然分かりませんでした。得点開示では国語は38点でした。

数学は簡単に感じて、得点開示は76点でした。終わった直後は5完半したと思ったのですが、3日目の面接のあとに解答速報を見たら全然できてなくて、6問目の問題文を読み間違えていたことも発覚。それでも4完はできていました。1日目の後に解答速報を見なくてよかったと思います。

理科は難しく感じました。去年の物理は難しいと言われていましたが、意外と見掛け倒しなところもあり、僕は解けたんです。でも今年の物理は、見かけは簡単なのに、わりと難しい問題がいっぱいあって、見たことがあるような問題設定なのになぜか解けないというもどかしい思いをしました。化学も例年は第1問が構造決定なのにそれが出なくて戸惑いました。第2問、第3問はわりと簡単でしたが、計算ミスをしてしまい、解答速報をみたときは落ちたと思いました。

英語は、だいたいできて、得点開示は103点でした。リスニングが今年は僕が聞き慣れているイギリス英語だったのでラッキーでした。

良質な問題を繰り返し解くのがよい

面接では医療後進国はどうやったら医療先進国に追いつけるかという質問をされてちょっとびっくりしました。僕は予防医療とか健康診断が大事だと思ったので、そのあたりを答えました。

東大に落ちたと思ったので、終わった後は後期の千葉大医学部の勉強をしていました。発表を見る時も落ちているだろうなと思ってたので、自分の番号を見つけた時は驚きました。

僕が合格できたのは、新しい問題を次々解くのではなく、良質な問題を何回も繰り返し解いたのがよかったのだと思います。

大学では、教養学部で医学以外のこともいっぱい勉強したいです。医者以外の道に進む可能性もあるかもしれないですが、医者になるなら臨床だけでなく研究もしてみたいです。

オススメの参考書・塾・勉強法

数学
鉄緑会　八木先生
開成高校　﨑山先生
・通っていた塾・予備校
　鉄緑会

物理
鉄緑会　久保先生
開成高校　金田先生
・通っていた塾・予備校
　鉄緑会

化学
鉄緑会　寺田先生
・通っていた塾・予備校
　鉄緑会

英語
鉄緑会　神代先生
・通っていた塾・予備校
　鉄緑会

国語
開成高校　石丸先生　鎌田先生
　清水先生
・通っていた塾・予備校
　早稲田アカデミー

運動会の棒倒しの一回戦目を突破したときの写真

アンケート

○理Ⅲ合格の自信は何％あった？
昨年4月50％、今年2月100％
○勤務医、開業医、研究医。どれになりたい？
未定
○尊敬する医師・研究者は誰？
なし
○医師以外でなりたい職業は？
起業家
○東大の好きなところは？
教養学部の存在
○東大の変えたいところは？
まだ分からない
○大学生活で、勉強以外にやりたいことは？
剣道
○ストレス解消法は？
筋トレ、ランニング
○あなたの長所と短所は？
長所：一つのことに夢中になれるところ
短所：マイペースなところ
○好きな本は？
『暇と退屈の倫理学』
○好きな映画や音楽は？
「ショーシャンクの空に」「もののけ姫」
○受験勉強中、負けそうになった誘惑は？
スマホ
○理Ⅲ受験で最も大切なのは？
最後まで諦めないこと
○人生で最も必要なものは？
感謝の気持ちを忘れないこと

合格者解答例この1題

科目 数学 第 1 問

P(X, Y, 0) に対して、

(i) $\iff (X, Y) \neq (0, 0)$. ——① このとき

$\overrightarrow{OA}$ と $\overrightarrow{OP}$ のなす角を θ,

$\overrightarrow{AO}$ と $\overrightarrow{AP}$ のなす角を φ $(\theta, \varphi \in [0, \pi])$

とおくと、

(ii) $\iff \theta \geqq \frac{2}{3}\pi$

$\iff \cos\theta \leqq -\frac{1}{2}$

$\iff \dfrac{\overrightarrow{OA}\cdot\overrightarrow{OP}}{|\overrightarrow{OA}||\overrightarrow{OP}|} \leqq -\frac{1}{2}$

$\iff -Y \leqq -\frac{1}{2}\sqrt{2}\sqrt{X^2+Y^2}$

$\iff Y^2 - X^2 \geqq 0$ かつ $Y \geqq 0$

$\iff (Y-X)(Y+X) \geqq 0$ かつ $Y \geqq 0$ —②

(iii) $\iff \varphi \leqq \frac{\pi}{6}$

$\iff \cos\varphi \geqq \frac{\sqrt{3}}{2}$

$\iff \dfrac{\overrightarrow{AP}\cdot\overrightarrow{AO}}{|\overrightarrow{AP}||\overrightarrow{AO}|} \geqq \frac{\sqrt{3}}{2}$

$\iff Y^2 + 4Y + 4 \geqq \frac{3}{2}(X^2+Y^2+2Y+1+1)$
$(\because Y \geqq 0)$

$\iff X^2 + \dfrac{(Y-1)^2}{3} \leqq 1$. —③

以上より、①かつ②かつ③を図示して下図.

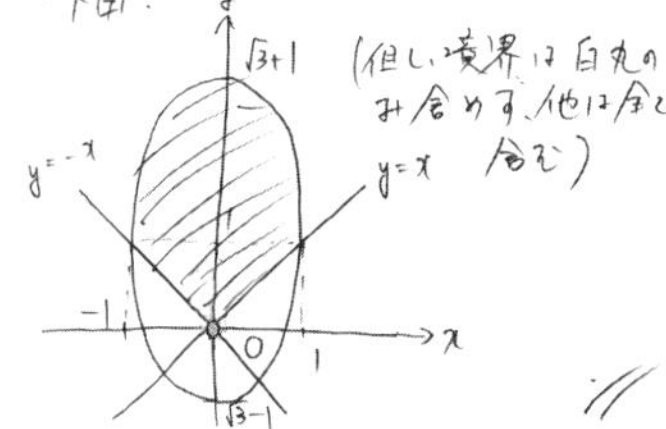

(但し境界は白丸のみ含めず、他は全て含む)

//

数学が終わった直後は5完半できたと思ってました(蓋を開けてみると4完…)1日目の夜に解答速報を見ることはしなかったので2日目に数学での失敗を引きずらなかったのがよかったです。

奥平　悠樹（おくだいら　ゆうき）

臨床医になりたい★★★☆☆　研究医になりたい★★☆☆☆　医者以外の道もあり☆☆☆☆☆

大分県立大分上野丘高校卒　現役
共通テスト　856点
前期　東大理Ⅲ　○
後期　東京医科歯科大医（出願）
得意科目　物理
不得意科目　数学

都会の学校との教育格差を感じて

父は心療内科の訪問診療医で、緊急事態には患者さんの家に行くことがあります。僕が小1、2の頃に、父についていって車の中で待ち、診察が終わったら帰りの車でその話について聞くということがあり、父のことをかっこいいなと思いました。それで小4の頃には将来は医師になることを考え始めていました。

高1の頃に大学を具体的に考え始めた時、九州を出たいなと思うようになり、地元の九州大医より上を目指して、東大や京大、医科歯科大を視野に入れていました。自分の成績が理Ⅲを目指せるくらいになると、東大は環境がいいだろうし、友人関係も面白そうだなと思い、理Ⅲ志望と言うように。最終的に決めたのは高2の5月でした。

上野丘高校は大分県ではトップの進学校で、東大合格者は毎年10人くらい出ています（今年は現役5人、浪人1人と例年より少なめでしたが）。でも理Ⅲ合格者は僕が28年ぶりで、現役合格となるともっと昔になります。九州の公立高校では理Ⅲ受験の情報は少なく、周りに目指す人もいない。都会の学校との教育格差を感じました。

これで九州の大学に行ったら、その後もずっと九州にいる可能性が高い。九州で結婚して子供が生まれたら、自分の子供も教育上不利な立場にいることになる。それなら自分は東京に行こうと思ったんです。あとは単純に都会に行きたいというのもありました。

塾の自習室で同級生と一緒に勉強を続ける

小学校・中学校は国立大分大学附属で、小4の2月から塾の能開センターに行き始め、それから大学受験までお世話になりました。学校の成績は中1の時は学年10番台、中2、中3は1桁台で1位を1回ずつと、上位のほうにいました。塾の先生から灘校を目指すことを勧められ、中3の9月から過去問を解いたら合格最低点を超えて、12年分やって一回も最低点を切りませんでした。

高校受験では灘とラ・サールに合格しましたが、下宿暮らしは大変そうだし、中高一貫校に高校から入ってもついていくのは難しそうだったので、学校までは家から自転車で15分ほどのところにある、県内トップの上野丘に行きました。

中学生の頃はそれほど勉強していなかったのですが、高1の9月に受けた実力テストで納得のいかない順位を取ってしまい、このままだと成績が落ちるだけだと心配に。幼稚園の頃から10年続けてきたピアノを勉強に集中するためにやめ、能開センターの自習室でいつも勉強していたクラスメイトに自分から声をかけて、一緒に勉強するようになりました。互いに分からないところを教え合ったりして、彼がいてくれたから心折れることなく勉強できたと思います。彼は今年、東大文Ⅲに合格しています。文系と理系では試験が違いますが、開示の点数は彼とは1点差でした。

能開センターでは英語・数学・物理の3つを取り、化学は学校の授業に全部任せていました。数学と物理は学校だけでは足りない部分があり、それを塾で補完していましたが、化学は学校の授業がしっかりしていて、それだけで十分でした。

過去問は解けるけど模試の問題はできない

数学は苦手で、高2までは『NEW ACTION LEGEND』という参考書をずっとやっていました。高3になって、一緒に勉強していた友達から東大特進のことを聞き、「数学の真髄」の映像授業を取り始めました。これが大きかったですね。数学嫌いがちょっと解消されました。

それまで数学は、たくさんある解法を覚えないといけないと思っていたのですが、「数学の真髄」は解法の暗記ではなく、問題を見たら出てくる解法のうちから選択するというもの。たくさんの解法を覚えないといけないのかという数学への不満を解消してくれました。この授業を受けなかったら、絶対に理Ⅲに合格していないと思います。

それですぐに成績が伸びたわけではないのですが、8月の東進の東大模試で1回ドーンと上がり、そこからもう1回、今度は普通に上がって、そして本番の試験でまたドーンと上がりました。

物理は好きな科目で、勉強するのが苦ではなく、高1の時に『名問の森』をやっていて楽しいと感じていたほど。学校より塾のほうが授業の進度が速く、学校の授業は復習でした。

ただ模試ではいつも時間が足りず、点数も30点ちょっと。そこで、過去問を解く時は半分の75分ではなく65~70分で終わらせようと頑張りました。これがけっこうできるんです。これは全科目同じで、過去問は簡単だったから。模試に比べて過去問は解けるのですが模試の問題はなぜかできませんでした。東大模試の判定はだいたいCかDでしたが、過去問では合格最低点を超えることが多かったので、模試とは相性が悪かったのかも。

高2の時、クラスメイトに好きな子ができました。高1の途中からメガネをコンタクトに変えて見た目もちょっと頑張っていたんですが、だめでした。高3からは勉強しかしなかったので、結局、彼女はできませんでした。

国語はほぼ放置状態でも本番では43点

化学の授業は高2から始まり、週5で授業がありました。化学を勉強するのは初めてだったので、授業をしっかり聞いて、その日のうちに復習して、『セミナー化学基礎』で問題演習をしていました。一通り終えたのが高3の5月で、すごく速いペースだったので追いついていくのに精一杯でした。

『化学の新演習』をやったのは高3夏。それ以降は数学に時間をかけたので、化学にはあまり手をつけませんでした。

英語は能開センターの授業が中心でした。中学から高校までずっと先生が同じで、英語は中高一貫校のような授業を受けていたので、それに乗っかっていました。リスニングはキムタツの教材を高3になる春休みから定期的にやるように。東大入試問題の傾向を知らない状態で模試の過去問をやったら、リスニングがかなりやばかったんです。でも、聞き始める前に問題を先読みする方法を知ってからは、それほど聞き取れなくても20点ぐらいは取れるようになりました。

英文読解では倒置や省略、挿入が苦手だったのですが、『英文読解の透視図』を高2から始めたら、英文の難易度もちょうど東大入試ぐらいで、長文もパッと理解できるようになりました。模試で英文和訳の点がずっと高かったのは、そのおかげかなと思います。

国語は学校の授業がメインで、自分で勉強することもあまりなく、高3になって古文・漢文の単語をちょっとずつやったくらい。その頃は数学がやばすぎて、国語は放置状態でした。それでも本番の国語は43点。模試でも点数は高かったので、元々得意だったのかもしれません。結局、そのあと数学の点数が跳ね上がって合格できたので、国語をやらなくて正解でした。

数学と理科さえできれば合格できる

高3夏の東大模試の判定はCとD。数学40点台、理科60点弱、英語と国語はまあこれでいいかという点数だったので、あとは数学と理科でした。

夏を過ぎても平日の勉強時間はそれほど変わらず、放課後に能開センターで5時間弱。ただ休日は、高3からは午前中も能開センターで勉強するようになり、それまで7時間くらいだったのが10~12時間くらいには増えました。

高3秋以降から過去問を解き始めて、模試よりもできるので楽しんでやっていましたが、秋の東大模試はやはりD判定。この時は英作文がボコボコでした。これだけだったら心が折れかけていたと思いますが、8月の東進の東大模試でA判定を取っていたので耐えられました。その時は数学と物理がすごくできて、結局、数学と理科さえできれば合格できると分かったのも大きかったです。

2学期は過去問を数学と物理は2000年から全部やり、化学は途中で傾向が変わったので15年分、英語は学校の授業ですでにやっていて、国語はほぼ手つかずでした。

共通テストの準備は年が明けてからの2週間で。英数理は共通テスト用の対策をしなくても解けるので、国語と地理の過去問をそれぞれ15年分と10年分やっただけです。それで856点は驚きました。自己ベストでした。おかげで元気よく後期は医科歯科大に出願できました。

合否を決めた最後の1分

試験本番の前日は程よい緊張感で、実力さえ発揮できれば一科目くらい失敗しても大丈夫だろうと思っていました。1日目の国語は、古文があまり読めなかったけど現代文がまあできたので45~

46点はいったかなと思っていたのですが、開示は43点で、ここはもう少しほしかったです。

　午後の数学は、全部の問題をパッと見て、簡単そうな問題があったらそれを先に、どれにするか迷ったら最初からやっていくと決めていました。模試でもそのやり方でやっていて、本番でも簡単そうだった大問1、3、4の3問は全部解けたので、見極めがよかったと思います。

　ただ、その次に解いた大問5で重大なミスを犯していました。解いている最中はそれに気づかずに答えを出して、大問2は半分だけ解けて、大問6はいかにも難しそうだったのでほぼ手が出ず、

22:54

時間配分

教材	時間	割合
物理	9時間12分	5%
塾の授業	19時間40分	11%
Ｋｅｙ＆Ｐｏｉｎｔ古文単語３３０ わかる…	8時間36分	5%
英語(塾のテキスト)	2時間31分	1%
数学	37時間52分	22%
理論物理への道標 上 力学／熱学／力学的波動	13時間47分	8%
ハイレベル数学Ⅲの完全攻略	13時間22分	8%
国語	2時間11分	1%
東大 英語(模試・過去問)	7時間9分	4%
英語	3時間49分	2%
化学	5時間54分	3%
実戦数学重要問題集－数学Ⅰ・Ⅱ・Ⅲ・Ａ・…	2時間41分	2%
東大 物理(模試・過去問)	1時間30分	1%
東大 化学(模試・過去問)	6時間34分	4%
東大 数学(模試・過去問)	2時間49分	2%
新キムタツの東大英語リスニング	55分	1%
化学重要問題集化学基礎・化学 ２０２３	3時間48分	2%
入試必携英作文Ｗｒｉｔｅ ｔｏ ｔｈｅ…	50分	0%
模試	9時間	5%
地理	4時間53分	3%
新キムタツの東大英語リスニングＳｕｐｅｒ	4時間38分	3%
ハイレベル数学Ⅰ・Ａ・Ⅱ・Ｂの完全攻略	1時間34分	1%

ホーム　記録する　レポート　通知

高３の９月に「Studyplus」に記録した詳細とカテゴリー別の勉強時間

最後に見直しをしていきました。

そうしたら終了1分前になって、大問5で大きなミスをしていることに気づいたんです。めちゃくちゃ焦りましたが、ほんのちょっとの部分的な表記の修正で、答えを合わすことはできないけど、重大な把握ミスから単なる計算ミスにすることができました。これだけでも部分点が5点以上は上がったと思います。残り1分で自分史上一番大きい奇跡的な修正をすることができました。実際、開示では総合点が合格最低点のプラス3点だったので、このおかげで合格できたようなものです。

2日目の理科は、物理は時間がかかったけどまあまあできて、開示は45点。逆に化学はあまりできなくて、計算問題はほぼ解かず、記述を頑張って29点。化学でちょっと焦ったけど、物理を取り切った感じで終わりました。英語は大問の一つで問題がありましたが、それ以外はいつもどおりで、点数もいつもどおり低めの80点でした。

2日目が終わった時点では、手応え的には五分五分よりはやや上の65%かなと。合格最低点が365点くらいだったら受かっているだろうと思っていたら、380点だったので驚きました。

僕が理Ⅲに合格できたのは、細かすぎないざっくりとした計画を立てて準備を進めたからだと思います。あとは勉強量を毎日一定にすることで、勉強サイクルを回すみたいなイメージで勉強できていたのがよかったのだと思います。

奥平 悠樹

オススメの参考書・塾・勉強法

数学
東大特進「数学の真髄」
　高校数学の根本を学べる。解法暗記から抜け出せる。
・通っていた塾・予備校
　能開センター、東進東大特進

物理
『漆原晃の物理「物理基礎・物理」解法研究』（KADOKAWA／中経出版）
　解説が詳しくていい。
・通っていた塾・予備校
　能開センター、東進東大特進

化学
『化学の新演習』（三省堂）
　難易度がちょうどいい（東大に近い）。

英語
『英文読解の透視図』（研究社）
　手薄になりがちな挿入、倒置について詳しく書かれている。難易度がちょうどいい。
・通っていた塾・予備校
　能開センター

国語
『Key&Point古文単語330』（いいずな書店）
　単語の語源などがあって覚えやすい。

アンケート
○理Ⅲ合格の自信は何％あった？
昨年4月40％、今年2月60％
○勤務医、開業医、研究医。どれになりたい？
医学を学んでいく中で研究したいと思う分野があれば研究医になりたい。なければ勤務医。
○尊敬する医師・研究者は誰？
父親。働いている姿を見て憧れたから。
○医師以外でなりたい職業は？
なし
○東大の変えたいところは？
取りたい授業が取りづらい。
○大学生活で、勉強以外にやりたいことは？
サークル活動
○ストレス解消法は？
寝る
○あなたの長所と短所は？
長所：集中力が高い、プレッシャーに強い
短所：考えすぎる
○好きな本は？
『都会のトム&ソーヤ』（はやみねかおる）
○好きな映画や音楽は？
YOASOBI
○受験勉強中、負けそうになった誘惑は？
ユーチューブをみる
○理Ⅲ受験で最も大切なのは？
本番でのメンタル、本番の強さ
○人生で最も必要なものは？
チャレンジすること

越智 惺彩（おち　せいろ）臨床医になりたい★★★★☆　研究医になりたい★★☆☆☆　医者以外の道もあり★☆☆☆☆

私立灘高校卒　現役
共通テスト　828点
前期　東大理Ⅲ　〇

双子の兄弟で同じ学部に行きたくない

僕は未熟児で産まれました。お医者さんのおかげで生まれ、元気に生活しているということもあり、小学生の頃から医者の仕事に興味がありました。他にもなりたい職業はありましたが、一番縁があったのが医者でした。理Ⅲを志望したのは、最初に一番高いところを目指したからです。そして、そのまま下げずにここまで来た感じです。

僕は双子の弟で、兄は理Ⅰを目指し、合格しました。双子の兄弟で同じ学部に行きたくないという思いがありました。学部が同じだとコミュニティも同じになり、どこにいっても双子はペアで扱われてしまう。それが嫌だと思っていました。

僕のほうは模試で理Ⅰはずっと A判定で、それじゃあ面白くないなと思っていました。一方で理Ⅲは学力が足りずにBやC判定ばかり。だから挑戦しようと思いました。それに、理Ⅲに入ると普通は医学部に行く。医学部を出ると医者として働く。それが楽だなって思った部分も正直あります。卒業する時になって就職活動とか将来の働き方を考えるのは大変ですから。

小さい頃から読書好き

生まれは香川県ですが、物心ついた時には兵庫県西宮市に住んでいました。幼稚園の頃は幼児教育のピグマリオンに行っていて、そこで算数パズルを多くやったおかげで算数が好きになり、理系になったんじゃないかなと。そして、そこに親が通わせてくれたことが、その後、灘に行って理Ⅲに入ることができた理由の一つだと思います。

小学校は地元の公立に入り、続けて通っていたピグマリオンの宿題を母が丸付けとかしてサポートしてくれていて、そのおかげで小さい頃から勉強の習慣がつきました。あと、幼稚園の頃から本を読むのが好きでしたね。『マジック・ツリーハウス』とか『ハリー・ポッター』とか。高校生になってからは受験勉強などで本を読む時間は減ってしまいましたが、活字を読むことが苦ではないところは助かっています。

小4で浜学園に入り、受験勉強を始めました。その時から灘を目指していたかは覚えていないですが、他の学校を目指そうと思ったことはないです。灘が家から遠くないというのもありました。受験勉強で苦労した記憶はなく、友達と一緒にわいわい勉強していたら灘に受かった感じです。

灘に入ってからも勉強に頑張る

灘では、部活は中1から鉄道研究部、中2からは地学研究部にも入りました。どちらも幽霊部員だったのですが、両方とも長期休暇に「巡検」といって旅行に行くので、その目的で入っていました。中1、中2の巡検では、それぞれ東北地方と四国地方に行き、鉄道で各地を回りました。ところが中3の時にコロナ禍で巡検がなくなり、部活の発表の場である文化祭も中止になってしまったので、どちらの部活もやめてしまいました。

灘に入ってからも勉強は頑張ろうと思っていて、塾は中1始めから鉄緑会とTMSという灘の生徒が多く通う数学の塾に入りました。でも、鉄緑会は1年もしないうちにやめてしまいました。宿題が多いし、勉強時間が中学受験の時よりも長く感じて、ハードだなと思ったんです。一方で中1終わりから東進の数学特待制度に入ることができ、長期休暇は東進で過ごしていました。

ただ、学校ではあまり真面目に授業を受けるタイプではなく、定期試験の前に詰め込むぐらいしかしていなかったですね。学年で上位3分の1以上の順位だったらいいやと考えていました。

でも、そのうちに自分の勉強の積み重ねに不安が出てきて、このままじゃやばいんじゃないかって思うようになり、中3後期から鉄緑会に入り直して数学を取り始めました。また、英語は中1からスタディ・コラボという塾に通っていましたが、それでも英語が苦手だったので、中3からアカデメイアという他の英語の塾に転塾し、そこでまた基礎から教えてもらっていました。

一番できる数学でも他の人より低い点数

勉強をしっかりやるようになったのはこの頃からですが、まだ大学受験を意識した勉強ではなく、塾で出される課題をこなしていただけでした。

塾で理科を始めたのは高1から。高等進学塾で高1から化学を、高2から物理を取りました。高等進学塾にしたのは、化学の教え方が上手いと評判の鈴木浩先生の授業を受けたかったからです。そこで物理も取ってしまえば、同じ日に化学と物理の授業を受けられるので、自分で勉強する時間が取れるというのもあります。実際、鈴木先生の授業はとても分かりやすく、知識だけ教えてあとは応用問題というのではなく、覚え方まで教えてくれて、丁寧で良かったです。また物理も覚えるだけの物理ではなく、自分で計算したりして理解する物理というのが身についたと思います。

数学は自分の中では一番できたんですが、それでもみんなより20~30点は低い。演習量やどれだけ真面目に取り組んだかが違ったのだと思います。中学生の頃に僕が勉強をさぼっている間、みんなは鉄緑会で基礎から積み重ねていったのに、僕はそこで勉強ができていませんでしたから。

そこで高2の夏休みに『一対一対応の演習』に取り組みました。苦手な単元があったのと、数学を包括的に勉強しないと解けない問題があると気づいたからです。あとは数学の問題を解く速度を上げる目的もありました。

全単元で穴がないように埋めていく

高3になると物理は『名問の森』を始めました。それまでは学校で配られた『難問題の系統』をやっていたのですが、僕には難しく、解くのに時間がかかりました。このままだと本番までに東大受験で必要な速度で解けるようにはならない。基礎からステップアップしながらやっていく問題集をやらなきゃと思い、東進のチューターの先生に「物理を基礎から勉強するには何がいいですか？」と相談したら『名問の森』を勧められたんです。

物理には定型の問題というか、決まった操作がある。その操作をする速度やどの操作を選ぶか決断する速度が大切だと思います。『名問の森』をやったことで、その速度は上がりました。

共通テストの1か月前に『標準問題精講』を始めました。僕にはだいぶ難しかったですが、おかげで応用問題のパターンを知りました。一問一問がハードで本が分厚い『難問題の系統』をやらなくても、ちょっと難しい程度の問題を一通りやったほうが点数になると思っていました。本番では一つ公式を覚えていなくて大問一つを飛ばしちゃって点数が低かったですが、それでも十分に対応できたので効果があったと思います。

『新理系の化学問題100選』も共通テスト後に1問目から解いていきました。他の問題集はどれも問題数が多くて、直前期にやっても間に合わない。とりあえず全単元で穴がないように埋めたかったので、全単元を網羅していて問題数が多くない問題集は何かと東進のチューターに聞いたら、これを勧められました。

試験会場に持っていった「まとめメモ」

数学では、問題を解く時に自分がした間違いをメモに書いていました。自分はこういう問題で間違えた、こういう発想が足りなかったみたいなことを単元別にまとめていたんです。それを本番当日の試験会場に持っていくことはありませんでしたが、本番直前の1週間で見直して、それもちょっとは役に立ったんじゃないかなと思います。

英語は、本番前にリスニングの問題を2倍速にして聞いて、本番では問題がゆっくり聞こえるように耳を慣らしました。実際、本番ではちょっと聞き取りにくかったのですが、焦ることがなく、力を出し切るのには役立ったかなと思います。

試験会場に持っていったのは、英語と国語と化学のまとめメモです。英語はアカデメイアで直前にやった『鉄壁』の確認テストで間違えた単語をピックアップしたもの。国語は古典でまだ覚えていなかった単語と、直前に『マドンナ古文』などを読んで、覚えていなかった文法をメモしたものです。

化学は共通テスト前にまとめた基礎的な用語でまだ覚えていなかったものと、『化学問題100選』の問題の中で知らなかったことを書いたもので、昼休みに読んだら、そこからいくつか出ました。それで10点ぐらい伸びたと思います。

面接では制服かスーツを

本番の前夜は、緊張してしまって全然眠れず、1時間半しか眠れませんでした。翌日、体は疲れ気味でしたが頭は冴えていて、もしかしたら落ちるかもと思いながらも、どうやってここで集中力を保って高い点数を取るかを考えていました。

1日目の試験を終えると、親に頼んで睡眠導入剤を買ってきてもらい、ご飯を食べて風呂に入り、それを飲んだらすぐ寝られて、結局、12時間寝ていました。翌朝の目覚めは良かったです。

3日目の面接では、周りがみんな制服かスーツなのに、僕はワイシャツ姿。僕だけ浮いていて焦りました。そのせいではないと思いますが、面接はなごやかな雑談で、最初は試験はどうだったか聞かれると聞いていたのに、座った瞬間に「どうして医師になりたいと思っているんですか?」と聞かれ、ちょっと焦りました。

実際の理由は志願理由書に書いたことだと思います。医師になりたい動機として人が幸せになる手助けをしたいと書いたのですが、あまりにもふわっとした表現だからか、もっと具体的に言ってほしいと何度も聞かれ、面接中はずっと緊張感があり、事前に聞いていたような雑談という感じではありませんでした。2回目の面接に呼ばれなかったので大丈夫だろうとは思っていましたが、ちょっと不安でした。

人と接する力を伸ばしたい

僕が理Ⅲに合格できたのは、幼少期からの積み重ねですね。幼稚園、小学生の頃に母が勉強のサポートをしてくれて、それがとても大きかったと思います。灘に入ってからもこの塾に入ったらいいよと母が勧めてくれて、親と塾が合格のルートを作ってくれたと思っています。試験当日に体調を崩した時、いかにしてここからいい点数を取るかと考えたこともよかったのだと思います。

僕は高校で部活に入っていなかったので、人と接する力が弱い。だからバイトや大学のサークル、クラスでの交流で、コミュニケーション能力や人と接する力を伸ばしたいと考えています。人と接する力は医者として働く上でとても重要なので、大学では積極的に活動しようと思っています。

オススメの参考書・塾・勉強法

数学
『1対1対応の演習』（東京出版）
苦手な単元を潰すために用いていた。単元の基礎が網羅できるためお勧め。
・通っていた塾・予備校
鉄緑会、TMS（津川数学セミナー）

物理
『名問の森』（河合出版）
基礎的な手順の速度を高めるために使えるため。
『標準問題精講』（旺文社）
応用問題に対応する力をつけるために使っていた。受験直前で難系をする時間がない人にお勧め。
・通っていた塾・予備校
高等進学塾

化学
『新理系の化学問題100選』（駿台文庫）
二次試験直前の全範囲の振り返りに使えるため。
・通っていた塾・予備校
高等進学塾

英語
『鉄緑会 東大英単語熟語 鉄壁』（KADOKAWA）
なんとなく覚えるだけで東大入試では困らないだけの単語力がついたため。
『スクランブル英文法・語法』（旺文社）
説明がしっかりしており、文法を身につけるには1番よかったため。
・通っていた塾・予備校
鉄緑会、アカデメイア

国語
『鉄緑会 東大古典問題集』（KADOKAWA）
解説がしっかりしているため、他の過去問集を使うよりも深く理解することができる。
・通っていた塾・予備校
芦屋国語教室

アンケート

○理Ⅲ合格の自信は何％あった？
昨年4月30%、今年2月50%
○勤務医、開業医、研究医。どれになりたい？
勤務医：大学病院で働くことで、めずらしい病気の治療にも関われると考えるから。
○尊敬する医師・研究者は誰？
特にいない
○医師以外でなりたい職業は？
研究者
○東大の好きなところは？
仲間が優秀である点
○東大の変えたいところは？
複雑な入学手続き
○大学生活で、勉強以外にやりたいことは？
山岳部に入ったり、バイトをしたりしたい
○ストレス解消法は？
30分程度の仮眠をとること
○あなたの長所と短所は？
長所：集中して1つのことにとりくめる
短所：集中すると他のことに対して注意力散漫になる
○好きな本は？
『陽気なギャングが地球を回す』（伊坂幸太郎）
○好きな映画や音楽は？
『Summer』（久石譲）、星野源の歌全般
○受験勉強中、負けそうになった誘惑は？
YouTubeを見たいという誘惑
○理Ⅲ受験で最も大切なのは？
健康的な生活を送ること
○人生で最も必要なものは？
受験に本気でとりくんだことによって身についた自信が今後の人生で重要になってくると思う。

佐藤 諒一（さとう りょういち）

臨床医になりたい★★★★☆ 研究医になりたい★★★☆☆ 医者以外の道もあり★★☆☆☆

私立北嶺高校卒 現役
共通テスト 860点
前期 東大理Ⅲ ○
後期 東京医科歯科大（出願）
併願 防衛大医 ○（1次のみ）
得意科目 化学
不得意科目 物理
親の職業 父 医師 母 専業主婦
兄弟 姉1人

練成会のパズル道場でひらめきを養う

生まれは札幌です。その後、勤務医である父の転勤に伴い6歳から北見市で、3年生から小学校を卒業するまでを帯広市で過ごしました。

塾通いをした経験はなく、母に勧められてもっぱらZ会やチャレンジといった通信教育で先取り学習をしていました。そのほか小学校低学年では水泳、書道、練成会のパズル道場とさまざまな習い事を経験。特にパズル道場では、断面図を見て瞬時に立体を当てるといった、ひらめきを養う訓練ができて、これは中学受験の算数やその後の数学的な思考力を培う役に立ったと思います。練成会は四谷大塚と連携していて、自然な流れで中学受験を視野に入れるようになりました。

高学年になると四谷大塚の模試を受けるようになるのですが、もっともうまくいった回では、全国3位の成績を納めることができ、勢いがついて『記念受験』もしてみようという流れになったのかな。第1希望は札幌市内の北嶺中学でしたが、開成と灘にもチャレンジすることにしました。1月の中旬には札幌で北嶺を受験し、後半は兵庫の灘を受けて、そして2月1日には東京で開成を。結果は3校とも合格することができました。開成を受けたときはその後、家族とディズニーランドを訪れいい思い出ができました。

『東大理Ⅲ』で化学グランプリに挑戦

進学した北嶺中学は歴史こそ長くないのですが、道内トップクラスの進学校です。生徒が全国から集まるため寮生と通学生が5：5くらいの割合で、1学年総勢120人ほどで3クラス編成です。

僕は最寄り駅からスクールバスの乗車時間を含めると1時間半をかけて通学しました。

北嶺の先生方は皆熱心で親身ですが、中学時代はわりとおおらかに過ごしました。男子校なので皆周りの目を気にすることなく自由にふるまっていました。僕も中学時代はわりと伸び伸び過ごしていて、部活は数学部と、友人に誘われてサッカー部に入部しました。放課後は大抵数学部とサッカー部の活動に勤しんでいました。サッカーは観戦するのも好きで、大学受験の追い込みシーズンになってもＹｏｕＴｕｂｅのショート動画を見ることはよい息抜きとなっていました。

医学部を考え始めたのは中学くらいから。父の影響で自然に医師を目指すようになった感じです。『東大理Ⅲ』は中学の頃から結構読み込んでいて、参考にしています。理Ⅲ合格者のなかには「化学グランプリ」や「数学オリンピック」への出場者が多いことを知り、自分も中学時代には数学オリンピックに挑戦し、予選を通過しました。さらに高校2年では、化学グランプリに挑戦し、秋田大学で開催された本戦に進出。本戦は皆で同時に実験を行うのですが、あの時はキレート滴定や電気分解に関する実験のリポートをするといった課題をこなしました。賞品として大学生用の化学の教科書を4、5冊いただき、最初は難解に感じましたが大学受験時にも役立ちました。

中学時代は2、3年時とコロナ禍でしたから、ほぼオンライン授業でした。英語に限らずですがそこでどう過ごすかで結構明暗分かれるのかもしれません。自主学習ができる人はいきなり成績が伸びる人もいて、僕がどちらとはいえないのですが、英語は1年生の時にゼロから始めて3年の初めに準1級まで合格することができました。

具体的なやり方としては英検の教材を買って、単語が大事だろうと『出る順パス単』をひたすら暗記し、過去問に取り組むという感じでした。どんどん進めて気がつくと学校の進度よりは早くなっていて。暗記ものに関して言えば、他の人と比べて物覚えがよいということはなく、割と忘れます。ですからとにかく繰り返し覚えるしかありません。

英語ではもっとできる帰国子女の同級生もいて、中学3年で1級に合格している人もいたり、僕のように中学でゼロから始めて高2で1級に合格している人もいました。僕は2年の時に1級に挑戦しましたが不合格で、そこでとりあえず英検はもういいかなと。

国語は得意でした。小学2年生くらいからとにかく『ハリー・ポッター』を好きになって、次々と読んでいました。昨日も、東京で舞台を観に行きました。とにかくあの世界が好きですね。あと『竜馬がゆく』をはじめ司馬遼太郎の歴史小説もたくさん読みました。

高2に上がってからはお世話になった国語の先生がいて、東大の国語の問題を使って、現代文も古典もしょっちゅう小テストをしてくれるのですが、最初はみんな0点になるというところから始まります。でも国語に対する姿勢がとてもしっかりしているので、それに応えられるように必死に頑張りました。そのおかげで、本試験のときは少し失敗しましたが国語力を確実に伸ばすことができました。

予備校へは通わず

大学受験に向けて、予備校には通っていません。強いていうと北嶺では授業のなかで東大の過去問を使って授業をしてくれたり、3年生になると、放課後は受験対策の講習はあったのでそれを受けて帰宅するという日もありました。

ですから3年次の1日のスケジュールは、7時に家を出て8時半ごろ着いて、放課後4時から午後7時まで講習を受けて8時半帰宅。夕食後11時頃まで2、3教科ずつ自習をして11時には就寝し、6時半に起床していました。自分にとって睡眠時間は大事で、短時間しか寝られないと頭が回らないのでむしろ不利になるのです。

直前はとにかくひたすら過去問を数学は30年分、物理と化学は15年分は解きました。物理が苦手だったので、最後まで手間取りました。国語と英語は学校でやってくれて25年分は解きました。

東大模試では、いちばんよかった回で理Ⅲのなかでは12位とか。判定もA判定が出ていたのですが油断していたわけではありません。併願として10月に防衛医大も受験したのですが、これはとりあえず学校でほとんどみんな受ける感じだったので。一次は合格して二次は12月でしたが共通テスト対策もあったので受験しませんでした。

二次試験のときは札幌から前日に上京。父が休暇をとって付き添ってくれて。東京ドームホテルに宿泊してそこからタクシーで本郷キャンパスへ向かいました。

初日は数学と国語だったのですが。国語は時間配分を少しミスったかなと。漢文古文現代文という順番で解いていこうという作戦で、漢文古文は25分以内に終わらせようと思っていたのですが、30分かかったため、あせりながら現代文に取り組みました。

数学は実は、そう難しくない微分で「やらかした」んですね。計算ミスをして。転記する時に文字を付け忘れていて、途中から計算が合わなくなったことに気づいて。普段もうっかりやらかすことがあったのですが。あとで振り返ると数学は今年は簡単だといわれていたのですが、自分は「数学」で落ち込んで。ホテルに戻ってからも父に「やばい」って。父は「まぁ落ち着けー」と。それで「挽回」しなければと気持ちを切り替えたのはよかったです。英語は98点、物理39点、化学は43点と、それぞれまぁまぁだったと思います。ただ数学のミスがあったため76点で、全科目を終えて合格したという手応えはまったくなかったですね。

受験が終わったあとは解放感に浸りました。サッカーをしたり友達とボーリングへ行ったりして過ごしました。受験の結果については気持ちが晴れなかったしいまいち自信はなかったです。10日の合格発表はスマホで、両親が家にいました。「あった！」という感じです。いま住んでいる大学から自転車で数分のマンションは9月に予約していたんです。不合格であればキャンセルはできるのでしたが、めでたく入居しました。まずはサッカー部に入って思い切りやりたいなと思います。

修学旅行で行ったタイムズスクエアで撮った写真

オススメの参考書・塾・勉強法

数学
『入試数学の掌握』（エール出版社）
特に第二章の通過領域の章は非常に役立った。
『過去問演習』過去問演習で苦手分野が見つかったら問題集でもその分野を解くようにしていた。
・通っていた塾・予備校
なし

物理
『理論物理への道標』（河合出版）
かなり発展的な内容まで取り扱っていたためこれができればなんとかなります
・通っていた塾・予備校
なし

化学
高校1年から化学グランプリを受け始め、高2、高3で本選に行き、大学の教科書をもらって多少勉強しました。それ以上は進めなかったが受験にも役立ったと思います
・通っていた塾・予備校
なし

英語
北嶺高校の授業　学校で東大の過去問をやってくれる
・通っていた塾・予備校
なし

国語
北嶺高校の授業　学校の授業だけで東大国語の点数を取れるようになりました
・通っていた塾・予備校
なし

アンケート

○理Ⅲ合格の自信は何%あった？
昨年4月80%、今年2月50%

○勤務医、開業医、どれになりたいですか？
まだ固まっていませんが、いまのところ研究医

○尊敬する医師・研究者は誰？
野口英世。小学校のときに伝記を読んで、行動力がすごいと思いました

○医師以外でなりたい職業は？
経営者

○東大の好きなところは？
困っても周りの友達に頼ればなんとかなる

○東大の変えたいところは？
履修登録がわかりにくい

○大学生活で、勉強以外にやりたいことは？
いろんな人と交流

○ストレス解消法は？
寝る

○あなたの長所と短所は？
長所：決めたらやり通す
短所：うっかり者

○好きな本は？
『ハリー・ポッター』シリーズ

○好きな映画や音楽は？
Ed Sheeran の曲

○受験勉強中、負けそうになった誘惑は？
YouTube

○理Ⅲ受験で最も大切なのは？
目的意識

○人生で最も必要なものは？
目標をもつこと

合格者解答例この１題

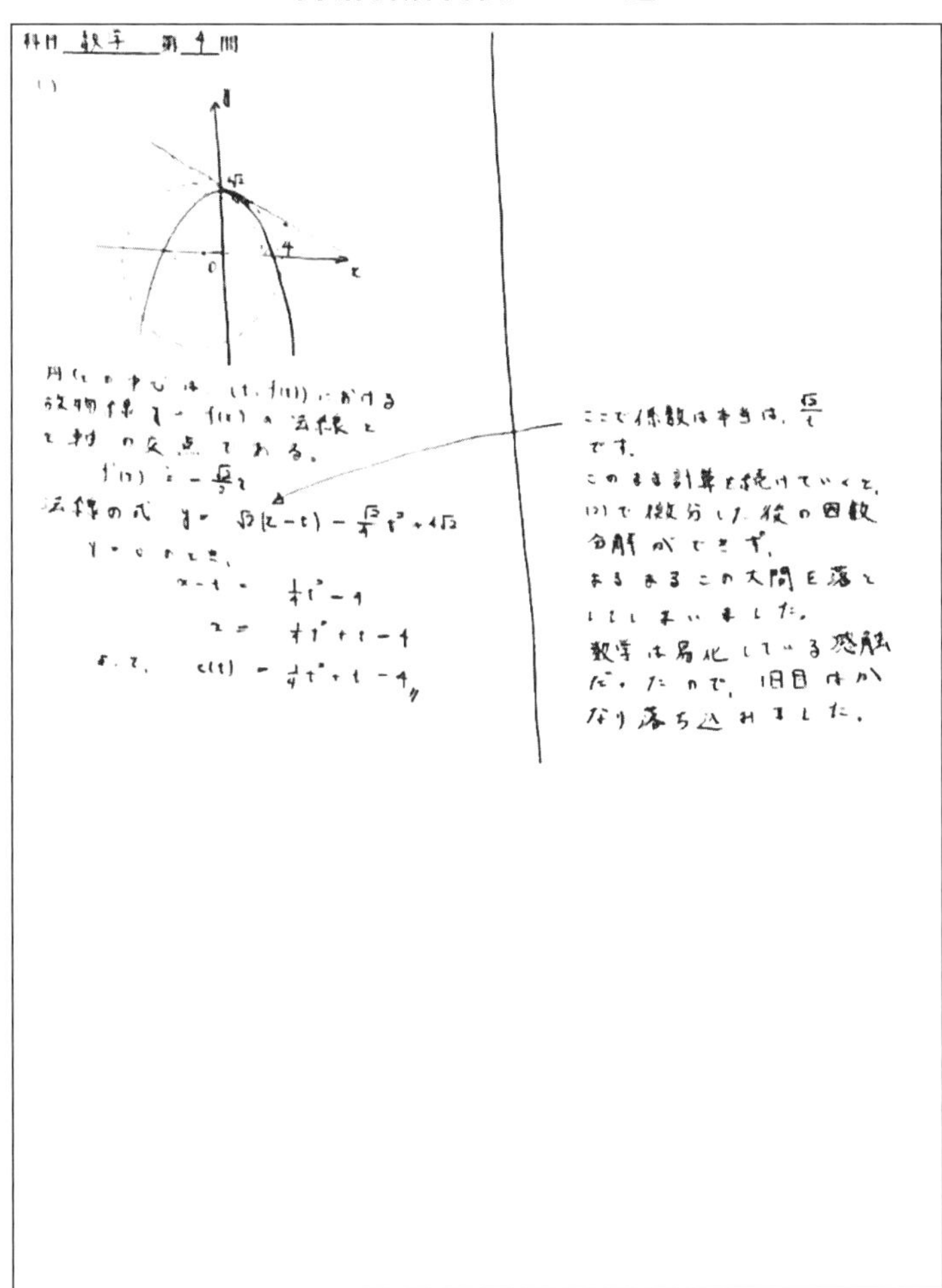

科目 数学 第4問

(1)

円Cの中心は $(t, f(t))$ における
放物線 $y=f(x)$ の法線と
x軸の交点である。

$f'(t) = -\frac{\sqrt{2}}{2}t$

法線の式 $y = \sqrt{2}(x-t) - \frac{\sqrt{2}}{4}t^2 + 4\sqrt{2}$

$y=0$ のとき、

$x - t = \frac{1}{4}t^2 - 4$

$x = \frac{1}{4}t^2 + t - 4$

よって、$c(t) = \frac{1}{4}t^2 + t - 4$ //

ここで係数は本当は $\frac{\sqrt{2}}{t}$
です。
このまま計算を続けていくと、
(2)で微分した後の因数
分解ができず、
まるまるこの大問を落と
してしまいました。
数学は易化している感触
だったので、1日目はか
なり落ち込みました。

島田 将吾（しまだ しょうご）

臨床医になりたい★★★★☆ 研究医になりたい★★★★☆ 医者以外の道もあり★★★★☆

山形県立山形東高校卒 1浪

現役時
共通テスト 790点
前期 東大理Ⅲ ×

合格時
共通テスト 848点
前期 東大理Ⅲ ○
併願 慶應大医（特待）
国際医療福祉大学医（S級特待生）

得意科目 特になし
不得意科目 特になし

首席で入りたかった

中1の頃、虫垂炎になったことがあり、それをきっかけに外科医の先生に憧れて医学部を志望していました。同時に世界一の医師になろうと思って、東大理Ⅲを目指すようになりました。

通っていた学校は山形大学附属の学校で、小中がエスカレーター式になっていました。中学校に入ってからは、東北大進学会という塾で数学を中心に難しめの問題を解いていました。

中学校の頃は課外活動として弓道をやっていました。弓道は身体だけでなく心も鍛えられると思います。

高校受験の時、僕は首席で入ることを目指していたので、競争は激しかったです。結果、入試の発表のあとに学校から電話がかかってきて、首席で入ったことがわかったのでよかったです。入学式では代表として、高校生活へ向けた抱負を話しました。

過去問を25年分解く

山形東高校では、学校の先生が、東大に入るためにはこの問題集をやったらいいよ、といった指導をしてくださり、東大合格に向けた指針を示してくださいました。高校では、数学は東進で学校の予習をし、学校の授業に毎日出席して、学校で配布された『フォーカスゴールド』という問題集を解いて学力をつけていました。

高校に入ってからは、毎日東進衛星予備校を利用していました。理科の学習について、教科書レベルの勉強を高1から始めていたのですが、本格的に勉強し始めたのは2年生くらいからです。

高2の終わりの段階で、数学は数Ⅲの始めくらい、物理は最終章だけ残した状態、化学も2章くらい残した状態でした。

理科の全範囲を自分で学習し終えたのは3年生の春休みくらいですね。物理に関しては学校のカリキュラムがそのくらいに終わっていたのですが、化学は学校で習い終えたのは3年の夏くらい。それでは遅いと思ったので、自分でやや早めに終わらせました。

高3の1学期には、化学の習い終わってないところは基礎的な学習をして、完全に習い終えた分野は東大の問題を使って過去問演習をしていました。25年分くらいは解きました。

高3の夏休みは全科目に取り組むという感じで、1日11時間くらい勉強していました。2学期はたまに学校行事がありましたが、それを除くとずっと過去問を解いていました。

年末年始もずっと二次試験の勉強をしていて、共通テストの勉強を始めたのは、1か月前からです。学校での共通テスト対策授業と東進の共通テスト対策講座にお世話になりました。

ていましたね。河合塾と東進と駿台の東大模試を受けて、河合塾は秋にはA判定を取っていました。一方、駿台と東進はC判定でした。

ルーティンの確立が大事

現役の受験の時は、もしかしたら浪人になるかも、という覚悟はありました。とはいっても、受かりに行く気持ちはもちろん十分あったんです。

二次試験の国語はわりと取り組みやすかったのですが、数学が相当難しかったです。どの問題もあまり手を出せず、気落ちしてしまいました。

理科は物理が特に難しくて、解ける問題が各大問の前半部分くらいしかありませんでした。化学も第1問の有機がかなり難しくて、解けるところを少し解いたくらいで終わってしまいました。

英語に至っては文章が頭に入ってこなくなってしまいました。

合格発表の時はもう浪人する覚悟ができていたので、不合格の結果を粛々と受け止めてその次やるべきことを考えました。

現役の時は試験本番で実力を十分発揮するという点において、自分の努力が足りなかったのかなと思いました。体調管理もそうですし、何時に寝て、何時に起きて、何時から勉強するかということを真剣に考えていなかったです。日中に頭を最大限に回せるようにすることを意識したルーティンの確立が今年は必要だと考えました。試験当日の試験時間中に最高のパフォーマンスを発揮できる状態になれるようにしていく必要性を痛感しました。

通った校舎は、河合塾の東京の本郷校です。東京大学の入試の専門校だったので、ここに決めました。河合塾を選んだ理由は、模試の解説が分かりやすく、ここで勉強したら伸びるのでは、と思えたからです。

河合塾の寮に住んで、そこから通いました。河合塾にお世話になったからには、河合塾の先生方の教育方針に完全に従って頑張ろうと思っていました。

現役時代の、周りの同級生が受験勉強よりまだ部活などを頑張っていた時期と比べると、浪人時代では周りが皆勉強しているので、自然と仲間意識が芽生えて現役の時よりも受験勉強がつらくなかったです。クラスの生徒は関東地方の人が中心でしたけど、たまにほかの地方から来ている生徒も。理Ⅰ、理Ⅱを目指している人が中心ですが、理Ⅲを目指している人も数人いました。周りがすごく頑張っているので、自分もそれに押されるように、頑張っていこう、と思うことができました。

授業は朝9時から夕方の5時くらいまでありました。

個人的に印象に残っている先生は、数学の刈谷今比古先生と香坂季京先生と矢神毅先生。解説がとにかく分かりやすくて、その授業で習った数学の考え方を活かした簡単な問題を毎授業で紹介してくれるので、自分の考え方がどう生きてくるのかを具体的に明示してもらえました。

英語は、東大の形式に特化した演習の授業とか、和文英訳の授業、英作文の授業など、いろんな授業に分かれていました。丹羽裕子先生、高沢節子先生、瀬崎友博先生、Claire Jansen先生にお世話になりました。物理は木村先生、化学は浅利先生、国語は晴山亨先生、大野優先生、高橋佳典先生にお世話になりました。どの科目も授業がとにかく充実していました。また、チューターの武者さんと功刀さんにも大変お世話になりました。

過去問は現役の時点ですでに20年分くらい解いていたので、一回解いた問題をまた解くことはせずに、今度は河合塾の東大オープンなどの問題を解いていました。

浪人の時の東大模試の判定は全部Aでした。現役の時に遅れをとっていたのは数学だったので、その頃は問題を見た時に何をしていいか分からない、ということが結構多かったんです。でも河合塾の授業で数学的思考力を磨いたので、その数学の弱点が克服できたんです。

疲れた時の気分転換はランニング。寮の近くをよく走っていました。あとは基本は睡眠ですね。

夏は夏期講習がコースでセットになっているので、それを受けていました。2学期は授業自体が完全に二次試験型の演習に変わるので、授業でも時間を測って問題を解いて、先生の解説を受けることを繰り返していました。自分で問題を解く場合は東大オープンの問題を使っていました。

現役生の伸びが怖い

浪人の時は共通テストの前くらいまでは理Ⅲに受かる自信が結構あったのですが、現役生の追い上げが来るのは入試直前期なので、その頃にはまったく自信がなくなっていました。

自分の中では2浪の選択肢はありませんでした。理Ⅲに落ちたらそこに入ろうと思って、併願の慶應大医学部と、国際医療福祉大学医学部を受けました。理Ⅲに行きたかったのはもちろんですが、他の大学も魅力的だったので、行った先で頑張ればいいかな、と思っていました。

共通テスト直前期にもちろん過去問を解きましたが、河合塾が共通テスト対策の講座を提供してくださり、それを受けていました。

共通テストが終わった後、ひたすら東大オープンの問題を解いていました。併願の慶應の過去問は4年分くらい解きました。

自分の足りないところに向き合う

東大の二次試験の前々日は、理科と英語を、前日は国語と数学を、実際の試験と同じ時間に解き始めて、休み時間も同じ時間を空けて解いていました。解いたのは、現役で受けたものより1年前の問題で、その問題だけはまだ解いていなかったんです。解いた結果合格点は超えたので、ひとまず安心しました。でも十二分に準備したとはいえ、正直自信はまったくなかったです。一週間前から不安でほとんど眠れませんでした。

島田 将吾

国語は去年とほとんど同じ難易度だったので、取り組みやすいとは思ったのですが、夢中になりすぎて何を書いたのかまったく覚えていません。ただ採点結果を見ると、採点が厳しかったと思います。

数学は昨年に比べたら断然解きやすくなっていました。完答できたのは3問だと思いますが、完答にこだわり過ぎると時間を使ってしまうので、むしろ部分点を狙っていました。ほかの3問も8割くらいまでは解けたと思うので、それでよかったと思います。しかし採点は結構厳しかったです。

理科は、難易度は去年より簡単でしたが、問題量が多くて、解き切れた感じはまったくなかったです。

英語は大問1の要約の問題は難しかったので出鼻を挫かれましたが、その後は正直簡単だと思いました。相当解けた自信がありました。

2日間終わって、全体としてほかの受験生も相当解けているだろうし、自分が受かっている自信はまったくなかったです。

そのあとは慶應の二次試験が終わってから、山形に帰りました。併願の慶應と国際医療福祉大が特待で受かっていたので、親にこれ以上迷惑かけずに大学に行けるという安心感はすでにありましたが、やっぱり理Ⅲに落ちたらがっかりだな、と思っていました。だから理Ⅲの発表で合格を知った時は、ひたすら安堵の気持ちでした。

浪人ってだんだん現役生が追い上げてくるのが不安になってくるのですが、他人を気にするより大事なのは自分なので、自分に何が足りないのかにしっかり向き合って、勉強してほしいと思います。大学は適切な知識の理解を求めていると思うので、そこはちゃんと授業を受けていれば理解できるはずですから。

これからは医学だけでなく政治学や法律についても勉強して、国際的に活躍できるような医師を目指したいと思います。

オススメの参考書・塾・勉強法

数学
河合塾のテキスト（ハイパー東大理類数学）
数学的な考え方を網羅的にテストすることができる
・通っていた塾・予備校
現役時：東進　浪人時：河合塾

物理
河合塾のテキスト（ハイパー東大理類物理）
物理的な原理の理解を網羅的にテストすることができる
・通っていた塾・予備校
現役時：東進　浪人時：河合塾

化学
河合塾のテキスト（ハイパー東大理類化学）
化学の典型的な問題が揃っている
・通っていた塾・予備校
現役時：東進　浪人時：河合塾

英語
河合塾のテキスト（和文英訳：解釈）
基本的な英語表現・文法を徹底的に理解することができる
・通っていた塾・予備校
現役時：東進　浪人時：河合塾

国語
『古文単語315』（桐原書店）
重要な古文単語をイラストを見ながら無理なく覚えることができる
・通っていた塾・予備校
現役時：東進　浪人時：河合塾

アンケート

○理Ⅲ合格の自信は何%あった？
昨年4月5%、今年2月10%
○勤務医、開業医、研究医。どれになりたい？
勤務医。病気で苦しむ人を助けたいから。
○尊敬する医師・研究者は誰？
いない
○医師以外でなりたい職業は？
宇宙飛行士
○東大の好きなところは？
前期課程で専門分野に偏らず幅広い教養を得ることができ、視野を広げることができる
○東大の変えたいところは？
化粧室が非常に混雑するため、化粧室の数を増やしたい
○大学生活で、勉強以外にやりたいことは？
アルバイトを通じて、様々な人と関わるスキルを磨きたい
○ストレス解消法は？
スポーツをすること・よく寝ること
○あなたの長所と短所は？
長所：綺麗好き
短所：忘れっぽい
○好きな本は？
推理小説　特に、シャーロック・ホームズの『バスカヴィル家の犬』が好き
○好きな映画や音楽は？
映画ハリー・ポッターが好き／洋楽全般が好き
○受験勉強中、負けそうになった誘惑は？
夕方に眠る誘惑
○理Ⅲ受験で最も大切なのは？
試験当日まで精神的・身体的にコンディションを整えること
○人生で最も必要なものは？
優先順位を的確に定めること。人が使える時間は限られているので、その中で何をするべきかを適切に選択していく必要がある。

合格者解答例この1題

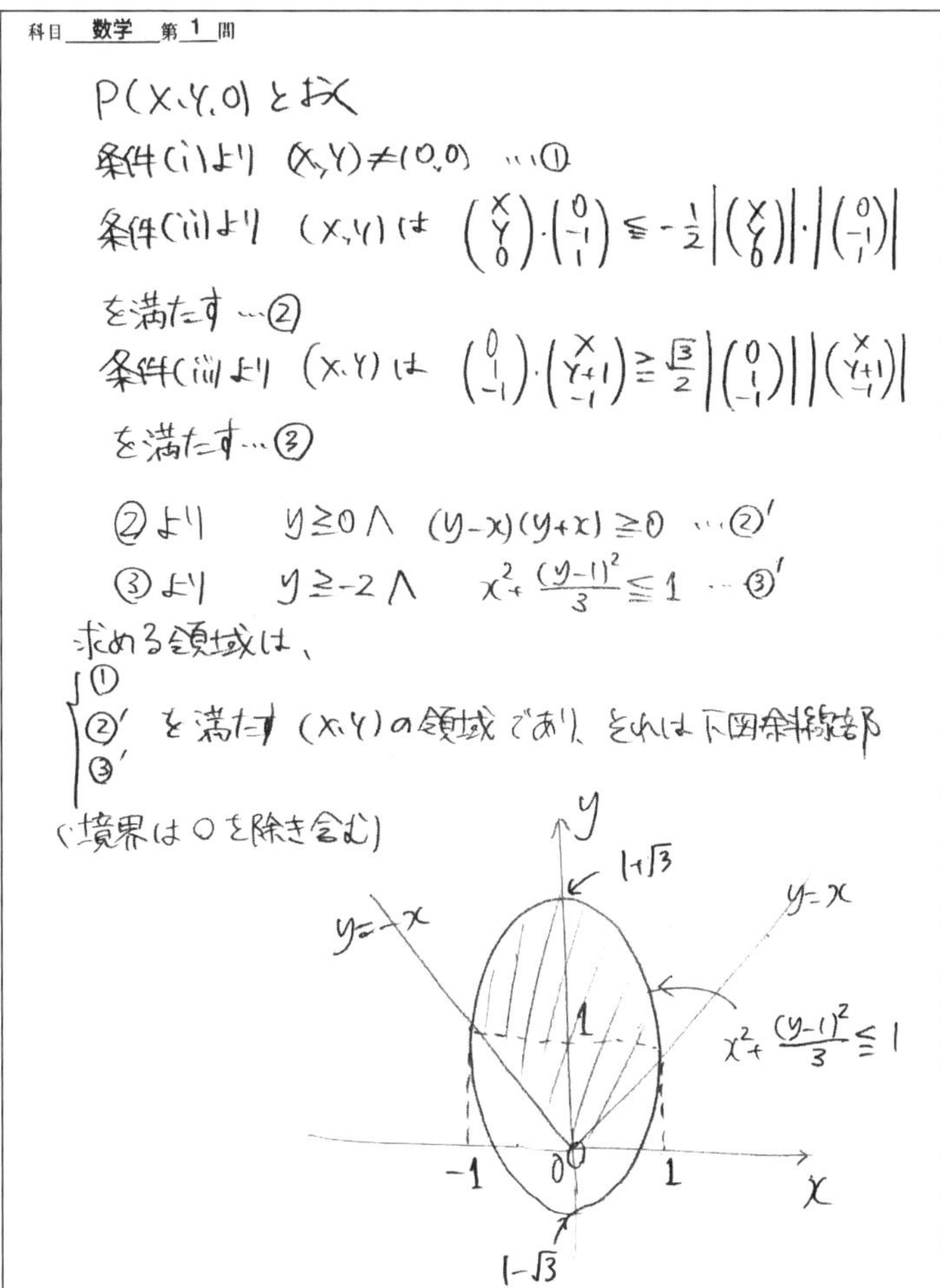

科目 数学 第 1 問

P(x, y, 0) とおく

条件(i)より $(x, y) \neq (0, 0)$ …①

条件(ii)より (x, y) は $\begin{pmatrix}x\\y\\0\end{pmatrix}\cdot\begin{pmatrix}0\\-1\\1\end{pmatrix} \leqq -\frac{1}{2}\left|\begin{pmatrix}x\\y\\0\end{pmatrix}\right|\cdot\left|\begin{pmatrix}0\\-1\\1\end{pmatrix}\right|$

を満たす…②

条件(iii)より (x, y) は $\begin{pmatrix}0\\1\\-1\end{pmatrix}\cdot\begin{pmatrix}x\\y+1\\-1\end{pmatrix} \geqq \frac{\sqrt{3}}{2}\left|\begin{pmatrix}0\\1\\-1\end{pmatrix}\right|\left|\begin{pmatrix}x\\y+1\\-1\end{pmatrix}\right|$

を満たす…③

②より $y \geqq 0 \wedge (y-x)(y+x) \geqq 0$ …②'

③より $y \geqq -2 \wedge x^2+\frac{(y-1)^2}{3} \leqq 1$ …③'

求める領域は、

$\begin{cases}①\\②'\\③'\end{cases}$ を満たす (x, y) の領域であり、それは下図斜線部

(境界は O を除き含む)

清水 敬太（しみず けいた）

臨床医になりたい★★☆☆☆ 研究医になりたい★★★★☆ 医者以外の道もあり★★★★☆

私立灘高校卒 現役
共通テスト 823点
前期 東大理Ⅲ ○
併願 慶應大医 ○（特待）

家庭教師生徒募集のメッセージ
それぞれの教科の基礎的な内容から、実戦的な点数の取り方まで、幅広く受験の指導が可能です。オンライン・対面問わず、まずはお気軽にご連絡ください。

東大入試本番の点数：国42／英102／数108／物42／化46

E-mail keita432shimizu@gmail.com

医療現場以外の医学に興味が湧く

医師という職業については小学生の頃から漠然と考えていましたが、特に具体的に思い描いていたわけではありませんでした。それが大きく変わったのは、中2の終わりに始まったコロナ禍からです。医療現場の医師の方々の努力があっただけでなく、公衆衛生の専門家の方々が感染の様子をモデル化して政府に対策を提言されていたりしていて、医療現場以外の医学に興味が湧いてきたんです。それで医学部を目指そうと思うようになり、理Ⅲを目指すようになりました。

生まれは名古屋で、小6まで国立の小学校に通っていました。2歳の頃に公文に入ると、母が先生から絵本の読み聞かせを勧められたそうです。

私も外より家の中で遊ぶのが好きだったので、いろいろな絵本を読み聞かせてくれました。

小学生になると学校の図書館によく行っていて、そこに置いてある物語系の本は読み尽くしたほど。ドリトル先生のシリーズや角川つばさ文庫の本が好きだった記憶があります。私は医師になるために理系に進みましたが、学校の成績は文系も理系も大きく変わりませんでした。小さい頃から本をたくさん読んでいたからかもしれません。

小3から通い始めた浜学園は関西の塾なので、模試では関西の子たちと一緒に成績が出ます。そこで上位に入るようになり、中学受験は関西の学校も視野に入れるようになりました。灘を目指そうと決めたのは、小5の時に行った灘の文化祭で、生徒の人たちが生き生きと輝いて見えて、私もここに入ってやってみたいと思うようになったのが一番大きかったですね。ブースに行くと丁寧に教えてくれて、本当にこの展示のことが好きで、それを伝えたいというのがすごく伝わってきました。

「東京合宿」に打ち込む

灘に入ると、中1と中2の時は名古屋から新大阪までは新幹線で通っていました。6時半頃の新幹線に乗って、家から学校までは1時間半ぐらい。さすがにつらかったので、中3から母と一緒に学校の近くに引っ越し、さあやるぞと意気込んでいたらコロナ禍で学校が休校に……。それから高3まで神戸の家から学校に通っていました。

部活は、文化祭で見た時に展示が面白かった物理研究部に入りましたが、中3からフェードアウト気味に。それ以降は学校の有志で行う「東京合宿」という企画に打ち込んでいました。毎年4月始めに生徒15人くらいで東京に行き、灘のOBや著名な方など、会いたい人に手紙を送って、受けてくださった方のところにお話を伺いに行くというものです。個人的に印象に残っているのは、養老孟司さんと社会学者の大澤真幸さん。いろいろな本を書かれているので、それに沿って話を伺いました。

学校の授業を重視

勉強面では、特に中学の頃は学校での勉強を一生懸命やっていました。例えば、数学の先生はすごく熱意のある先生で、その先生を信じてやっていけばいいかなと思っていました。英語も私の好きな感じの先生で、受験対策っぽくなく、授業がすごく楽しかったです。英語が楽しくなり、英語に触れる量を増やしたくなったので、中1夏から鉄緑会で英語を取り始めました。鉄緑会の中学英語は音読用教材が充実していて、今振り返ってみると、それはすごくありがたかったです。

大学受験を意識し始めたのは高2からですが、中3夏から鉄緑会で数学、高1から高等進学塾で化学、高2から鉄緑会で物理を取り始めました。ただし、学校の授業もしっかり受けていて、それプラス塾でも勉強するという感じ。学校の授業を重視していたのは、授業をしてくださる先生たちが好きだったので、それがモチベーションになったというのがあります。

鉄緑会は教材がいいし、受験対策の面ではすごくいい塾ですが、演習ばかりだとしんどくなってくる。一方で学校の授業は受験テクニックに留まらず、幅広く発展的な概念を教えてくれたり、英語の授業では外国文化の話もしてくれたりする。学問の楽しさを授業で感じていました。

理系科目以外では世界史や公民の授業も好きで、興味を持って聞いていました。灘の学生は学校の授業は重視していなかったみたいなことを言いがちですが、それは復習や宿題に力を入れていなかったというだけで、実際にはみんな興味を持って授業を受けていたように私は感じています。

感染症数理モデル入門の講義をきっかけに

灘には「土曜講座」というものがあり、定期的にいろいろな方を講師にお招きしてお話を伺っています。そこで「8割おじさん」の西浦博先生が、エクセルでできる感染症数理モデル入門の講義をやってくださいました。それで興味を引き立てられ、数理モデルの初歩の本を読んだり、感染症が拡大して社会のいろいろな活動が制限された際に、どういう根拠でそれが正当化されたのかといったことを本で調べたりしていました。

高2始め頃から理Ⅲを意識するようになりましたが、はっきり決めたのは同級生たちが志望校を決め始めた高2の夏すぎだったと思います。受験を意識するようになってからも、勉強時間や方法はあまり変わりませんでした。東大だから何か特別なことをしなければみたいな意識はなくて、受験勉強に関しては鉄緑会のペースに合わせてやっていました。勉強をしんどく感じなかったのは、学校の授業で全く知らなかったことを学ぶのがすごく楽しかったからだと思います。

ただ高3になると、学校の授業もどうしても受験指導寄りになっていき、それは仕方ないんですけど、単調であまり面白くなくなりました。

その一方で、毎年5月の文化祭は高3までしっかり関わっていました。特に高2、高3では実行委員になって、高2ではSNS運用、高3の時は総務課のサブトップをやっていました。文化祭の準備で勉強の時間が取られましたが、焦りはなかったですね。ラッキーなことにその頃から成績はある程度安定していて、高2冬の同日模試がA判定だったこともあり、このままやればなんとかなるだろうと楽観的でした。

典型問題に習熟していることは有利

私の勉強方法ですが、まず数学では、問題の解き方を考えると、よくある問題の組み合わせだったり、ちょっと珍しい発想とよくある問題の組み合わせだったりします。そのよくある問題の部分の処理スピードを速くできると強みになると思ったので、それを意識しながら典型問題に習熟するような形で勉強していました。

これは東大の問題を解くにあたって重要なことで、東大は難しい問題が多いですが、発想が基本的な問題もありますし、発想はちょっと難しいけど、そこを乗り越えれば素直な問題というのもあるので、そういうところで典型問題に習熟していることは有利です。特に今年の問題は発想の一手目でちょっと悩む部分がありつつも、そこを乗り越えたらあとはやるだけの問題が多かったので、そこは役立ったかなと思います。

理科の物理は、高2の間は鉄緑会の進行どおりにやっていましたが、高3の11月ぐらいまで成績が伸びませんでした。ただ、そこで下手に難しい問題をやるのではなく、基礎的な問題の総復習をしていました。『難問題の系統』もいい参考書ですが、難易度が高く、基礎系の参考書をやるほうが私には合っていました。なかでも『Ｔｏｉｔｅｍｉ』は、網羅的で基礎的な問題から発展的な発想が求められる問題まで幅広く収録されているので、これ一冊をやり切ったら幅広く対応できるようになるという安心感がありました。

化学は、多くの人がやる『化学の新演習』は量を解けば何とかなるみたいな発想があまり好みではなく、それよりも素直に発想を積み重ねていく『重要問題集』や『新 理系の化学問題１００選』ほうが好きでした。

リスニングにも長文読解にも役立った音読

英語で大事にしていたのは音読です。英語って最終的には論理的ではないところがどうしても出てくる。実際にこうやって言うから、こういうものだみたいな。音読するとその感覚が身につくというか口が覚えてくれるので、いろいろな用例をストックすることができます。

音読はリスニングや長文読解にも役立ちました。音読では書かれている文章を読むだけでなく、リスニング用ＣＤでは聞こえた英語をマネして口に出すシャドーイングもやっていました。それがリスニングにも効果があったと思います。また、音読は読む際に文章の切れ目や副詞のところでポーズを置くので、それが長文読解で文構造をとらえるのにも役立ったと思います。

国語は可もなく不可もなくの成績で、本番の試験では42点。現代文の参考書は著者によって言っていることや教え方が違うことがある。その中で『東大現代文プレミアム』は、素直に本文を読んで素直にまとめたらこうなるみたいな感じであまり捻っていなくて、それがすごく役立ちました。

やるべきことは何かを自分に問いかける

高3夏の東大模試は実戦もオープンもA判定でしたが、理科が物理も化学も半分くらいしか取れませんでした。そこで理科の勉強時間を増やし、この時にやったのが先ほど挙げた問題集。これで基礎的な部分をやったおかげで、いろいろな解き方の発想が分かってきました。

本番まであと数か月しかないなか、実戦的な問題や過去問をやらなきゃという焦りも少しありましたが、自分が今一番やるべきことは基礎だと気持ちを切り替えられたのが大きかったです。そこから理科がまた伸び始めました。理科が伸び悩んだら基礎に戻るというのは間違いないと思います。

そうやって受けた秋の東大模試でもA判定でしたが、理科はまだあまり良くなかったです。ただ、この時はまだ伸びる途中の段階だったようで、模試が終わってから伸びを感じました。

私が理Ⅲに合格できたのは、常に自分のペースで勉強をしてきたのが大きかったと思います。受験で一番の肝となるのはこの時期と直前期だと思いますが、その時期に周りの人がやっていることに惑わされず、自分には何が必要かを冷静に考えられたのが良かったです。

この本を読んでいる受験生の方々も、いろいろな人にいろいろなことを言われることと思います。理Ⅲを目指しているんだったら、これくらいの参考書とか問題集をやらないとダメみたいなことを。でも、実際はそんなことはなく、自分で今足りないと思うことを確実に潰せる勉強法を見つけて、やるべきことは何かを自分に問いかけながらやるのが一番大事だと思います。

オススメの参考書・塾・勉強法

数学
『チャート式』（数研出版）等の総合参考書
　とにかく典型問題への嗅覚をするどくすることは、入試本番にとても役立ちます。
・通っていた塾・予備校
　鉄緑会

物理
『Toitemi入試必修問題集 高校物理』（啓林館）
　基礎レベルから難しいものまで、幅広く、かつバランスよく揃っています。
・通っていた塾・予備校
　鉄緑会

化学
『化学重要問題集』（数研出版）
『新 理系の化学問題100選』（駿台文庫）
　上記2冊をやれば、化学に対応できる感覚は間違いなくつくでしょう。
・通っていた塾・予備校
　高等進学塾

英語
　鉄緑会の教材
『伝わる英語表現法』（長部三郎著　岩波新書）
　とにかく音読をくり返し、自分の中に用例のストックを増やすことが重要です。上掲書は実戦的用例の宝庫です。
・通っていた塾・予備校
　鉄緑会

国語
『東大 現代文プレミアム』（教学社）
　最も素直で洗練された読み方を提示してくれる本です。
　一般に現代文の勉強の時は、なぜその模範解答例になっているのかの根拠を考える方が、答えを出すよりはるかに重要です。
・通っていた塾・予備校
　東大特進

アンケート

○理Ⅲ合格の自信は何%あった？
昨年4月80%、今年2月99%
○勤務医、開業医、研究医。どれになりたい？
研究医…疫学や公衆衛生の側面から社会に貢献したい。
○尊敬する医師・研究者は誰？
養老孟司…研究者（解剖学者）でありながら、幅広く語る言葉を持っているのに憧れる。
○医師以外でなりたい職業は？
作家…自分の言葉を多くの人に届けてみたい。
○東大の好きなところは？
図書館が充実している。
○東大の変えたいところは？
駒場のまわりに飲食店が少ない。
○大学生活で、勉強以外にやりたいことは？
医学と直接関係ないゼミに打ちこんでみたい。
○ストレス解消法は？
読書と睡眠
○あなたの長所と短所は？
長所：集中力がある
短所：ギアが入るまで時間がかかる
○好きな本は？
『人間・この劇的なるもの』（福田恆存）
○好きな映画や音楽は？
Kポップ（特にIU）をよく聞きます。
○受験勉強中、負けそうになった誘惑は？
本をまとまった時間をとって読みたくて仕方なかった。
○理Ⅲ受験で最も大切なのは？
最後に試験場で信じられるのは自分だけだと冷静に意識すること
○人生で最も必要なものは？
他人との助け合い

合格者解答例この１題

科目 英語 第 1A 問

私の答案が結局どれほど評価されたかは全く分からないが、
英語で点を稼ぎたいと思っていたところに、最初に取り組んだ問題で
想定通りの時間（15分）で想定通りのクオリティの答案を出せたので、
波に乗って解き進めることができました。

現在、米国から世界に広がる課題は企業の大衆宣伝だ。
米国では百年前から、左派が、民主的な社会をめざし、
公権力や暴力に頼らず大衆の習慣・意見を操作する産業を興した。
（80字）

悩みどころ① … propagandaを「プロパガンダ」と日本語にしてよいのか？
現在の用法と意味が異なるので明確にするために
「大衆宣伝」という語を用いました。

悩みどころ② … 流れから浮いている最終段落をどう扱うか？
結局本筋と関係ないと判断し、ばっさりカットしました。

下田 結己（しもだ ゆうき）

臨床医になりたい★★★★★　研究医になりたい★☆☆☆　医者以外の道もあり★★★★★

私立広島学院高校卒　現役
共通テスト　794点
前期　東大理Ⅲ　○
後期　千葉大医（出願）
併願　慶應大医　○
得意科目　英語、生物
不得意科目　化学、数学
親の職業　父・地方公務員、母・地方公務員
兄弟　兄1人

やらない後悔よりやって後悔

小4の時に将来の職業について両親と話していた時に「医者なんかいいんじゃない？」と言われたことが理Ⅲを目指した大本のきっかけですね。両親は2人とも公務員で、医師の家系というわけではありません。父が個人的に医師との関わりがあって、仕事としてのやりがいや金銭面などから勧められました。

もちろん当時は理Ⅲについてその存在も知りませんでした。明確な目標になったのは中学受験で広島学院に入ってしばらくしてからです。

広島学院は県内トップの進学校で、成績上位者の中には広島大学医学部を目指す人も多く、僕も当初は広大医を志望していました。医師になるという目標は当時は確固たるもので、その後、成績が順調に上がっていくなかで、志望校を、広大医から九大医へ、阪大医へ、京大医へと上げていき、最終的に理Ⅲになったという感じですね。

絶対に理Ⅲに行きたいというより、成績的に狙えそうだから理Ⅲを目指そうという気持ちでした。だから、高2~高3で成績が伸び悩む一方で生物学に興味を持つようになったときは、理Ⅲではなく理Ⅱに行きたいと考えていました。

理Ⅲを受けるか、理Ⅱを受けるか、京医を受けるかは直前まで迷いました。最終的に「やらないで一生後悔するのは絶対嫌だ」と思い、理Ⅲ受験に踏み切りました。

失敗を活かして

大学受験の勉強をスタートしたのは中学受験終了後すぐでしたが、これには中学受験での失敗が大きく関わっていました。

塾には小2から通っていました。しかし、僕の地元はかなり田舎で、ほとんどの人がそのまま公立の中学校に進学します。学習塾に通い中学受験をするような人はほとんどおらず、放課後は友だちと楽しく遊んでいたいのに、自分だけ塾に通わなければならないことがイヤでした。

おかげでモチベーションは無いに等しく、宿題をやらなかったり居眠りをしたりはもちろんのこと(?)、親に無断で、あるいは仮病で欠席することも多かったです。

6年生になってからもあいかわらずやる気は起きませんでした。しかし12月に入って一部の学校の入試が始まった頃に、塾で成績が良かった人たちがある中学の入試で落ちてしまい、以降、彼らを押し除けて自分だけは最難関校に受かってやるんだと思うようになり、ここで初めて積極的に勉強に取り組むようになりました。

結果、灘、開成には大差で落ちてしまいました。大学受験では中学受験の二の舞にはなるまいという気持ちや中学受験での不完全燃焼感もあり、合格発表後すぐに勉強に本気で取り組んだんです。

勉強に明け暮れた時期も

中3〜高1の当時は理Ⅲを受験するからにはとにかく頑張ろうと思い、勉強以外のことをまったくしていませんでした。自宅から学校へは電車と徒歩で1時間30分くらいかかりますが、その間もずっと勉強していて、歩きながら単語を覚えたりしていました。

学校で友達に話しかけられても上の空で、考えているのはいつも勉強のことばかり。

一方で、何か娯楽に興じることもなく、唯一の癒しは勉強の合間に数時間に一度だけ聞くようにしていた音楽でした。休みの日に友だちと遊びに行くこともほとんどなく、勉強しなかったのは体育の時間と親と晩ご飯を食べる時くらい。いつも焦りを感じていて、勉強していない時の自分に嫌悪感を抱くことすらありました。

そうした生活を中3の秋から1年くらい続けた結果、心と身体に不調をきたしてしまい、高1の11月に限界を迎えて学校を早退してしまいました。

家に帰ってしばらくして「このままの生活を続けるのは無理だ」と確信し、今まで我慢していた趣味や遊びの時間を再び取るようにしました。ただ勉強をするだけの生活はやめようと決意したのです。実はこの経験があって、僕は受験生に休息と娯楽を十分とるよう強く勧める人になったのです。そのように休むことの大切さを痛感しつつも、勉強にすべてを捧げた中3から高1頃の努力が無駄になるのはいやだと思い、なんとしても理Ⅲに合格しようと思いました。

とにかく先取りをして長期的に差をつける

勉強はとにかくレベルを上げていって、基礎は後から固めるという方針で進めました。どの科目も自分で先取りして勉強していくのですが、その際には東進の映像授業にかなり助けられました。

東進は映像授業で勉強したい教科を自分の好き

なように進めることができます。また、東進の自習室だけでなく、自宅のパソコンで受けることができます。自宅のほうが集中できたので、基本的には自宅で映像授業を受けて先取り学習することが勉強のスタイルになりました。

中3までに、数ⅠA、数ⅡB、数Ⅲなど高校の範囲を一通り終わらせ、東大の数学にも目を通しました。ただ、基礎固めは後回しにしていたため学校の成績は基本良くなく、校内順位で中1の間は校内平均を切ることもあり、高校に上がっても180人中20~30番くらいだったと思います。

それでも、早いうちに東大レベルの問題に目を通せていたおかげで後の基礎固めや網羅的な演習は効率的に行えたので基礎固めをやってからの成績の伸びはかなり良かったですし、最終的には理Ⅲ合格まで辿り着くことができました。

メジャーでなくとも正しいと思ったやり方で

英語は、英検の勉強が中心でした。英検は純粋な英語運用能力を問われるので、東大に向けたレベル上げの目標に向いていました。

最終的には1級まで取得したのですが、意識していたのはネイティブが英語を学ぶのと同じように勉強することです。学校で習う構文や文法にこだわらずに、書かれていることを自然に解釈、理解するようにしていました。

ニュースやYouTubeなどでネイティブの英語はいくらでも聞けるので、休憩がてらそれらを聞いたり、シャドーイングしたりしていました。

おかげで東大受験において英語を特別に対策する必要は生じず、自力でそこそこの高得点を安定して取ることができました

高3進級時に思い切った選択

理科は、高校になってから本格的に勉強をスタートしました。物理と化学を選択して、学校の授業と東進の映像授業で勉強しました。

化学は楽しく勉強できて得点もとれるようにな

った一方で、物理は嫌いではないし勉強時間は十分取っていたのに一向に東大物理が解けるようになりませんでした。（今にしてみると、東大物理を正確に、理解しながら解く練習をせずに中難易度の問題集ばかりやっていたのが原因だと思います）

そんな状況が続いたまま高2の終わりに東大同日受験をしたところ、物理が大幅に難化しており、今まで以上に歯が立ちませんでした。このまま1年続けても物理で得点できる気が全くせず、科目変更を視野に入れて試しに3日間で生物を半分ほど進めた後に生物でなら戦えると確信し、物理を捨て、生物に転向しました。

それから東進の映像授業を2週間かけて一周しました。これまで学校の授業では無視してきていた生物ですが、いざ勉強してみると、非常に面白い科目でしたし、早い段階で東大の問題が解ける見通しが立ってきました。

中3から高1で勉強に苦しめられた反動で、高2からは楽しんで勉強することを意識するようになっていて、他の科目もそうですが、特に生物は、楽しいから勉強していたようなところがあります。

高3夏に生物学オリンピック本選に参加

もちろん、高3から新しい科目を始めるというのは他の受験生に対して大きく遅れをとった状況になることを意味するわけで、その遅れを取り戻すために高3の6月頃までは生物以外にはほとんど手をつけられませんでした。（結果英語と化学の成績が明確に下がってしまい、最後までそれを取り戻すことは叶いませんでした。）

しかし急ピッチで勉強したのが功を奏し、（生物はそもそも受験者が少ないのもあって）3か月で東大模試で科目内トップ10に入ることができました。

そんな生物の成績の急激な伸びと受験勉強以外のこともしたいという気持ちの高まりもあって、高3にして生物学オリンピックへの出場を決意しました。生物学オリンピックは、全国規模のコンテストで、国際生物学オリンピックの日本代表選考も兼ねて6月に予選を、8月に本選を行ないます。

腕試しに予選を受けてみたところ、筆記だけだったこともあり上位で本選進出することができました。その後静岡で行なわれた本選はレクリエーション的な側面もあって、10人の班で動物園に行ったりなどの活動が試験とは別でありました。この班での活動が非常に楽しくて、うちの班はかなり仲を深めることができました。今でも連絡を取り合ったりしていて本当にいい経験になりました。

自分に合った姿勢で受験勉強を

勉強に対する姿勢として僕が勧めたいのは、自分に適したやり方を見つけるということです。合わないと思ったら、受験科目を変えるのもありです。勉強ばかりで疲れてしまったら、息抜きをしながらそのときの自分にできることだけやればいいと思います。

僕は東進の合格体験記やこの『東大理Ⅲ』本を読んで理Ⅲ合格者が何をしてきたのかを知り、それが自分に合うか試したりもしました。

共通テストは「共通テストぼけ」を避けるためほとんど対策せず、その結果点数は理Ⅲ志望としては悪かったのですが、共通テストぼけで下がりうる点を考慮すれば必要な犠牲と捉えていました。

また、受験期は人にかかわることも大切です。友だちとの何気ない会話や家族と過ごす時間が精神的な落ち着きにつながります。特に親と過ごす時間は大事にしていました。ご飯は必ず親と一緒に食べていましたし、そこで話してくれたことが救いになっていたこともあります。

「うちは公務員家庭なのでお金がない」と勝手に心配していたのですが、父から「慶應医学部なら併願校にしていいよ」と言われたことがセーフティネットのように感じられましたし、高3で成績がうまく伸びなかったときに「理Ⅲを目指すのはしんどいから理Ⅱにしたい」と相談したときは、母から「結己なら理Ⅱに行っても理Ⅲに行ってもうまくやっていけると思うよ」と言われ気持ちを落ち着けることができました。

ストイックに受験勉強に身を捧げるのも一つのやり方ではありますが、受験にとらわれすぎると精神的に参ってしまいます。楽しく生きることも考え、自分なりのやり方を見つけて、受験を乗り切ってください。

中高の友人との卒業式での写真

下田 結己

オススメの参考書・塾・勉強法

数学

『数学の真髄』シリーズ（東進）数学の問題への接し方をここで学び取ったおかげで難問にも抵抗なく立ち向かえるようになりました。

『入試数学の掌握』（エール出版社）（赤、青）ここに載っている解き方のパターンを自分なりにアレンジすることで、東大数学でよく出るタイプの問題への対応の仕方をある程度定型化できました。

・通っていた塾・予備校
東進

生物

『ハイレベル生物』（東進）これを完璧にすれば東大生物で要求されるレベルには完璧に応えられます。一応、理論上は教科書でも代用可能です。

英語

『鉄壁』オーバースペック気味なのは確かですが、この1冊を完璧にすれば英検と東大入試のいずれにも対応できたので結果的には楽をできました。

アンケート

○理Ⅲ合格の自信は何%あった？
昨年4月80%、今年2月50%、当日100%

○勤務医、開業医、研究医。どれになりたい？
開業医　精神科医として組織に縛られずより多くの人の助けになるため

○医師以外でなりたい職業は？
コミュニケーションを介して人助けができてやりがいがありそうならなんでもいいです。

○東大の好きなところは？
バイトの時給が高い

○東大の変えたいところは？
教養課程、いらない。医学やらせて。

○大学生活で、勉強以外にやりたいことは？
思い出作り

○ストレス解消法は？
遊ぶ、寝る、人と喋る、音楽を聴く、歌う、美味しいものを食べる

○あなたの長所と短所は？
長所：大体なんでも好きになれる、自尊心低い
短所：怠惰、おもしろくないことは放棄しがち、優柔不断

○好きな本は？
受験期に読んだマンガ、小説の数々

○好きな映画や音楽は？
「君の名は。」ゲーム音楽、アニソン、ボカロなど

○受験勉強中、負けそうになった誘惑は？
友達とのお出かけ、マンガ、アニメ、ゲームなど…（負けました）

○理Ⅲ受験で最も大切なのは？
メンタルの強さ、行動力、決断力

○人生で最も必要なものは？
計画性、慎重さと思い切りの良さ

合格者解答例この１題

徐 菁荷（じょ せいか）

臨床医になりたい★★★☆☆ 研究医になりたい★★★☆☆ 医者以外の道もあり★★★☆☆

私立桜蔭高校卒 現役
共通テスト 843点
前期 東大理Ⅲ ◯
後期 千葉大医（出願）
併願 慶應大医 ◯
慶應理工学門C ◯
得意科目 数学
不得意科目 国語

憧れの数学部

昔の家族写真を見ると妹が遊んでいる横で私はひとり勉強したりしていて、私はずっと勉強が好きだったみたいです。母親は英語の教員をしていたので英語に熱心で、私も公文の英語教室に行くことになり、小4で英検2級まで取りました。また、小4になるといつの間にかSAPIXに入っていました。

SAPIXでは算数は好きだったので頑張っていたのですが、社会はサボり気味で、社会の先生に怒られた記憶もあります。集中力はあった方だと思うので、最初は上から2番目のクラスだったのですが、次のテストから1番上のクラスになりました。

SAPIXで勉強していた頃から、桜蔭の文化祭に行って、自然とこの学校に行きたいと思うようになりました。

文化祭ではいろいろな部が出し物をしているのですが、数学部では、桜蔭生のお姉さんたちが桜蔭の入試の算数の問題を解説してくれるんです。その解説がとてもよくて、私も桜蔭に入ったら数学部に入りたいと思いました。

刺激を受ける環境

第一志望だった桜蔭に入ると、念願の数学部に入り、中高5年間所属しました。

数学部では普段はパズルを解いたり、文化祭ではテーマを決めて研究して発表したり、数学の問題を作ったりもしていました。

桜蔭は数学オリンピックに出場している子とか、自分にない良さを持っている同級生がたくさんいて、すごく刺激を受ける環境でした。私が早口で数学の話をしてもついていきてくれるし、一気に新しい世界がひらけましたね。

委員会活動は、私はあまり希望する人のいない委員会に手を挙げて入るのが好きなのですが、そういう委員会はあまり仕事がないんですよね。それで遺失品委員会、つまり落とし物を管理する委員会に所属したのですが、そんなに活動が多くなかったです。

数学部では高2のときは会計を務めました。文化祭の時は、部長が文化祭の委員も兼任して忙しかったので、私が副部長と一緒にとりまとめをすることが多かったです。

文化祭で出す問題の作問や解答の集計もやったし、後輩が作った問題を修正して難易度を上げて、後輩と一緒に模造紙に問題を書いたりしました。

来場した桜蔭を受ける小学生の子たちに問題を解説するのが好きだったので、コロナで学園祭がお客さんを呼ばない年があったのは残念でしたが、高2の時は学園祭が通常の形で復活して本当に嬉しかったです。

コロナで中だるみ

鉄緑会の存在は、桜蔭の合格発表のときにチラシが配られていて、そのとき初めて知りました。塾に入らないと暇かな?と思ったし、面白そうだったので入ることにしました。中1の時は、まだ英数の週2回の通塾だし、そんなに大変じゃなかったです。

数検や英検にもチャレンジしていたのですが、英検の1級は2回も面接であと1点で落とされてしまいました。それでそれ以上受けるのをやめてしまいました。数検は準1級まで取りました。

中2の終わりから中3の始めにかけてコロナで学校も塾も休みになったのですが、私は家で勉強ができないタイプなので、この時はちょっとだらけてしまいました。

鉄緑会では上のクラスをレギュラークラス、下のクラスをオープンクラスというのですが、私は基本的にレギュラークラスにいました。数学は中2の前期だけは上から2番目のクラスにいましたが、ほかはずっといちばん上のクラスにいました。英語はずっと上から2番目のクラスでした。

数学に続いて物理も好きに

数学は、鉄緑会では高1の後半から数Ⅲが始まるのですが、私は中3の頃から数Ⅲが面白いと思って自分でやっていて、高1の前半も青チャートを解いたりしていました。

物理と化学は鉄緑会の授業は高2に始まります。物理は学校で指定された『セミナー物理』をやりながら、数学が好きだからきっと物理も好きになるだろうと自分を信じ込ませてやっていたら本当に好きになりました。

化学は数学に近い科目ではないのですが、それでいて計算も多いし、計算はめんどくさいけど嫌いではないので楽しかったです。

実は高3の夏まで私は理Ⅰ志望だったんです。夏の模試も理Ⅰ志望で出していて、大学では医療工学をやりたいと思っていました。

鉄緑会の先生に理Ⅲの人がいたので、理Ⅲから医学部に行くのもいいなと思ったのですが、数学が好きだったので、仕事に数学を使いたいと先生に相談したら、「医療工学もお勧めだよ」と言ってくれたので。でも桜蔭の周りの友達がみんな医学部を受けるし、数学で生きていくよりも、医学部に行ったほうが将来の幅が広がるかなと思って、秋ごろに理Ⅲに志望を変えました。

理Ⅲを受けるか悩んでいた高3の夏休みには、自分で申し込んで医師体験を経験しました。病院の施設や、薬剤師の方のお仕事を見学したり、研修医の方々からお話を伺ったりしました。その病院は地域医療が強みだったので、そのあたりの話もいろいろお聞きできました。

私も人と話をするのが好きなので、いろんな患者さんと触れ合える医師という仕事ってやっぱりいいな、と思うようになっていきました。

高3の2学期になると、鉄緑会では演習問題を解くことが多くなりました。物化は毎週授業で1セット、家で1セット解いていたら成績も安定していたので、安心して勉強を続けていました。物理と化学の過去問も、直近10年分は共通テストの後用に残しておいて、その前をどんどん解いていました。

共通テストの結果に満足

年末年始は共通テストの過去問を解いていましたが、国語と社会（地理）の点数が悪かったので、単語帳をしっかりやって、古文と地理は特に10年分ほど過去問を解きました。地理は『地理Bの点数が面白いほど取れる本』が分かりやすかったので使っていました。本格的に過去問をやったのは直前ですが、地理のその本は5月から9月と、9月から12月にかけて1周ずつ、古文は2学期に入ってから、薄くではありますが少しずつ前もって勉強していました。

結果、共通テストは英数理で合わせて4点しか落とさなかったのですが、国語と地理で落として

843点という点数になりました。英数理がほとんど取れたし、国語と地理も事前の練習の時よりはいい点数だったのでよかったです。

タリーズで勉強

本番直前の2週間はもう学校も塾もなかったので、ひとりで勉強するのが寂しかったですね。鉄緑会の自習室は家から遠かったので、自宅近くのタリーズで主に勉強していました。

過去問を解く時は、本番は1年を2日で解きますが、本番では休憩時間が長いので、練習では3日で2年分を解いていました。理ⅢでA判定も出ていたので自信はありましたが、本番前になると人と会うことが少なくなったのもあって、少し不安になりましたね。本番の前日は昨年2023年の過去問を解いていました。

国語はみんなそんなに点数が変わらないのではと思っていたので、それほど緊張しませんでした。漢字も私はちゃんと取りたいなと思って、鉄緑会の漢字のテキストも3周していたので、本番も漢字の問題はすべて解けてよかったなと思いました。国語は30点くらい取れればいいと思っていたのもあって、リラックスして解けました。

数学は私は1問目から順番に解くのですが、1問目を解いて簡単だなと思って、2問目も普通に解けるな、と思いました。3問目も普通に解けましたが、4問目は分かったのですが、計算が多かったので、あとで見直そうと思いながら30分くらいかかってしまいました。5問目もやり方は分かったのですが慎重にやって、6問目は（2）が普通に難しくて解けなかったのですが、ここまで解けてたら大丈夫だろうと思って、落ち着いて見直ししながら解きました。

英語と理科もそんなに苦手でないので、1日目が終わった時点で、2日目でそれほど失敗しなければ大丈夫だろうと思いました。

理科は、物理の第3問であまり得意でない形式の問題が出たのですが、第1問と第2問はわりとできたので、なんとかなったかなと思いました。しかしその時点で物理で80分くらい使ってしまって、化学に使える時間が70分くらいしか残っていませんでした。

化学の第2問と第3問はあまり難しくなかったので普通に解いたのですが、残していた第1問に使える時間が15分くらいしか残っていませんでした。その時点で焦ってしまい、問題文を流し読みでよく理解しないまま解いてしまいました。

この昼休みの時間にスマホで慶應医学部の一次の合格を確認できたので、いい気持ちで午後の英語に臨めました。

英語は、模試ではいつも記号と並び替えがマイナス10点くらいだったのですが、本番ではマイナス6点くらいだったので調子がいいと思いました。リスニングも調子はよかったですが、教室が広くて、模試のときよりも聞き取りにくかったです。

試験が終わって自己採点したときは受かったと思っていたのですが、人間時間が経つと不安になってくるもので、解答欄を間違えて落ちたのではないかとか、いろいろ心配になってきました。

進む道を見極めたい

発表の日は朝7時くらいに起きて、時間まで妹とネイルやメイクをしたりして遊んでいました。そのあともう一回自己採点したり家族と話しているうちに11時になって、ひとりで発表を見たかったのでタリーズに行きました。

スマホで自分の番号を見た時はめっちゃ嬉しくて、家族のグループLINEに送ってから学校に電話したのですが、感極まって泣いてしまいました。そのあとは鉄緑会の合格報告会に行きました。

振り返ると、苦手教科も含めてバランス良く勉強してきたから合格できたのだと思います。これからはいろんなことを勉強して、自分の進みたい道をしっかり見極めて、将来は社会貢献できるような仕事をしたいと思います。

オススメの参考書・塾・勉強法

数学

『解法の探究・確率』（大学への数学・東京出版）鉄緑会の先生のおすすめでときました。確率は東大での出題頻度が高く、また計算・発想に少し練習が必要な分野だと思うので、この本は確率を網羅できていいな、と思います。数学は基礎を理解したあとは演習で使い方を練習しつつ、沢山の問題をインプットしました。高3では問題をみたら過去の類題を思い出しながら問題を解くことで、お得に様々な問題の発想・解法を身につけられたのかな、と思います。見直しを意識することで点が安定したので普段から見直しを意識しつつ解くのがいいと思います。

・通っていた塾・予備校
鉄緑会

物理

鉄緑会の教材を基本的に使っていました。（高2の頃に学校配布の『セミナー物理』を一周しました）それぞれの分野での公式をしっかり覚えて（少ないです）問題をみたときに、どの分野で、それにはどのような公式がいかせるかすぐ言えるようになることを意識して勉強しました。結局物理は、問題を正しく把握できる、必要な公式を正しく運用できる、連立方程式をとける、誘導にのれることが大切だなと感じて、問題をみたとき怖がりすぎずに落ち着いて対処できるようになった時に点数が伸びました。物理は問題に圧倒されてパニックになりやすい教科だと思うので、演習をつんでこの見た目の問題でも、意外と簡単なんだな、と思えるようになることが大切だと思います。

・通っていた塾・予備校
鉄緑会

化学

分野が沢山あり、苦手分野を作らないことが大切な教科だと思います（特に高分子が適当になりやすい）また数学、物理以上に、演習だけでなく知識の復習を行うことが大切な教科だと思うので、高3後期の集中的に演習をつむ時期になっても網羅系の参考書（鉄緑会の発展講座）をよく読んでいました。何よりも東大化学は計算が重い上に、答えをあわせることが大切になるので、問題をとくときに電卓を使いたくなりますが、なるべく我慢して、計算をあわせる練習をすることもある程度は必要だなと思います。

・通っていた塾・予備校
鉄緑会

英語

『鉄緑会東大英単語熟語　鉄壁』（KADOKAWA）

東大受験生はこれはかためた方がいいと思います。鉄緑会生じゃなくても買える!! 東大はよく基本的な単語の意外な意味やそのイメージをつかんでいますかというのを問うので、その対策にとてもいいし、単純に東大英語に必要な単語がちょうどよくのっていて、これをかためてから得点が安定しました。またリスニングの30点がかなり大きいので練習したほうがいいと思いました。英検1級の対策（落ちましたが）に『英検1級面接大特訓』という本を使ったのですが英作文の練習にいいなと思いました。

・通っていた塾・予備校
鉄緑会

国語

理Ⅲ受験生は古典は沢山とはいわずともある程度はやった方がいいと思います。共テで思った以上にアドバンテージになったりします。二次もそうですが、単語帳1冊（何度もくり返す）文法書1冊をやって古典東大問題集で演習していました。結構しっかり採点基準があるので逐語訳を意識して練習しました。現代文は過去問を解いて採点していただいていました。（そんなに沢山はやらなくていいと思います。感覚がにぶらない程度に）

・通っていた塾・予備校
鉄緑会

アンケート

○理Ⅲ合格の自信は何%あった？
昨年4月50%、今年2月80%

○勤務医、開業医、研究医。どれになりたい？
医師体験をした際に、勤務医の方々の姿を見てすてきだなと思ったが、研究医にも興味があり（数学が好きなので病気の数理モデル化をしたり医療工学に興味がある）現時点では全く決まってないです。

○尊敬する医師・研究者は誰？
山中伸弥先生（挫折しても逃げ出さずに目標をもって研究を続ける姿勢が、誰にでもできることでなくてかっこいいな、と思います）

○医師以外でなりたい職業は？
教員

○東大の好きなところは？
周囲から刺激を受けられる点

○東大の変えたいところは？
手続きが少し煩雑な点

○大学生活で、勉強以外にやりたいことは？
ボランティア活動に参加したいです

○ストレス解消法は？
とにかく寝る

○あなたの長所と短所は？
長所：ねばり強いところ
短所：せっかちなところ

○好きな本は？
『算数・数学なっとく事典』『算数・数学なぜなぜ事典』

○好きな映画や音楽は？
あまり触れてなくて…ごめんなさい。

○受験勉強中、負けそうになった誘惑は？
勉強をやめて布団でゴロゴロしたい、休みたいと思ったことは多々あります

○理Ⅲ受験で最も大切なのは？
とびぬけて得意な教科をつくるより苦手教科、苦手分野を作らないことが大切だと思います

○人生で最も必要なものは？
勉強以外のことにあまり熱中してこなかったので、今後はもっと沢山の事を経験して様々な立場に立って視野を広げることが必要だと感じています。

合格者解答例この１題

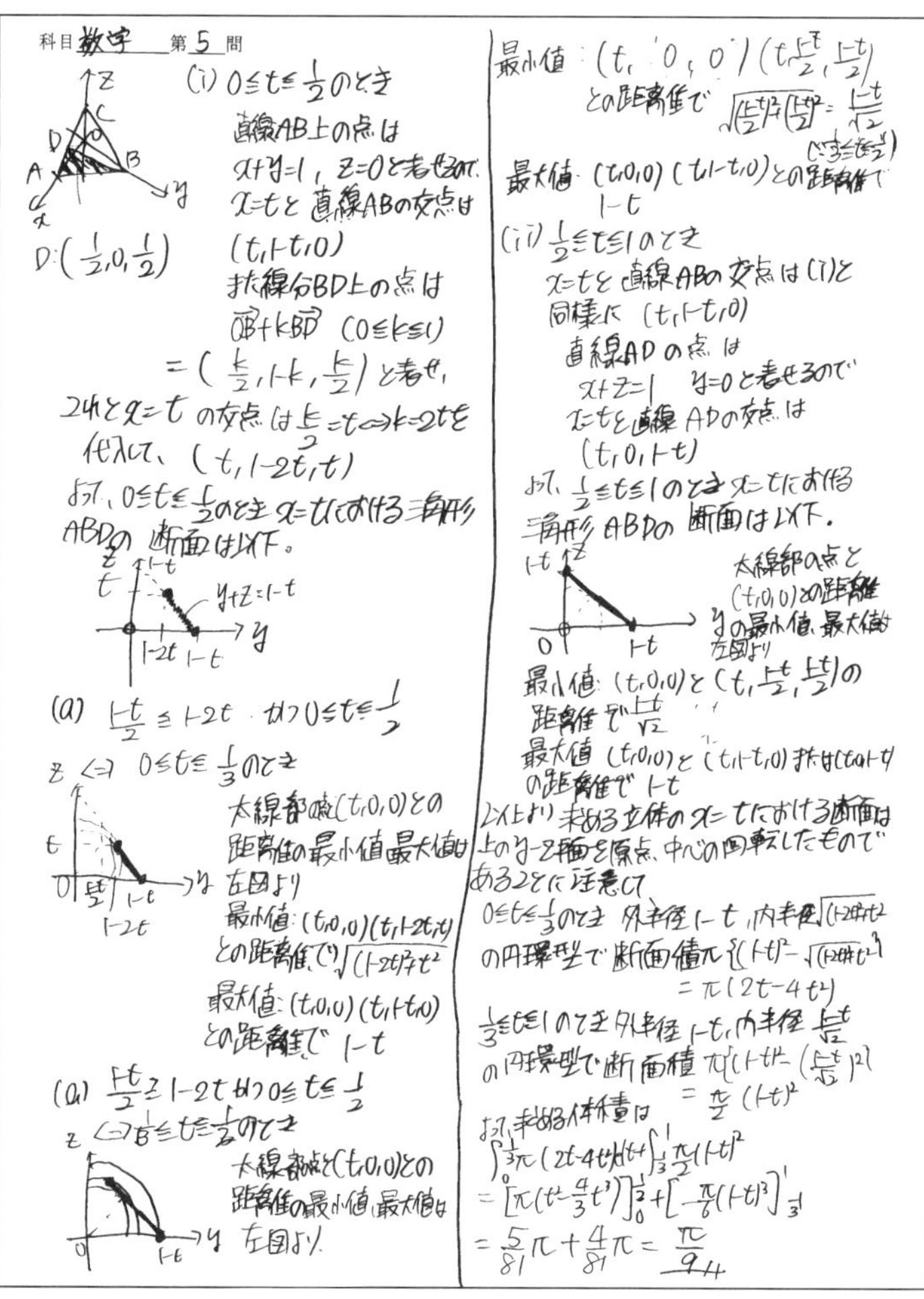

大藤 暖之（だいとう はるゆき）

臨床医になりたい★★★★☆ 研究医になりたい★★★★☆ 医者以外の道もあり★★★★☆

国立筑波大附属駒場高校卒 1浪

現役時
共通テスト 787点
前期 東大理Ⅲ ×
併願 国際医療福祉大学 ○

合格時
共通テスト 827点
前期 東大理Ⅲ ○
後期 千葉大医（出願）
併願 慶應大医（特待） 順天堂大医（特待） 国際医療福祉大学医（S特待）

得意科目 数学、化学、物理
不得意科目 国語
兄弟 兄1人
家庭教師生徒募集のメッセージ
E-mail ryo.daito.haruyuki@gmail.com

筑駒は自由な学校

東大理Ⅲに行きたいと思い始めたのは高1の時。海外の大学に行くか、国内の大学に行くか、進路を考えていた時に医学部も選択肢のひとつとして考え始めて、海外で医者をやるのにも興味があるけど、何かがあったら日本で医者をやる必要が出てくるかもしれない。それならば日本の大学の医学部に行かないといけない。どうせ日本の医学部に行くなら理Ⅲを目指そう、と決めたのです。

子供の頃はやんちゃな性格で、放課後は公園でサッカーをしたり、友達の家でゲームをしたりして遊んでいました。兄が中学受験をしたのですが、弟の僕も中学受験するかどうか自分で決めなさい、と親に言われ、やると言って小4からSAPIX

に通いました。SAPIXはあまり大変だった記憶はなく、楽しいところという印象です。

もともと開成が第一希望だったのですが、筑駒の説明会に行ったら、すごく自由ないい学校だと感じて、それからは筑駒が第一希望になりました。そうしたら開成は普通に合格したのですが、筑駒は最初は落ちていて、補欠で合格になりました。開成の入学説明会の時にその知らせが来て、親に「筑駒行きたい？」と聞かれたので、行きたいと答えたのです。

金融コンテストにも参加

筑駒に入ったら、勉強が好きな生徒が尊重されるだけでなく、勉強以外のことに一生懸命な生徒もいっぱいいて、すごく居心地が良かったです。プログラミングが得意な生徒、音楽が得意な生徒、スポーツがすごくできる生徒など、同級生たちが個性豊かなのです。

先生も勉強のことばかり考えているわけではなく、それどころか「お前たちは何も考えずに東大を目指す傾向があるけど、別に東大なんて行かなくてもいいんだ」という先生もいたくらいです。

筑駒に入ると同時に、鉄緑会にも入りました。兄も入っていたので、自分も入ろうと思ったのですが、中学受験が終わったばかりでまた塾に行くのは嫌だなあという気持ちもありました。とはいえ、中学入学直後なら筑駒は鉄緑会の指定校ということで入塾試験なしで入れるのですが、時期が過ぎると入塾テストが必要になり、これが結構難しいと聞いたので、仕方がないから入るかと。

鉄緑会では中1の間に中学数学のカリキュラムを全部終わらせます。中2中3で高校数学のカリキュラムも終わらせて、高1からは問題演習に入ります。テキストも充実しているので、数学に関しては、ずっと鉄緑会のカリキュラムに沿って勉強していました。

学校ではジャグリング同好会に6年間所属していました。中3と高2の時は代表も務めました。

文化祭では、火をつけた松明をいくつも投げて操る大技も披露したことがあります。

また、中3の時に日経STOCKリーグという、中高生を対象にした金融・経済学習コンテストに出場して優勝したことがあります。経済にも興味があるので、日経新聞のアプリでよく経済ニュースを見ていました。

台湾や韓国の学生と交流

高1の終わりから高2の始めにかけてコロナで学校も鉄緑会も休みになったのですが、それをきっかけに英単語とプログラミングを集中的に勉強しました。

化学と物理もこの頃から始めました。化学は化学グランプリの問題も見たりしながら勉強していました。高2、高3の時は実際に化学グランプリに出場。支部長賞と支部奨励賞も貰いました。

筑駒では高3の10月末という受験ギリギリの時期にも皆文化祭に全力で参加します。僕は開成VS筑駒と題して、開成と筑駒の生徒が学力で戦うというイベントを企画しました。ステージの上で勉強に寄せたクイズで戦って、白熱して盛り上がりました。学園祭の時は皆が髪を思い思いの色に染めるのも、筑駒あるあるです。

他には体育祭で委員をやったり、台湾や韓国の釜山の高校生と交流したりもしました。国際交流は本当は実際に行き来するはずだったのが、コロナでオンラインになったのは残念でしたが、同世代の外国の高校生と交流できていい経験になりました。研究発表として、僕はジャグリングの道具の速さを加速度センターで遠心力を感知して光らせるにはどうしたらいいかを研究して実際に道具を作ってその成果を紹介したのも思い出深いです。

また、生徒会の副会長として、各界で活躍している筑駒のOBの方を呼んで講演していただいたりもしました。

高3の時は学校行事も忙しくて、東大模試の理Ⅲの判定はDやEという結果でした。そもそも東大模試がまだ文化祭が終わってない頃にしかないのです。文化祭の準備で睡眠不足だったので、模試の最中に寝落ちしていたくらいです。文化祭が終わった後だったらC判定くらいは取れたのではと思いましたし、理Ⅲを受けることに躊躇はありませんでした。とはいえ、受かるかどうかは五分五分だと思っていました。

穴を埋めきれなかった現役時の受験

直前になると過去問を10年分解きました。それでも、時間が足りなくて、まだ完成しきってない分野、すなわち穴がまだ多かった状態で受験になってしまったと思います。

現役の時は、数学と理科で点を取って受かろうと思っていました。ところが去年は数学と物理の問題がすごく難しかった。撃沈して、浪人することになってしまいました。去年の得点開示は、国語38、外国語74、数学55、物理33、化学42でした。

浪人は駿台予備校のお茶の水3号館で勉強することに決めました。理系の浪人といえば駿台、というイメージがあったので。通ったのはEX東大理系演習というコースでした。

浪人するにあたっての目標は、英語は事故が起きない、つまり当日の調子や問題に左右されることがないので、英語の得点力を伸ばそうと考えました。あとは数学と物理の穴をなくそうと。化学はすでに点が取れていたので、今年は何もしなくていいだろうと計画しました。

筑駒から浪人する人は多いので、お茶の水校には最初から友達がいたし、そのうち他校出身の友達もできました。

現役の合格発表の時、涙が出なかったのがなんだか悔しくて、頑張りが足りなかったから泣けなかったのかと思い、浪人時は落ちたら泣くほど勉強しようと決意していました。とはいえ、それはただがむしゃらに勉強時間を長くするという意味ではありません。授業は9時から始まって、自習室は夜の9時まで空いているのですが、朝9時から夜9時まで根を詰めたら1年持たないと思ったので、あまり頑張りすぎずに、1時間早く夜の8時に帰ることにしていました。帰りの電車の中では勉強しますが、家に帰ったらもう勉強しないで翌日に備えて寝ていました。

数学は駿台の授業を追いつつ、「大学への数学」の学力コンテストにも挑戦していました。物理は駿台の小倉先生と森下先生の授業が基本からしっかりやってくれたので、それをよく聞いて、参考書は『新・物理入門』を解いていました。化学は基本的にやっていませんが、無機の暗記だけは忘れないようにしました。

一番かけた時間が長かったのは英語です。『鉄壁』で単語を完璧にして、これも鉄緑会の「確認シリーズ」を何周もしていました。

これが最後の理Ⅲ受験

浪人するとメンタルがだんだん落ちてしまう人が結構いるそうなのですが、僕は割と平気でした。東大に進学した友達とも普通に会っていましたが、その話を予備校ですると結構驚かれて。浪人中に大学生と会うとメンタル的に落ち込んでしまうそうなのです。そういうことをあまり気にしなかったのが、一年間ペースを保てた理由かもしれません。

東大模試は夏は河合がC、駿台がAでしたが、秋は河合と駿台の両方ともA判定が取れました。現役の時の穴をつぶすために、間違えた問題は全部間違えた原因を分析して、問題を一目見た瞬間に解答が頭に浮かばなかった原因も考察しました。その考察の内容をノートに書いて頭に入れてきたので、ようやくこの頃穴がなくなっていい成績が取れるようになったのだと思います。

今年は十分勉強できた自信があったので、これで理Ⅲに受からなければあと何年受けても受からない。その場合は後期か併願で合格した大学に行こうと思っていたので、これが最後の理Ⅲ受験だと思って臨みました。

実家は横浜ですが、東大の本郷キャンパスまで1時間半くらいかかるし、雪が降って交通が麻痺したら怖いので、二次試験の時は本郷の近くにホテルを取りました。前日はよく眠れました。

1日目の国語は、まず漢字が一問も正解できませんでした。これは理Ⅲ合格者では珍しいらしく、いままではいい持ちネタになっています。そのほかもいまいちな出来でしたが、メンタルが崩れることはありませんでした。

数学は、ざっと目を通して、「お、簡単やん」と思って簡単な問題からやり始めました。残り30分くらいになったときに、6問の（2）は最後まで解けてなかったのですが、これを解くよりも見直しした方がいいと判断して、見直しに回りました。でも開示を見たら6の（2）も部分点が入っていたみたいです。

化学に構造決定がなくて驚く

理科は化学に構造決定が出ていなくて驚きました。時代が変わったのかぐらいのニュースです。全体的には面倒な問題が多かったという印象でした。物理は去年が難しすぎたので、今年は普通の難易度だ、と安心して解きました。

英語は簡単という印象だったのですが、後で他の人に聞くとそうは感じなかったようで、僕が1年間英語を勉強しすぎた結果、そう思えたのかもしれません。

試験が終わった直後は、「これは受かっていないはずがない」と思ったほどですが、日にちが経つとだんだん不安になってきました。

発表は親と待っていたのですが、ちょっとトイレに行った間にアップされてしまい、親が先に結果を知ってしまったのが少し残念でした。でも浪人したことが報われたことが分かってもちろん嬉しかったです。得点開示は国語35、外国語88、数学90、物理41、化学46でした。

将来的には、医療に関係した経営的なことにも携わりたいし、海外でも仕事をしてみたいです。東大でさまざまなことを勉強して、これからの人生を戦っていける土台を作るつもりです。

オススメの参考書・塾・勉強法

数学

『大学への数学』（東京出版）
特に学力コンテストには挑戦していた。

『鉄緑会数学確認シリーズ』
・単元ごとに一気に勉強し、穴があれば全てまとめノートに書き込んだ。演習でも見逃した方針等あれば全て書いたので、入試までにノートに書いていない方針で解く問題はほぼなくなっていた。

・通っていた塾・予備校
鉄緑会、駿台

物理

『新・物理入門』（駿台文庫）
くわしく、基本から書いているが式変形等がハードなので物理を初めて勉強する人には向かないが、一通りやったのに難問でつまる人におすすめ。

・電磁気等で特に基本に忠実に勉強することを心がけ、間違えた問題は全てまとめていた。

・通っていた塾・予備校
鉄緑会、駿台

化学

『鉄緑会　化学発展講座』
全て書かれている。これに載っていない知識が必要な問題は1、2問しか見たことがない。

・高1の頃から化学グランプリの過去問を解いていた。受験期は、無機の暗記のみ中心に行っていて、無機の知らない事と少しでも忘れそうな事をまとめた53ページのノートを作った。

・通っていた塾・予備校
鉄緑会、駿台

英語

『鉄緑会東大英単語熟語　鉄壁』（KADOKAWA）
合計20~30周した

『鉄緑会入試英語確認シリーズ』
『鉄緑会英作文確認シリーズ』
浪人間に4周ほどして基本を徹底した。

『英文和訳演習（中級編）』（駿台文庫）
採点基準が細かく自習にとてもよい

『英文法語法良問500』（河合出版）
4Aで得点できるようになりオススメ

『新キムタツの東大英語リスニング』（アルク）
リスニングの問題が足りない人にオススメ

・英語は量！　ひたすらくり返す！

・通っていた塾・予備校
鉄緑会、駿台

国語

『古文上達　基礎編』（Z会）
『古文単語315』（桐原書店）
『漢文早覚え速答法』（学研プラス）

・通っていた塾・予備校
駿台

アンケート

○理Ⅲ合格の自信は何％あった？
昨年4月60％、今年2月80％

○勤務医、開業医、研究医。どれになりたい？
勤務医　海外、特に途上国で活動したいから

○尊敬する医師・研究者は誰？
加藤友朗先生　世界初の多臓器摘出体外腫瘍切除手術を成功させたから。また中高のOBだから。

○医師以外でなりたい職業は？
ファンドマネージャー

○東大の好きなところは？
好きな授業を取れる点

○東大の変えたいところは？
Medical Biology 入門という医学の授業と必修が被っている点

○大学生活で、勉強以外にやりたいことは？
多くの人とコミュニケーションを取ること

○ストレス解消法は？
寝る

○あなたの長所と短所は？
長所：いろいろな事に挑戦すること
短所：一つの事に集中しきれないところ

○好きな本は？
『僕は君たちに武器を配りたい』

○好きな映画や音楽は？
「キングスマン」「ハリー・ポッター」

○受験勉強中、負けそうになった誘惑は？
友人と遊ぶこと

○理Ⅲ受験で最も大切なのは？
コンスタントに勉強すること

○人生で最も必要なものは？
挑戦し続けること

高校の文化祭で、火をつけた松明を投げる様子

合格者解答例この1題

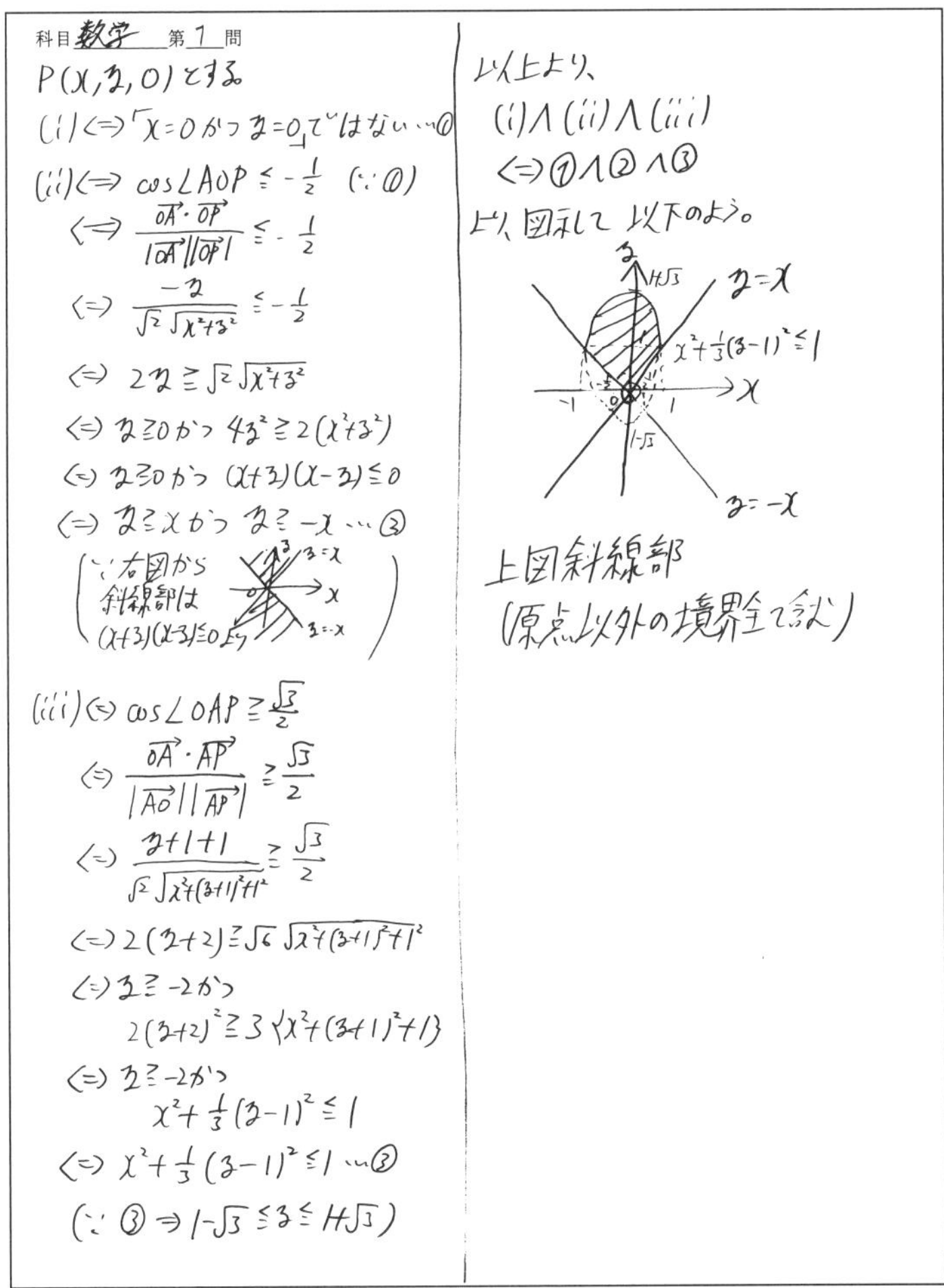

科目 数学 第1問

$P(x, z, 0)$ とする。

(i) $\Longleftrightarrow$「$x=0$ かつ $z=0$」ではない …①

(ii) $\Longleftrightarrow \cos\angle AOP \leqq -\frac{1}{2}$ (∵①)

$\Longleftrightarrow \dfrac{\overrightarrow{OA}\cdot\overrightarrow{OP}}{|\overrightarrow{OA}||\overrightarrow{OP}|} \leqq -\dfrac{1}{2}$

$\Longleftrightarrow \dfrac{-z}{\sqrt{2}\sqrt{x^2+z^2}} \leqq -\dfrac{1}{2}$

$\Longleftrightarrow 2z \geqq \sqrt{2}\sqrt{x^2+z^2}$

$\Longleftrightarrow z \geqq 0$ かつ $4z^2 \geqq 2(x^2+z^2)$

$\Longleftrightarrow z \geqq 0$ かつ $(x+z)(x-z) \leqq 0$

$\Longleftrightarrow z \geqq x$ かつ $z \geqq -x$ …②

(∵右図から斜線部は $(x+z)(x-z) \leqq 0$ より)

(iii) $\Longleftrightarrow \cos\angle OAP \geqq \frac{\sqrt{3}}{2}$

$\Longleftrightarrow \dfrac{\overrightarrow{OA}\cdot\overrightarrow{AP}}{|\overrightarrow{AO}||\overrightarrow{AP}|} \geqq \dfrac{\sqrt{3}}{2}$

$\Longleftrightarrow \dfrac{z+1+1}{\sqrt{2}\sqrt{x^2+(z+1)^2+1^2}} \geqq \dfrac{\sqrt{3}}{2}$

$\Longleftrightarrow 2(z+2) \geqq \sqrt{6}\sqrt{x^2+(z+1)^2+1^2}$

$\Longleftrightarrow z \geqq -2$ かつ $2(z+2)^2 \geqq 3\{x^2+(z+1)^2+1\}$

$\Longleftrightarrow z \geqq -2$ かつ $x^2+\frac{1}{3}(z-1)^2 \leqq 1$

$\Longleftrightarrow x^2+\frac{1}{3}(z-1)^2 \leqq 1$ …③

(∵ ③ $\Rightarrow 1-\sqrt{3} \leqq z \leqq 1+\sqrt{3}$)

以上より、

(i)∧(ii)∧(iii)

$\Longleftrightarrow$ ①∧②∧③

より、図示して以下のよう。

上図斜線部

(原点以外の境界全て含む)

高居 玲奈（たかい れいな）

臨床医になりたい★★★★☆ 研究医になりたい☆☆☆☆☆ 医者以外の道もあり☆☆☆☆☆

私立渋谷教育学園幕張高校卒 現役
共通テスト 850点
前期 東大理Ⅲ ○
併願 慶應大医 ○
防衛大医 ○
得意科目 英語・化学
不得意科目 物理
親の職業 父・医師、母・専業主婦
兄弟 弟2人、妹

家庭教師生徒募集のメッセージ
中学受験（算数・国語）、大学受験ともに受け付けております。勉強法、計画づくりやその他のご相談、さらに英作文添削等もご遠慮なくご連絡ください。
mail rei77lunar@gmail.com

原体験となったアメリカ訪問

幼い頃から小児科医の父の姿を見て育ったので、自分も同じような仕事をするのかなと自然に思うようになっていました。

より具体的になったのは、小学生の頃に読んだ伝記でした。マザー・テレサ、フローレンス・ナイチンゲールやエリザベス・ブラックウェルの献身的な生き方に心を動かされたのです。エリザベス・ブラックウェルがアメリカで女性としては初めて医学校を卒業した175年前は、女性が医師として働くことすら困難な時代でした。それでも恵まれない環境にある人々のために自己犠牲をいとわず診療所を開くなど、強い意志で道を切り開きました。彼女たちは女性の権利のために看護師や女性医師の養成にも尽力した偉人です。いつか私も社会の役に立つ人になりたいと憧れました。

人生の最初の転機は小4の時でした。6月に行われる四谷大塚の全国統一小学生テストで全国30位以内に入ると、夏休みに「アメリカIvyLeague視察団」として、ハーバード大学やイェール大学、国連本部などを巡る10日間のツアーに招待されます。幸運なことに、私もその視察団に参加することができました。

大学の視察では日本人の教授の講義を受ける機会もあり、その後に先生方を交えたグループディスカッションも。『どのような世界になって欲しいか、その実現のために自分たちに何ができるか』などをテーマに議論しました。人任せではなく、自分たちの手で世界をよりよく変えていかなければいけないのだという思いが生まれ、漠然としていた将来の夢が段々と形になっていきました。貧困国で理不尽に失われていく子どもたちの命を救う医師になりたいと考えるようになったのはこの頃でした。

中学受験については、父がそろえてくれた参考書などを使って小4終わりくらいから本格的に家で勉強を始め、小5からは塾にも通い始めました。渋谷教育学園幕張を志望するようになったのは、やはり国際志向が強かったからだと思います。自分とは異なる背景を持った人々と関わることができるのは大きな魅力でした。コロナ禍で中止になったものの、希望制の海外研修があることも魅力のひとつでした。

好きな英語から広がった国際的視野

就学前から家庭で英語に触れる機会はたくさん作ってもらっていました。ディズニーのアニメや本を英語で観たり読んだりしていましたし、5歳くらいからオンライン英会話を習ったりと、早い時期から英語のシャワーを浴びて育っていたのは大きかったと思います。幼い頃から私にとって英語は、別の言語を使う人たちを理解したり、自分を理解してもらえたりする楽しいもの、という感覚でした。

小5、6の間は中学受験勉強のためしばらく英語にまともに触れていませんでしたが、中学に入ってからは『BBC Learning English』の動画を見て英語を勉強したり、洋書を読んだり海外の映画を見たり、さらに模擬国連部や英語ディベート部の活動なども含めて、今思うと英語漬けの環境でした。将来国際的な仕事をしたいという思いは既にあったので、そのために今のうちから英語力はしっかり養っておきたいという気持ちがあったんです。でも、自分の好きなことの中に英語を取り入れているという感覚だったので、苦痛だと感じたことはありません。いわゆる受験勉強ではなかったのですが、受験に必要な読解力やリスニングなどにも大いに役立ったと思います。

英語は最後までほぼ独学でしたが本番でも理系科目より得点できて、合格に大いに貢献してくれました。

いざ理Ⅲを目指して

部活動などを通して国際的なさまざまなテーマを考えていくうちに、環境問題や貧困問題、難民問題や感染症問題など、自分ひとりではどうにかなることではない問題でも、国際機関であれば問題解決に取り組めるのではと考えるようになっていました。これらの問題は、どこかしらで人命に関わるものです。国際的な協力ができる機関で、幅広く人命を救うことができればすばらしいと考えるようになっていました。大きな責任感が必要となりますが、やりがいもそれに見合うくらい大きいだろうなと。

理科Ⅲ類を意識し始めたのはこの頃です。医療の道に進みたいという思いは持ち続けていたものの、他の可能性も残しておきたいなとも考えていました。教養課程で2年間の猶予があること、国際交流や留学の機会が多いこと、幼い頃から続けてきた勉強の集大成としてやはり高いところを目指したいという気持ちなどから、東大に魅力を感じていました。

中3〜高2までは鉄緑会で数学を、高3からは数学と理科を取りました。自宅から新宿の鉄緑会まで片道1時間半かかってしまうこともあり、中1から鉄緑会に通い詰めるわけにはいかなかった理由のひとつなのですが、自分で勉強を進める時に『東大理Ⅲ』の本は指針になりました。

私と同じように物理が伸び悩んでいた方がどんな参考書を使っていたのかとか、私と同じように高3から鉄緑会に通った先輩方が高1の時に何をされていたのかとか、はたまた高3になった時にプラスで何が必要になるのかなど、諸先輩方の経験を参考にさせていただきました。

前向きに考えるしかない

高3の始めに受けた東進の東大本番レベル模試では、A判定を取れたんです。ところが、なぜか模試を受ける度に判定が下がっていき、最後まで不安が残る受験となりました。

自分では前の模試より伸びたという手応えがあるのに、結果が伴わないということが続いたのです。すでに数学は全範囲を何周もしていたのに、どうしても得点にブレがありました。苦手科目の物理も同様に得点が安定しませんでした。

高3では物理と化学に全振りしたこともあって、1科目しか塾に通っていなかった高2までと比べ、学習時間が大幅に減ってしまった数学は本調子が出なかったのだと思います。

最後に受けた11月の東大入試実戦模試の結果はC判定でした。安全圏にはほど遠いと感じていましたが、理Ⅲ志望を変えようとは思いませんでした。思ったような模試判定は出せなかったけれど、まだ本番まで3か月はあるのだから、前向きに考えるしかないと思ったのです。これだけやってきたんだから落ちるなんてありえないと思えるくらいまで、最後までやりきろう、努力するしかないのだと自分に言い聞かせました。もちろん、ここで諦めればいつか後悔するけれど、自分が納得できるまでやり切って駄目だったなら諦めがつく。そう考えていました。

　冬休みは朝5時に起きて最長で14～15時間の勉強時間を確保し、苦手な問題はメモしておき、その日の夜に復習するようにしていました。とくに物理は直前まで苦手意識があったので、鉄緑会の後期の演習を解きなおしたり、二次レベルの問題集や過去問に取り組みました。

　そのおかげなのか、本番の1週間前くらいになって、過去問では目標の40点台に届くくらいに伸びて。本当にギリギリ間に合ったという感じでしたね。

本番で役立ったメンタルコントロール

　本番では予想外に数学が易しくなり、理科が難化していました。それでも合格できたのは、メンタルを大きく崩さなかったことが大きかったのだと感じています。模試でも感じていましたが、私は問題に影響されやすいほうです。


　だから模試に臨む時でも、こういう問題だったらこう考え、この順番で解こうとか、いろいろなパターンでシミュレーションしていました。どんなケースであっても落ち着いてベストの実力を出し切れるようにです。

　数学と物理、化学については『ポイントノート』を作り、テストでミスしてしまうポイントや、鉄緑会の先生方に教わった間違えやすいポイントなどを書き出していました。塾の先生方からのメッセージや、1月初旬に友人からもらった応援のメッセージも書かれていたので、私にとっては御守りのようなもの。もちろん本番にも持っていきました。

　本番では得意科目である英語と化学、運が良ければ国語を得点源にするつもりで臨みましたが、理科の時間に問題を見て『あれ？　化学が難しいぞ』と。シミュレーションできていたので、大きく動揺することなく、できる問題を確実に解くことができました。

物理も模試などでは後半の問題は道筋すら見えないこともたびたびあったのですが、本番ではどの問題も答えまでの道筋は見えていて、あとは時間勝負だなと感じていました。物化ともに分量が多く、かなり時間はギリギリでしたが、戦略をきちんと練ってから解き始めたおかげで、終わった時には「出せる力は全部出し切れたな」と感じることができました。

最後には自分を信じること

私が過去の『東大理Ⅲ』から学んだことでもあり、今では私の経験でもあるのですが、合格をつかむためにはメンタルコントロールは大事だと思います。私も受験の本番に近づけば近づくほど不安が増していきました。

中高の6年間のうち、どれだけを大学受験に捧げるのかというのは、その人の価値観によるので個人差があると思います。でも、自分の決めたやり方を最後まで信じて、結果がどうあれ後悔しないように頑張れるかということなのだと思います。

私は模試では結果を出すことができなかったのですが、それでも私を信じてくれて応援してくれる人が周りに多くいました。「この判定では厳しいよ」と心配してくれる人もいたなか、私が心折れることなく妥協しなかったことが、理Ⅲに合格できたいちばんの理由ということになるのではないでしょうか。

これから多くのことを学んでいくことになりますが、いま考えている将来の目標は、WHOなど保健系の国際機関で医師として貢献することです。新型コロナ感染症対策のように、各国が協力して対策することで、より多くの人の命を救うことができれば。理Ⅲに合格できたという幸運を決して無駄にすることなく、幼い頃からの夢の実現に向けて進んでいきたいなと思います。

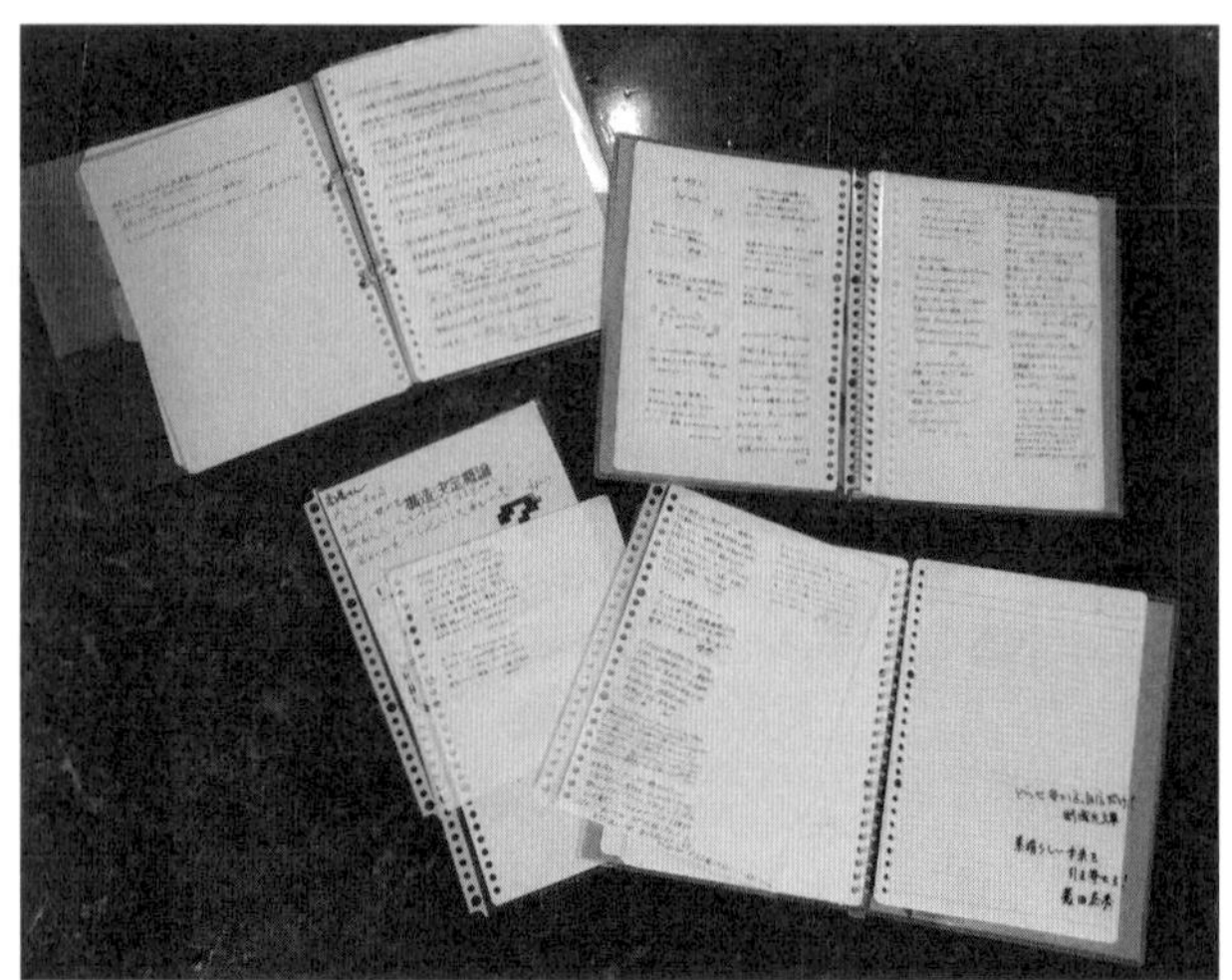

塾の先生方や友人たちの応援メッセージが書かれたポイントノートは私の御守りになりました。

オススメの参考書・塾・勉強法

数学
『鉄緑会　東大数学問題集』（KADOKAWA）
解説がとても詳しく、別解もたくさん用意されていて勉強になります。
東進ハイスクール　数学特待制度
中学の時から先取り学習を始められたので、本番までにできることの幅が広がりました。
『新数学スタンダード演習Ⅰ・A・Ⅱ・B』（東京出版）
『数学Ⅲスタンダード演習』（東京出版）
本格的に難関大入試問題演習に取り組む前段階として使うのがおすすめです。
・通っていた塾・予備校
鉄緑会　東進ハイスクール

物理
『鉄緑会　東大物理問題集』（KADOKAWA）
『鉄緑会　物理の登竜門』
直前期になっても伸び悩んでいたため、鉄緑会で教わっていた先生に相談にいったところ、登竜門を勧めていただきました。基礎が抜けていた所、実践での着眼点など、様々なことを一気に確認できたので良かったです。
・通っていた塾・予備校
鉄緑会

化学
『鉄緑会　東大化学問題集』（KADOKAWA）
授業冊子をくり返し復習し基礎を固めたあとは演習に徹しました。医学部受験用教材なども合わせると、本当に解ききれないほどの量の演習セットが用意されているので、十分な演習量を積むことができたと思います。
・通っていた塾・予備校
鉄緑会

英語
『英文和訳演習シリーズ』（駿台文庫）
『BBC Learning English』
中学生の頃から使っていました。レベルが細かく分かれていて、それぞれのレベルに豊富なコンテンツが用意されています。
『BBC Global News Podcast』
東大特進コース　駒橋先生
直前演習のひとつだった東大英語の4Aに特化した講座を受講しました。
・通っていた塾・予備校
特になし

国語
『最短10分間で9割とれる共通テスト現代文のスゴ技』（駿台文庫）
この本を読んでからブレが大きかった共テ現代文の点数が安定するようになりました。文章の読み方など、二次対策にも活用できます。
『鉄緑会　東大古典問題集』（KADOKAWA）
とにかく解説が詳しく、採点基準も細かく書かれていて良いです。
東大特進コース　森本晋先生（古典）
記述を書く時のポイントをつかむことができました。
・通っていた塾・予備校
東大特進コース

アンケート

○理Ⅲ合格の自信は何%あった？
昨年4月50%、今年2月30%
○勤務医、開業医、研究医。どれになりたい？
勤務医の一種と呼べると思いますが、WHO等保健系の国際機関で医師として貢献したい
○尊敬する医師・研究者は誰？
エリザベス・ブラックウェル。世界初の女性医師として新たな道を切り開き、強い信念を持って人の為に力を尽くし続けた人物だから。
○医師以外でなりたい職業は？
今は特にありませんが、幼いころは歌手になりたいと言っていました（笑）
○東大の好きなところは？
いろいろなバックグラウンドを持った人たちが集まっていて面白い
○東大の変えたいところは？
授業が長い……
○大学生活で、勉強以外にやりたいことは？
サークル、旅行、バイト
○ストレス解消法は？
好きな音楽を聴く
○あなたの長所と短所は？
長所：ポジティブ
短所：大雑把
○好きな本は？
ハリー・ポッターシリーズ、THE MAZE RUNNER（シリーズ）、The Fault in our Stars、知念実希人さんの小説
○好きな映画や音楽は？
K-POP、洋楽、邦楽などいろいろ聴きます。BLACKPINK、&TEAM、ENHYPEN、緑黄色社会、Why Don't We、One Direction など
○受験勉強中、負けそうになった誘惑は？
受験が無事終わった後のことを想像していると、早く解放されて遊びたいと思うことが多々ありました。
○理Ⅲ受験で最も大切なのは？
最後の最後まで自分を信じて前向きでいること。
○人生で最も必要なものは？
初心を忘れないこと。人目ばかり気にするよりも、自分の心に正直でいること。

髙橋　愛佳（たかはし　あいか）

臨床医になりたい★★★★☆　研究医になりたい★★★★☆　医者以外の道もあり★★☆☆☆

私立徳島文理高校卒　現役
共通テスト　８４７
前期　東大理Ⅲ　○
後期　東京医科歯科大医（出願）
併願　慶應大医　○
得意科目　数学
不得意科目　化学

医師を目指そうと決心した

私の両親は医師ですが、医師になることを勧められたことはなく、自分の人生なので自分がやりがいを感じられる職業に就くことを望んでくれていました。将来の選択肢を増やすため、多くの経験をさせてくれました。幼少期から水泳、テニス、書道、絵画など私がやりたいことや、英会話やピアノなど両親がやっておいたほうが良いと思う習い事をさせてくれました。どれも楽しくて、もっとできるようになりたいと熱中していました。

様々なことに興味を抱きつつも、小学時より医師という職業に憧れがありました。しかし、両親は、長時間の手術や仕事で夜遅く帰ってくることが多く、休日も勉強する姿を見て、医師の大変さを子供の時から感じていました。また、「医師への憧れは私の意思なのか、それとも育った環境による影響なのか」と自問する時期もありました。

一方で、大変ながらも生き生きと働いている両親の姿やその評判も耳に入ってきたり、学校のキャリア教育で将来のことを考えたりするうちに、私も誰かの助けになる仕事をしたいと本気で考えるようになり、医師を目指そうと決心しました。

中学入学時より国立大学医学部を目指していました。初めは京大を考えていましたが、東大の校風が私に合っていると感じて、中2の冬頃、東大理Ⅲを志望することに決めました。

東大理Ⅲの受験を決めて最初にしたこと

志望校を理Ⅲに決めたものの、大学受験までかなり時間があることから、自分の中で受験までのルートが曖昧で、漠然とした不安がありました。そこで、ネットや本からそのルートや問題集・参考書に関する情報を集めていました。

そして、中3の頃、学校の先生に理Ⅲ合格までの学習計画を相談しました。それまで話をしたこともなかった一番ある先生で、それまで話をしたこともなかったのですが、「正しい学習法で勉強していけば合格できる」と背中を押してくださり、身の回りの環境を全て活かせるように計画を考えてくださいました。

おかげで、学校の学習と東進の講座、自分の自主学習をバランス良く組み合わせることができ、学習内容やペースに不安を覚えることなく学習スタートを切ることができました。

高校に入り、その先生に3年間担任をしていただきました。そして高1の時に、高2の夏と秋の東大実戦で理ⅠA判定など具体的な目標設定を提案されました。

最初、この目標を聞いたときは「え！無理じゃない？」と思いましたが、目の前の小さな目標を達成していくうちに、不思議とやればできるのではないかと思うようになってきました。そして、無事に高2の夏と秋の東大実戦で理ⅠA判定をもらえた時は、自信に繋がりました。

その後も順調に成績を伸ばし、高3の実戦、オープン、プレ、本番レベル模試で理ⅢA判定を取ることができました。経験豊富な先生方に指導していただけたことに感謝しています。

コロナによる休校は大きな節目となった

中学生活に慣れて、勉強と部活動、学内活動を両立させようと意気込んでいる矢先に、新型コロナウイルス流行で私の生活は一変しました。

小学生の時から楽しみにしていたオーストラリア語学研修は中止、その他の学校行事も中止や延期になり、とても残念でした。

また、私は陸上競技部に所属しており、短距離、リレーのメンバーとして日々の二部練に打ち込んでいました。調子を上げていた時だったので、練習ができなくなった時は、虚しさも感じました。

しかし、悪いことばかりではありませんでした。休校によって、一気に自宅での勉強時間が増えました。学習内容は主に自分での先取り学習でした。休校中はしっかり睡眠時間をとり、部活動が再開された時のためにも、毎日筋トレやランニングもしつつ、一日平均14時間程度勉強していました。

また、モチベーションを保つため、自分で勉強のノルマなどのハードルを下げて達成感を得やすくしたり、勉強アプリを利用し、他の人の勉強内容を参考にして励みにしたりするなど、工夫して過ごしました。

おかげで、学校が再開する時には、睡眠時間を6、7時間確保したまま、自主学習時間は平日で7、8時間、休日で13、14時間というサイクルを続けることができました。そして、部活動では県大会の100m走と400mリレーで上位入賞することができました。

この時期の過ごし方が自分の学習スタイルを確立することに繋がり、振り返ってみると、大きな節目となっていました。

先取り学習を最大限生かす

私の学校は中高一貫校で、学校の授業では、高2までに中高6年間の学習範囲がほぼ終わります。私は、中1の時から自分で東進衛星予備校でさらに先取り学習をして、高1が終わるまでに、地理以外の教科で高校内容の基本的な学習を終わらせていました。

その後の演習は、数学と物理は学校の授業と添削指導がとても充実していたのでそれを中心に、化学は『化学の新演習』、『新理系の化学問題100選』などで気になる問題は2、3周しました。理系科目の演習では、自分が間違えやすい問題やもう一度確認しておきたい問題などを一つのファイルに解きためていくストックノートを作っていました。そして、模試や受験の前にはこのノートを見直していました。英語は、中2で英検準1級を取得し、高1までにある程度仕上げて、高2からは英作文の添削と毎日のリスニング、定期的な過去問演習のみを主にやっていました。国語は、自主学習をあまりしておらず、授業と学校のテスト勉強でどのようにすれば点が取れるかを学んだことで、大きく成績が伸びました。

不安との付き合い方

私は心配性なので、成績は順調に上がっている実感があっても、漠然とした不安や焦りがありました。私の担任の先生は、「苦しい時は、我慢するだけでいい。他の受験生も苦しいのだから、それだけで相対的な順位は上がっていく」「模試の偏差値が下がっても、自分の学力が下がったわけではない。日々勉強を続けている限り、自分の学力は間違いなく上がっている。正しい勉強法を続けていれば、必ず追い風が来る」と、励ましてくださいました。

そのおかげもあって、日々淡々と勉強を続けることが最も重要なことだと信じて、このままで大丈夫と自分自身に言い聞かせながら勉強していました。

地方在住で東大理Ⅲを目指す人たちへ

地方で暮らしている人の多くは、理Ⅲ志望者や合格者があまり身の回りにいないと思います。勉強法は人によって様々である上に、例も少ないので、ほぼ独自のルートを自分で模索して確立しなければならないのではないでしょうか。

同学年から多数の同級生が理Ⅲに合格するような有名進学校や鉄緑会では、確立された勉強法があり、切磋琢磨できる同級生が身近にいるのだと思います。それができない地方の人は、不安が大きいかもしれませんが、最も重要なのは、自分に最適な正しい学習を続けることです。

私は、冠模試や定期的に行う本番形式のテスト演習で自分の学習法が上手くいっているかどうかを確認していました。

受験は、私を人として大きく成長させてくれました。また、自分で試行錯誤をしながら目標に向かって計画的に戦略を立て、つまずいた時には柔軟に修正しながら、最後まで自分を信じてやり遂げる姿勢を身に着けることができました。これからも未知の学問を学ぶ中で、常に向上心を忘れずに努力していきたいと思います。

私は、東京大学に入学して楽しく充実した学生生活を送っています。理Ⅲには優秀な人がたくさん集まっているので、大きな刺激を受けています。この私の受験体験記が地方出身で理Ⅲを目指す方々の一助になれば幸いです。最後まで諦めずに走り切ってください。応援しています。

オススメの参考書・塾・勉強法

数学
徳島文理高校の岡田先生の授業とオリジナルの問題冊子と添削指導
『東大の理系数学25カ年』（教学社）
『鉄緑会　東大数学問題集』（KADOKAWA）
・通っていた塾・予備校
なし

物理
徳島文理高校の岡崎先生の授業と添削指導
『名問の森』（河合出版）
『東大の物理25カ年』（教学社）
『鉄緑会　東大物理問題集』（KADOKAWA）
・通っていた塾・予備校
東進

化学
東進　鎌田先生の『ハイレベル化学』と『東大対策化学』
『新理系の化学問題１００選』（駿台文庫）
『東大の化学25カ年』（教学社）
『鉄緑会　東大化学問題集』（KADOKAWA）
・通っていた塾・予備校
東進

英語
『英文解釈教室〈新装版〉』（研究社）
『新キムタツの東大英語リスニングSuper』（アルク）
『東大の英語25カ年』（教学社）
・通っていた塾・予備校
英会話

国語
『得点奪取　古文記述対策』（河合出版）
『得点奪取　漢文記述対策』（河合出版）
『鉄緑会　東大古典問題集』（KADOKAWA）
・通っていた塾・予備校
なし

アンケート
○理Ⅲ合格の自信は何％あった？
昨年４月60％、今年２月80％
○勤務医、開業医、研究医。どれになりたい？
勤務医兼研究医　大きな病院で経験を積んで、興味のある分野の研究をしてみたいから
○医師以外でなりたい職業は？
教師
○東大の好きなところは？
周囲に優秀で志の高い人がたくさんいて、切磋琢磨できるところ
○東大の変えたいところは？
今のところないです
○大学生活で、勉強以外にやりたいことは？
サークル活動、留学
○ストレス解消法は？
片付け・掃除、睡眠
○あなたの長所と短所は？
長所：計画的なところ
短所：心配性なところ
○好きな映画や音楽は？
ポピュラー音楽
○受験勉強中、負けそうになった誘惑は？
眠気
○理Ⅲ受験で最も大切なのは？
最後までやり遂げる強い精神
○人生で最も必要なものは？
謙虚に学び続ける姿勢

武村 尚樹（たけむら　なおき）

臨床医になりたい★★★★☆　研究医になりたい★★☆☆☆　医者以外の道もあり☆☆☆☆☆

私立洛南高校卒　現役
共通テスト　829点
前期　東大理Ⅲ　○
後期　名古屋大医（出願）
得意科目　化学
不得意科目　英語
親の職業　父・会社員、母・パートタイマー
兄弟　いない

「コード・ブルー」に憧れて

子供の頃は母が僕の勉強の面倒を見てくれていました。0歳でひらがなを教わると同時にアルファベットも母に教わっていました。

2歳の頃は近くの線路に行って電車を見るのが好きだったのですが、信号を見て「イエー」と言い出して、どうやら黄色という言葉を覚えるより先に「イエロー」という言葉が分かるようになっていたそうです。

医者になりたいというのは、3、4歳の頃から思っていました。一族には医者はまったくいないのですが「コード・ブルー」というドクターヘリが出てくる医療ドラマを見て、それ以降ずっと医者を志すようになったんです。

灘に不合格でショック

浜学園には小4から通い始めました。平常の授業は京都駅前校で受けていたのですが、灘特訓というクラスを受けに西宮校に行ったら、ここではとにかく周りの生徒のレベルが高かったですね。家が京都なので、小5までは洛南志望だったのですが、小6の時に志望校を灘にしたらA判定が出て、灘を目指してみるか、という気持ちになったんです。

灘に受かる自信は結構あって、試験を受けた後も受かった気になっていたのですが、実際試験の後の開示を見たら35点差での不合格でした。

洛南の試験が終わった帰り道に灘の結果を知ったのですが、帰り道は電車の中で呆然としていました。

とはいえ洛南の方が家から近くて通いやすいし、通ってみるといい学校でした。中学校のときは灘に比べて規則が厳しいかな、と思いましたが、高校に進むとあまり感じなくなりました。

珍しい生物・化学選択

中学校が始まる前に自分で中学数学をやって、さらに鉄緑会には中1の最初から入りました。志望していたのは京大医学部でした。僕が小1の時にノーベル賞を取った山中伸弥先生は京都大学医学部の教授だったので、そのことに対する憧れもありました。

中学の時は鉄緑会の授業は英語と数学しかなかったので、理科は学校で配られた問題集をやっていました。中2の終わりから中3にかけてコロナ禍が始まるとすごくだらけてしまって、野球のオンラインゲームにはまってiPadでそればかりやっていました。そうしたら成績がどんどん下がってしまいました。

中1、中2の時は全国統一中学生テストで決勝にも行けていたのですが、中3の時は進出できませんでした。それは明らかに勉強をさぼっていたせいですね。

京大医学部でなくて東大理Ⅲに行きたいと思う

ようになったのは、東京への憧れもあります。また、これからの医学は医学単体で成果を為すのではなく、工学や理学との連携も必要になってくると思ったので、そういった方面が優れている東大に行きたいと思うようになったのです。

それに試験問題を見ると、東大のほうが京大より幅広い技能が問われているので、点数の伸び代がある、つまり勉強すればするほど高い点数が取れるような気がしたのです。理科の出題形式も僕は東大の方が好きでした。

理科は化学・生物選択です。これは理Ⅲ志望者の中では本当に珍しいと思います。物理がまったく分からなくて、生物は覚えたらなんとかなると聞いたので、生物を選んだのです。ところがのちのち高3くらいになると、東大レベルの問題になると生物も暗記で取れる問題なんてほとんどないんですよ。山ほどあるデータの中から大事な情報だけを抽出して、結論づけていく考察力とか、地頭が問われる要素が強いので、それを知らずに生物を選んでしまって、最後まで苦しみました。

鉄緑会にも生物のクラスはありましたけど、1クラスしかなかったですしね。でも鉄緑会のテキストがすごくよかったので、それと『重要問題集』『生物思考力問題精講』を主に使って勉強していました。化学は得意だったこともあり、鉄緑会のカリキュラムに沿っていれば十分実力がついていました。

150分をどう使うか

高2までは、鉄緑会の夏期講習や冬期講習を一回も受講していなかったのですが、高3の夏期講習は初めて取りました。そうしたら、普通の授業に加えて夏期講習の授業もあるので、キャパオーバーしましたね。問題もめちゃくちゃ難しくて、理解できてなかったです。

特に数学の問題は、主に東大以外の問題からめちゃくちゃ難しいものをピックアップしているのですが、これがすごく難しくて、東大数学5完以上を狙う人に向けた授業なのではと思いました。このときは、まだ150分セットでどう戦えばいいかもよく分かっていなかったですね。

夏模試は、東大オープンも東大実戦もB判定でした。この時期は、自分の中では夏期講習も平常授業も取っていろんな課題をやっているつもりなのに、なかなか成績が伸びなかったので、精神的につらかったです。でも、この時期は駿台の自習室で主に勉強していたのですが、そこに来ていた友達も頑張っているので、自分もやるしかないか、と気持ちを保って勉強し続けることができました。

そのあと過去問演習に取り組んで、9月からは毎週2年分ずつ解いていました。特に数学の150分をどう使うかということを突き詰めた結果、成績が伸びていきました。

僕は基本的に数学が苦手なので、焦って全部の問題を取りに行こうとせずに、まずは3完を目標にしました。これは鉄緑会の鶴田先生のアドバイスでもあったのですが、これを意識した結果、数学の点数が上がりました。部分点は採点官の裁量によるところが大きいので、部分点を狙うよりは少ない問題数でも完答を狙ったほうがいいと思います。だから最初の30分でどの問題だったら点数が取れそうか見極めをつけるのが大事です。数学はトータルで30年分は解きましたね。

ほかに東大特進で林修先生の国語の授業や、飯田高明先生の生物の授業も受けました。飯田先生はいろんな研究所で研究もしていた方なので、知識のバックグラウンドがすごくて、何を質問しても的確な答えを返してくれるのです。クラスは4、5人しか生徒がいないので、すぐ名前も覚えてくれて、和気藹々とした授業でした。

「これはいける」と自信を持つ

秋になると、周りの友達が過去問をやると言い始めたので、自分もやり始めました。年末年始はひたすら共テの日本史の勉強をしました。教科書にチェックペンを引きまくって、一語一句覚えていました。

共通テストは829点でした。よくはない結果だと思いましたね。後期を名古屋大学の医学部に出そうと思っていたのですが、それだと840点くらいは必要なので、これでは厳しいなと思っていました。試験のたびに東京に行き来するのは面倒なので、私立は受けませんでした。

共通テストが終わって1週間後に東進の本番レベル模試があるのですが、それでC判定を取ってしまいました。理Ⅲを出願した後だったのでもう志望を変えられるはずもなく、そのときは結構落ち込みましたね。

けれどそれから直近の過去問10年分を国数理英のフルセットでやり始めて、結局1回も合格最低点を割らなかったんです。それで、「これはいけるな」という自信のようなものを持つことができました。

最後の挑戦のつもりで

浪人したら今度は京大医学部を第一志望にしようと思っていたので、理Ⅲは現役で最後の挑戦のつもりでした。

本番の時は前日に東京に着いて、会場を下見して、駿台のお茶の水校で軽く自習して、ホテルに戻りました。22時くらいに早めに寝ましたが、よく眠れましたね。

1日目の国語は古文、漢文、現代文の順番で解きました。古漢は初見で分からなくても時間を置いたら分かることがあるので、まず最初に解いて現代文のあとにまた古漢に戻れるようにしていたのです。そうしたら、古文はそれなりに解けたのですが、漢文がまったく分からない。これはまずいと思って現代文に行ったら、取りやすい文章で、漢字も難しめの言葉が出たわりに3問とも書けたので、幸先がいいと思いました。

数学は調子が良かったです。最初の30分で第1問を解き、3完2半を目標にしていったら、

100分くらいで3完できました。その時点で気持ちが楽になって、トイレに行って帰ってきたら、一番苦手だった立体の問題が解けて、結果4完1半で終わりました。今までの模試と比べても自己ベストの出来でした。

1日目終わって、これはいける、と思ったのですが、ホテルに帰ったら本当に合ってたのかな、と不安になりだして、その夜は問題が頭のなかで巡ってなかなか眠れなくなってしまいました。

2日目は、化学は難しかったけど自分の実力は出すことができました。ところが生物はとにかく難しかったです。最初の問題がとにかく難しくて、問cから問hくらいまでは白紙で出してしまいました。

英語はリスニング以外は自信があったのですが、蓋を開けてみたら長文の選択肢の問題が取れず、リスニングも10問しか合っていませんでした。

2日間終わった時は80%くらいの確率で受かっただろうと思っていたのですが、自己採点してみたら受かった確率は3分の2くらいだろうかと思い直しました。

オリ旅行を楽しんでいる時のものです！

列車の中で発表を見る

発表の時は、名古屋から東京に向かう鈍行列車の中にいたんです。受かったらそのまま東京に行って一人暮らしの部屋を探して、落ちてたら引き返そうと思って。それで熱海の近くの電車の中で自分の合格発表をスマホで見ました。ほっとしたという気持ちが一番大きかったですね。

これから理Ⅲを目指す人には、1教科に頼ろうとせずに、全部の科目をバランスよく勉強した方がいいですよ、と伝えたいです。

いまはひとり暮らしで、自炊をするのが楽しいですね。この間はカレーを作りました。医学だけでなく、薬学とかも勉強したいけど、やっぱり早く医学の勉強を本格的に始めたいです。消化器とかホルモンの分野に興味がありますね。患者さんが望んでいることを汲み取ってそれに合った治療法を提案できる医師になりたいです。

オススメの参考書・塾・勉強法

数学
『青本』(駿台文庫)
雲先生・小林先生の解説がわかりやすすぎた。
鉄緑会大阪校・鶴田先生の授業・演習
SAクラスの底にいた僕の面倒を見てくださった。鶴田先生の、いい意味で楽観的なアドバイスに何度も救われた。
・通っていた塾・予備校
鉄緑会

化学
鉄緑会の授業
高1の時に持ってもらったK先生のおかげで、化学が一気に得意になった。その後も、O先生、M先生の「簡単なところをすっ飛ばして難しいところを重点的に解説する」授業のおかげで、化学の実力を伸ばし続けられた。
・通っていた塾・予備校
鉄緑会

生物
東大特進生物
4〜5人しかいない受講生のために、飯田先生は3か月に1回大阪に来て授業してくださった。先生と生徒の距離がとても近く、わからないことをすぐに聞くことができた。直前期に、疑問点を洗い出そうという質問会を開催してくださったのもありがたかった。

英語
鉄緑会の授業
岡先生には5年間お世話になった。厳しくも、クリティカルな授業のおかげで、英語らしい表現方法を身につけることができた。
・通っていた塾・予備校
鉄緑会

国語
東大特進国語
林修先生の授業は、高2の3月の1回しか受講しなかったが、解答の書き方、問題の解き方など学びが多かった。
・通っていた塾・予備校
なし

アンケート

○理Ⅲ合格の自信は何%あった?
昨年4月20%、今年2月70%

○勤務医、開業医、研究医。どれになりたい?
開業医

○尊敬する医師・研究者は誰?
まだいません。

○医師以外でなりたい職業は?
インフルエンサー

○東大の好きなところは?
意外と(?)自由なところ、校舎は古いがトイレはきれいなところ

○東大の変えたいところは?
3月中から大学関連行事があること。地方からの上京勢にはきびしい…

○大学生活で、勉強以外にやりたいことは?
部活。ボートと卓球を頑張っています。

○ストレス解消法は?
一人で散歩

○あなたの長所と短所は?
長所:冷静なところ
短所:方向音痴

○好きな本は?
稲盛和夫さんの『活きる力』。理Ⅲの面接会場でも読んでいた。手塚治虫の『ブラック・ジャック』。洛南の図書館に全巻おいてあり、読みふけった。

○好きな映画や音楽は?
NewJeans。ミン・ヒジンのプロデュース力には驚かされるばかり

○受験勉強中、負けそうになった誘惑は?
カップラーメンを食べること。駿台京都南校で一緒に勉強した仲間で、駿台カップラーメン部を結成するほど不健康な食生活だった。

○理Ⅲ受験で最も必要なものは?
覚悟

○人生で最も必要なものは?
シュートを決めきる決定力

徳丸　陽（とくまる　あきら）

臨床医になりたい★★★★☆　研究医になりたい★★★★☆　医者以外の道もあり☆☆☆☆☆

私立愛光高校卒　1浪

現役時

共通テスト　819点

前期　東大理Ⅲ　×

後期　東京医科歯科大　×

併願　順天堂大医（補欠）

合格時

共通テスト　848点

前期　東大理Ⅲ　○

後期　千葉大医（出願）

併願　慶應大医　○

　　　順天堂大医　○

得意科目　英語

不得意科目　数学

医師の父の背中を見て

出身は愛媛県の松山市です。父が皮膚科医をしていて、そのほかにも家族に医療関係者が多いので、小さい頃から自然と医学に興味を持っていました。父の仕事についてはそんなに話しませんでしたが、家にいる時の父のようすや母と話しているようすを見て、患者さんのことを真剣に考えて、信頼されているんだなということが伝わってきました。それが次第に僕自身の医学への憧れにもつながっていきました。

小4のときはWiLLという塾に通い、小5から東進に移って中学受験の勉強をしました。

愛光に入ると、小学校と比べて自由が多いと感じました。部活は写真部に入っていて、デジタルカメラだけでなくて、フィルムで撮って暗室で現像したりもしました。医師である祖父の診察の様子を撮ったり、無人島に行って撮影したこともあります。

学校の課外活動では、高1と高2の時に模擬裁判もやりました。森鴎外の小説「高瀬舟」を題材に、安楽死を手伝ったことは自殺幇助罪になるかそれとも殺人罪になるかをオンラインの裁判で話し合い、僕は弁護士役を務めました。

また、全国大会には進めませんでしたが、科学の甲子園にも出場しました。数学オリンピックにも挑戦しましたが予選で落ちてしまいました。

勉強のほうは、愛光に入って初めて受けた中間テストの成績が学年で3位か4位で、自分は意外とできるのかもしれないとエンジンが入り、それから定期テストを頑張るようになりました。

中2、中3くらいはよく先生に質問に行ったりして頑張っていました。

鉄緑会に追いつけ

中3時の研修旅行で東京大学医科学研究所を訪問しました。患者さんからDNA試料や臨床情報を収集し、一人一人の遺伝情報に合わせたオーダーメイド医療の実現を目指すバイオバンク・ジャパンという施設を見学し、自分も東大で医学の研究をしてみたいと考えるようになりました。

理Ⅲ受験は中3の頃から意識はしていたのですが、あまり計画性なく目の前の勉強をしていた感じです。塾は東進でオンラインの授業を受けていました。

地方出身のため、理Ⅲに受かった人と話す機会はほとんどありませんでした。そのため、『東大理Ⅲ』や東進の合格体験記を読んで勉強法や試験本番での立ち回り方などを吸収しました。また、(自分からポストはせず閲覧のみでしたが) Twitter(現・X)でも情報収集し、理Ⅲ志望のライバルたちが模試でどれくらい点数を取っているかなどを把握し、モチベーションにしていました。

現役の時の東大模試の判定は河合の東大オープンが8月はBで11月はD。駿台の東大実戦は両方Eでした。でも僕は模試の成績はあまり気にしていませんでした。ずっと理Ⅲを受けるつもりでいて、判定が悪くても今後上がるだろうと考えていました。

高3の時の数学は学校メインで勉強していて、先生が出してくれる練習問題を解いていました。英語は高2までである程度の水準に達したので、高3では東大の過去問を中心にやっていました。理科は高1から東進で物理の授業を取っていたのですが、本格的に勉強し始めたのは高3でした。

高3の夏休みは化学と数学に注力して勉強しました。化学は東進の講座を一通り見て、数学はこれも東進で『東大対策理系数学』という講座を取っていました。

でも現役の時は成績がなかなか上がらないのでやはりつらかったですね。数学の成績に波があったのですが、そこがネックだとなかなか気づけず、数学はそういうものなのかなと思っていました。

また理Ⅲに挑戦したい

現役の時の二次試験は、国語はいつも通り解けたのですが、数学は最初の問題が解けず、そのままずるずると調子が悪いまま終わってしまいました。その日はホテルに帰って落ち込むだけ落ち込んで、いつも毎日どのくらい勉強したか細かく書いているノートに数学の後悔するところを書いたら、あとは気持ちを切り変えて次の日に向かいました。

理科は物理が難しかったですが書けるところだけ書いて、化学も解けるところだけ解いたという感じでした。英語については、点を取る最後のチャンスだと気を引き締めたら比較的スムーズに解けました。数学で失敗した分は2日目で取り返さないとと思ってなんとか点数をかき集めようとしました。面接では志望動機と高校の時の活動を主に聞かれました。

試験が終わった時は落ちたと思いました。医科歯科を出願していましたが足切りにあって受けられませんでした。順天堂は受かりましたが、もう1年勉強すれば理Ⅲに受かる自信はあったので、私立に入って後悔するよりは浪人してまた理Ⅲを受けようと決心しました。

合格から逆算して計算する

両親は浪人することはすぐ認めてくれましたが、志望を理Ⅲでなくもう少し下げたほうがいいのでは、とは言われました。でも僕はあと1年あれば実力を上げられるという自信があったので、親に「ダメだと分かったら志望を下げるからまずは理Ⅲを目指させてほしい」と説明して、また理Ⅲを目指すことを認めてもらいました。

浪人時代は上京して東進の新宿校大学受験本科というところに通いました。

住んでいたのは、朝と夜は食事が出る学生マンションでした。

浪人期もオンライン授業がメインだったので、自分の好きなペースで受講できました。

加えて、新宿本科では対面授業も受けることができました。特に苑田先生の授業は、力学でいえば運動方程式から議論するとか、物理を本質から教えてくださりためになりました。理解したつもりのことでも、少し違う聞き方をされると答えられないことがあるのですが、どんな聞き方をされても答えられるように、先生の授業は物理の学力を鍛えてくれました。

予備校のホームルームで浪人生は夏頃にピークを迎えて満足してしまい、秋冬に実力をつけてきた現役生に抜かれていって本番で負けてしまうパターンが多いと聞きました。そこで、本番にピークを持ってこられるよう常に逆算して、今やるべきことに取り組むようにしました。極論本番に向かって勉強できているなら大丈夫、と考えることで、メンタル的にも楽になりました。

また、1日校舎で勉強していると息が詰まるので、予備校でできた友達と毎日新宿を散歩していました。西新宿の都庁や公園だけでなく、時には歌舞伎町まで足を伸ばしました。いろんな発見があって面白かったです。

東進はオンデマンドということもあって、あまり夏休みという概念がないので、夏はそれまで通りの勉強を続けました。演習系の講座を取りながら、基礎の最終確認もしていました。

秋は東大系の講座を受講し、また過去問を引き続き解きました。東大模試ではまだCやDも出ていましたが、東大オープンではAが取れたので、それほど深刻には捉えませんでした。また今年も落ちたらどうしよう、といったことはあまり考えないようにしていました。

目標に対してブレないこと

家族とは毎日LINEでビデオ通話をしていましたし、現役で東大に入った友達に会いに五月祭に行ったこともありました。僕より先に東大生になっているのは羨ましかったですが、来年は自分も入るぞ、と意欲を高めることができました。

共通テストの前は東進が出している予想問題を解いていることが多かったですが、12月の間は二次試験の対策も多めにやっていました。そのほか、それまであまりやっていなかった原子物理や日本史の知識の入れ直しをして、1月には駿台や河合、Z会が出している共通テストの予想問題を解いていました。

共通テストが終わった後は、東進の東大系の講座を取っていました。今年は慶應と順天堂の医学部も受けたので、その対策もしていました。

いよいよ本番を迎えました。国語は、漢文が結構難しくて、理解が不十分なまま答えを書いてしまいました。古文は読んだことがある出典だったので安心しました。現代文は今年は具体的な記述を抽象化してまとめることを求められているような気がしたのですが、例年と感じが違うので不安になりました。

数学は去年は頭が真っ白になってしまったので、今年は時間配分とか、どういうタイミングで次の問題に移るかもよく考えて臨みました。終わった時は、3問は完答し2問は4割くらい解けた感触でした。60点確保できれば大丈夫と見積もっていたのでとりあえず安心しました。後日答えを見たら実際は計算ミスで第5問の完答は逃していましたが。

理科は物理で、ベルトコンベアの問題が似たものを解いたことがあったのをかえってプレッシャーに感じてしまい、なかなか調子が出なかったです。化学は直前期に基礎をもう一度固めたことで自信がついていたので、やれるだけやったという感じでした。

英語はいつも通りの順番で第5問から解き始めたら、散歩がテーマで、自分も散歩が好きなので共感しながら解きました。英作文もそれほど時間がかからず、リスニングはいつも通り解いて、英作文を手直ししてから要約に進んだらこれが難しく感じました。2日間終えて、合否は五分五分かなと思いました。

合格発表の時は、まだ東京にいましたが、家にいると居ても立っても居られなくなるので、家から駒場の方まで散歩して、家に戻ってきた直後に発表を見ました。

合格最低点を見たら予想より高かったので落ちたと思って絶望しながら見たら、自分の番号が目に入ってきたので、喜びより前に驚きがやってきました。

浪人でメンタルを保つ秘訣は、目標に対する気持ちをブレさせないことだと思います。志望校を下げてもいいかな、とか考え始めると、自分に妥協し始めて、結果として自己嫌悪に陥ってしまうので、志望校を定めた自分を信じて合格につながる行動をし続けることが大事だと思います。

将来的には、認知症の研究に取り組んでみたいです。認知症の原因物質を取り除いたりする薬が開発できないだろうか、などと考えています。

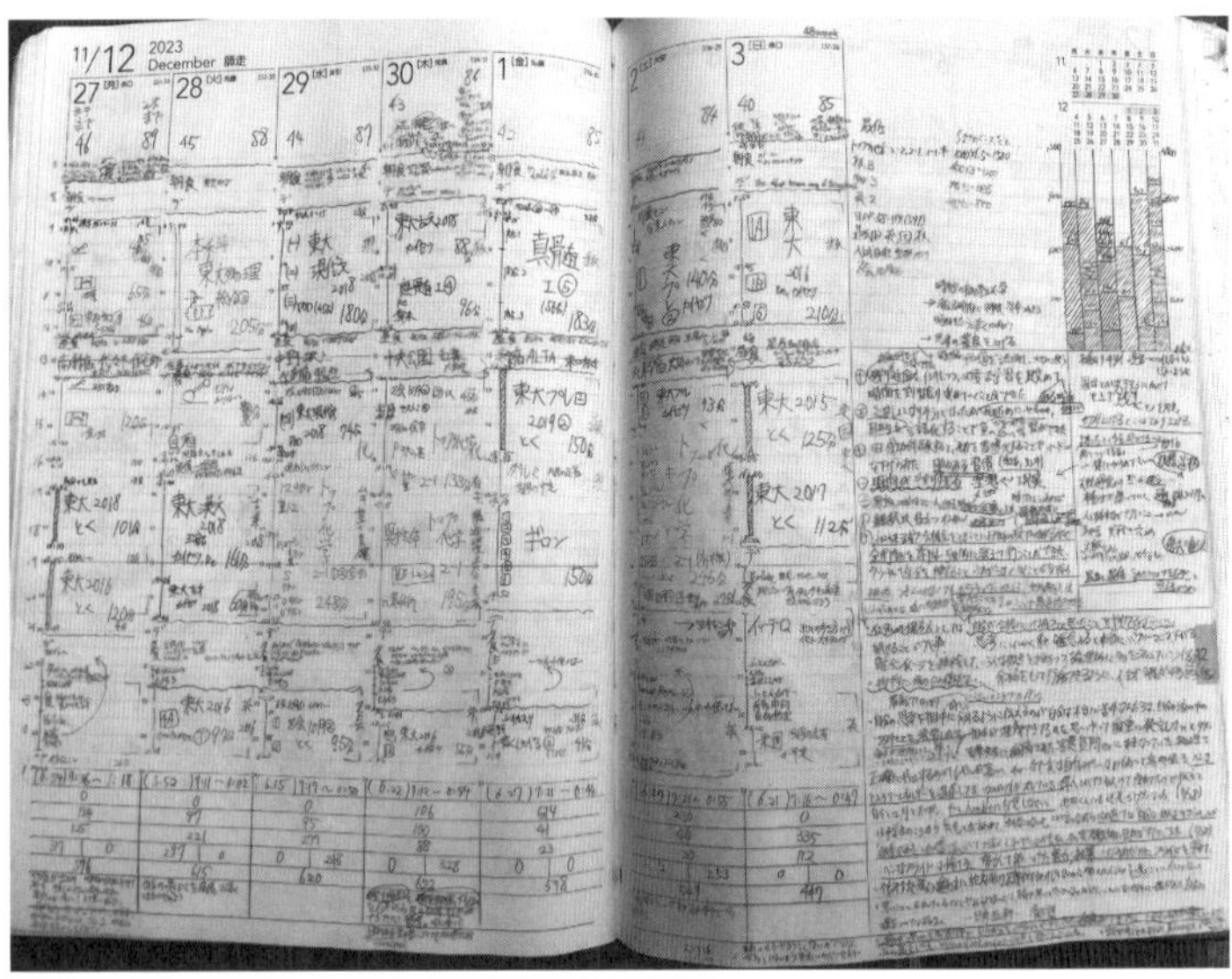

中3のときからつけている、自分が考えたことや勉強した時間などを記録しているノート。自分の思考を言語化することで自己分析力も上がる。

徳丸 陽

オススメの参考書・塾・勉強法

数学
『数学への真髄』（東進の青木先生の映像授業）
基本原理の理解を多角的に深められる。演習では発想にたどり着くまでの試行錯誤を示してくださり再現性が高い。
いろいろなやり方があると思うが、発想を基本的思考に分解・一般化すること（まとめノート）。解けなかった問題を解き直すこと、ミスをしない工夫をすること（合否を分ける！）は有用だと思う。
・通っていた塾・予備校
東進

物理
苑田尚之先生の授業
全てを基本から議論するので、訓練して基本を深く理解すれば曖昧さなく問題も解けるようになる。
基本を深く理解することが全てだと思う。とはいえ、理解したつもりになっても実は穴があることがほとんどなので、自力での導出や問題演習、友達との議論などを通じて理解を深めることが大事だと思う。
・通っていた塾・予備校
東進

化学
『トップレベル化学』（東進の大西先生の映像授業）
分量は多いが、その分基本事項の確認とやや難レベルの演習を網羅的に行え、点数が安定した。
・通っていた塾・予備校
東進

英語
『東大英語　読解問題の見方・考え方・解き方』（元東進の太先生の映像授業）
英語力は放置すると下がることが多いので、直前期であっても英語の練習は継続し実力の維持に努めるほうがよいと思う。
・通っていた塾・予備校
愛媛語学研究所、東進

国語
林修先生の授業
各設問で行った基本作業（「指示語の具体化」など）を抽出してストックし、別の問題でその作業が問われたとき対応できるようにした。
『鉄緑会　東大古典問題集』（KADOKAWA）
設問に関係のない文章も含め全文に詳細な解説が付いており、学習効果を数倍に上げられる。
・通っていた塾・予備校
東進

アンケート
理Ⅲ合格の自信は何％あった？
昨年4月70％、今年2月70％
○勤務医、開業医、研究医。どれになりたい？
いずれにも興味があり、一つには決まっていません
○尊敬する医師・研究者は誰？
父　一番身近に医師としての生き方を教えてくれたから
○医師以外でなりたい職業は？
弁護士
○東大の好きなところは？
優秀な友達がたくさんできること
○東大の変えたいところは？
入学、履修の手続きが煩雑
○大学生活で、勉強以外にやりたいことは？
部活
○ストレス解消法は？
散歩する、寝る
○あなたの長所と短所は？
長所：自己分析が得意
短所：余裕をもって行動できない
○好きな本は？
座右の書にはまだ出会えていません
○好きな映画や音楽は？
「スター・ウォーズ」
○受験勉強中、負けそうになった誘惑は？
ネット
○理Ⅲ受験で最も大切なのは？
目標を見定め、その達成に向けて全力で努力すること
○人生で最も必要なものは？
人や物を大切に思う気持ち

合格者解答例この１題

数学　第1問

点P$(X, Y, 0)$が(i)〜(iii)をみたす条件(*)は、

$$\begin{cases}(X, Y) \neq (0, 0) \\ \cos\angle AOP \leqq -\frac{1}{2} \\ \cos\angle OAP \geqq \frac{\sqrt{3}}{2}\end{cases}$$

今 $\overrightarrow{OA}=\begin{pmatrix}0\\-1\\1\end{pmatrix}$, $\overrightarrow{OP}=\begin{pmatrix}X\\Y\\0\end{pmatrix}$, $\overrightarrow{AO}=\begin{pmatrix}0\\-1\\1\end{pmatrix}$, $\overrightarrow{AP}=\begin{pmatrix}X\\Y+1\\-1\end{pmatrix}$

なので、PがOともAとも一致しないことに注意すると

$$\cos\angle AOP = \frac{\overrightarrow{OA}\cdot\overrightarrow{OP}}{|\overrightarrow{OA}||\overrightarrow{OP}|} = \frac{-Y}{\sqrt{2}\sqrt{X^2+Y^2}}$$

$$\cos\angle OAP = \frac{\overrightarrow{AO}\cdot\overrightarrow{AP}}{|\overrightarrow{AO}||\overrightarrow{AP}|} = \frac{Y+2}{\sqrt{2}\sqrt{X^2+(Y+1)^2+1}}$$

よって(*)は

$$\begin{cases}(X, Y) \neq (0, 0) \\ \frac{-Y}{\sqrt{2}\sqrt{X^2+Y^2}} \leqq -\frac{1}{2} \\ \frac{Y+2}{\sqrt{2}\sqrt{X^2+(Y+1)^2+1}} \geqq \frac{\sqrt{3}}{2}\end{cases}$$

つまり

$$\begin{cases}(X, Y) \neq (0, 0) \\ Y \geqq \frac{\sqrt{2}}{2}\sqrt{X^2+Y^2} \\ Y+2 \geqq \frac{\sqrt{6}}{2}\sqrt{X^2+(Y+1)^2+1}\end{cases}$$

つまり

$$\begin{cases}(X, Y) \neq (0, 0) \\ Y^2 \geqq \frac{1}{2}(X^2+Y^2) \\ (Y+2)^2 \geqq \frac{3}{2}\{X^2+(Y+1)^2+1\} \\ Y \geqq 0\end{cases}$$

つまり

$$\begin{cases}(X, Y) \neq (0, 0) \\ X^2-Y^2 \leqq 0 \\ 3X^2+Y^2-2Y \leqq 2 \\ Y \geqq 0\end{cases}$$

つまり

$$\begin{cases}(X, Y) \neq (0, 0) \\ (X+Y)(X-Y) \leqq 0 \\ X^2+\frac{(Y-1)^2}{3} \leqq 1 \\ Y \geqq 0\end{cases}$$

よって Pのとりうる範囲をXY平面上に図示すると下図の斜線部分。
境界は Oのみ除き他は含む。

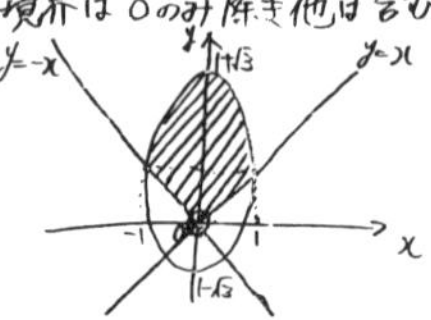

典型的な領域の図示の問題で、
これはいけると思って最初に着手しました。
去年の数学はどの問題も歯が立たず散々
でしたが、この問題を解けたことで自信が
湧き、今年は自分としては順調に
解き進めていくことができました。

西村 玄司（にしむら げんじ）

臨床医になりたい★★★☆☆ 研究医になりたい★★★☆☆ 医者以外の道もあり★★★★☆

千葉県立東葛飾高校卒 現役
共通テスト 825点
前期 東大理Ⅲ ○
後期 千葉大医（出願）
併願 慶應大医 ○
東京慈恵医大医 ○
得意科目 数学・物理
不得意科目 化学
親の職業 父・会社員 母・専業主婦
兄弟 弟1人
家庭教師生徒募集のメッセージ
微力ながらお力になれるよう頑張ります。
E-mail gnomon86400@gmail.com

「自主自律」の東葛飾中学・高校

理Ⅲを目指したいと思ったのは中3の頃。脳の仕組みをコンピュータに応用したニューラルネットワークに興味をもったことと、弟の特性である発達障害について理解したいと思い未知な部分が多い脳の分野を医師として研究してみたいと思ったことがその理由です。

子供の頃は漢字が大好きで、漢字に詳しい祖父から問題を出されて答えたり、逆に僕が祖父に漢字クイズを出題したりしていました。親によると、幼稚園のころに中学生までに習う漢字は大体書けていたそうです。

習い事は、ピアノ、体操教室、習字、水泳などいろいろ通っていました。

中学受験の時は栄光ゼミナールとＳＡＰＩＸに入り、第一志望だった渋谷教育学園幕張に合格しました。しかし、家から近く少人数制で楽しそうだったので、公立中高一貫校の千葉県立東葛飾中学校に入学しました。

東葛飾中学、略して東葛（とうかつ）は、僕が入った時まだ中高一貫になって3年目でした。校是は「自主自律」で、生徒の自由を重んじる学校だったと思います。

生徒から意見をどんどん提案できる環境で、しかも1学年2クラスの少人数制なので自分たちの意見が反映されやすく楽しかったです。

中学では理科部に入り、荷物の梱包のときに使うプチプチのような緩衝材はどういう原理で作られているのか、そしてどうすればさらに性能がよくなるのかを研究し、旺文社の全国学芸サイエンスコンクールに出展し賞もいただきました。

片道1時間半かけて鉄緑会に

理科部で数学や理科に興味が出て先取り勉強しているうちに、私立名門校の生徒たちがどのような勉強の仕方をしているのか知りたいと思うようになりました。そのころ、母がママ友から鉄緑会の噂を聞きつけ、そんな塾があるなら行ってみたいと思い、中3で鉄緑会に入りました。

初めはコロナで映像授業だったので、ここで追いつこうと家で数学をとことんやりました。コロナが落ち着いてくると代々木の鉄緑会まで行きましたが、家から鉄緑会までは片道1時間半くらいかかるので、学校が終わったらダッシュで塾に向かい、家に帰るのは午後11時を回ることもありました。

塾では、数学オリンピックの金賞の人がいるなどとにかく周りの人のレベルが高く、難しいことを話していて、驚きながらも刺激を受けました。

鉄緑会に入った頃、僕は英語があまり得意ではなく、追いつくのにはとても苦労しました。数学の方は先取り学習していたので、そこまで大変ではなかったです。

学校行事とも両立

高校に入ると、本格的な部活は塾との両立が時間的に大変なので、融通の利くクイズ研究会に入りました。テレビの「高校生クイズ」に参加しましたが、高1の時は千葉県予選で負けてしまいました。高1の頃は、数検準1級に受かるのをモチベーションに、青チャートや過去問題集などの参考書を買って勉強していました。英語は苦手なので鉄緑会のカリキュラムにお任せしてついていきました。

高2の時の思い出といえば学校全体で取り組む合唱祭ですね。中3と高1はコロナで中止になってしまったので、ようやくできて力が入りました。僕のクラスは沖縄の歌である「島唄」を歌い、衣装もクラス全員で作って良い思い出になりました。高3の時には合唱祭の審査員もやりました。

文化祭の時は、クイズ研究会の出し物で、僕が提案してクイズにカジノを取り入れました。正解だと思う選択肢にコインを賭けて、当たるとたくさんコインが貰える仕組みです。

高校の修学旅行は、直前までコロナの影響で行けるか分からないという状況だったので、無事北海道に行けてよかったです。

過去問で経験を積む

鉄緑会では高2で理科が始まります。僕は物理は好きだったのですが、化学はあまり勉強する意欲が持てないでいました。

鉄緑会は私立校のスケジュールに合わせた授業進度なので、公立校で学校の化学の授業の進度が遅かった僕は苦労しました。追いつくために『重要問題集』で勉強しました。

学校の理科の授業で発展的なことを教わっている私立の生徒に比べると自分には不利なところがあると思っていたので、自ら進んで発展的な問題を解き、気になったことはネットや本で調べるようにしていました。

高3からの巻き返し

高3になって鉄緑会の数学のクラスがオープンクラスという下のクラスに落ちてしまいました。発展事項ばかりやって基礎を疎かにしていたのではないかと気づいて、とりあえず基礎をもう一回徹底してやりました。以前やっていた青チャートで自分がまだやっていないところを探してやったり、鉄緑会で配られた基礎用の教材を何周もしたりしました。

英語は試験で問題を解き切れるようになるために、速読の練習を頑張りました。物理と化学は一応鉄緑会で上位のクラスに入れたのですが、私立の生徒ばかりでクラスの中では下のほうの成績でした。私立の人たちは学校でもやったことを鉄緑会でも習っている状況だったと思うのですが、僕は学校の進度が遅くて鉄緑会で初めて習うことが中心だったので、とにかく授業の予習復習を頑張って、東大以外の大学の過去問をやったりもしていました。

夏休みは英語のリスニングを頑張りました。この時苦手意識が強かった会話形式のスクリプトを中心に、他の大学の過去問も利用してシャドーイングに熱心に取り組みました。

後期から鉄緑会で理科でも過去問をやり始めると、自分には応用する力がまだまだ足りないのを痛感し、東大の過去問で知識を応用する経験を積むことを意識して取り組みました。

共通テストをなめてはいけない

僕が理Ⅲを目指しているということで、学校の先生達は東葛からは理Ⅲ合格者がずっと出ていないこともあり、すごく応援してくれました。プレッシャーではありましたが励みになりました。一方、両親はプレッシャーにならないように、「私立の医学部でもいいよ」と言ってくれたのでありがたかったです。

年末年始は、鉄緑会からも「共通テストは絶対になめない方がいい」と言われていたので、その対策を頑張りました。共通テストは教科書から出題されるので、理科の対策では教科書のまだきちんと理解していない実験やコラムの部分を熟読するようにしていました。

一方、社会は倫理政経を選択し、周りの人たちが持っていた『大学入試共通テスト　倫理、政治・経済の点数が面白いほどとれる本』を買いました。倫理は哲学が好きで既に知っていることが多かったので、政治・経済の分野を頑張って覚えていました。この頃は、食事やお風呂・睡眠以外は少し音楽を聴いたりニュースを見たりする程度で、あとはずっと勉強していた記憶があります。

慶應大医学部と慈恵医大も受けたので、その対策もしました。特に慶應は物理にくせがあると聞いていたので、塾の講座を取ったり、過去問をたくさん解いたりしました。慶應の物理は物理学者の名前を聞かれることもあるので、隙間時間に教科書を読んで覚えていました。

前日は基礎を再確認

東大の二次試験の前日は、基礎の確認をやっておけと鉄緑会で言われていたので、応用レベルの問題をやって安心したいという気持ちを抑えて基礎レベルの問題を解いていました。夜はなかなか眠れず、おそらく少しは寝たのだと思いますが、寝た覚えがないくらいの感じで試験会場に向かいました。

国語は、現代文が例年より解きやすく思えました。しかし、自分にとって簡単に思えたということは他の皆にとっても簡単で差がつかないのかなと思い、少し不安になりました。

数学は、1問目と2問目と5問目が解けて、あとは半分くらい解けたという感じで、ほかの人よりはおそらくできてないのではないかと思いました。鉄緑会の先生は例年より簡単だったと言ってていましたが、僕としてはいつも通り難しいという印象でした。鉄緑会で数学のレギュラークラスにいるような人たちは5完や6完できているだろうなと考えると、2日目で差をつけないとなと思いました。

理科は物理の第2問の前半で詰まってしまい、これは化学に時間をかけて差をつけるしかないと思って、そこからすぐに化学に移りました。化学は今年は基本的な知識を問う問題が多くて、時間をかけてそこをちゃんと解き切れたことはよかったと思います。

とはいえ物理が壊滅的だったので、そのあとの昼休みの時間にこれは落ちたかもな、と落ち込んでいたのですが、少しでも足掻こうと思ってなんとか英語を解きました。

試験が終わって、学校の先生に「合格無理そうでした。ごめんなさい」とメールを送りました。「とりあえず学校においでよ」と返事が来たので行ったら、3人の先生に慰めてもらい、それからは気を取り直して後期の千葉大医学部の対策をしていました。

東大の合格発表は絶対に落ちていると思いながら見たので、自分の番号を見つけたときは宝くじに当たったような感覚でした。母にも画面を見せて「僕の番号は本当にこれで合ってるよね」と何度も確認してもらいました。

大学では勉強だけでなく音楽もやってみたいし、クイズのサークルにも興味があります。第二外国語はドイツ語を選択したので、ドイツ語の哲学の原書を読んでみたいです。将来は医師として臨床をやりつつ、自分が医学部を志したきっかけである脳の研究もしてみたいです。

東大受験は難しいとはいえ、やっぱり大事なのは基礎をバランスよく抑えることだと思います。これから理Ⅲを目指す人も、発展的な内容ばかりに執着しすぎず、基礎を振り返って確認する堅実な姿勢を最後まで忘れず頑張ってください。

西村 玄司

オススメの参考書・塾・勉強法

数学
青チャート数III
中1のとき、暇を潰そうと高校数学の勉強の先取りをしようとした際にとても活用させてもらった。数III範囲の基礎〜標準レベルが網羅的に学べ、独学で数IIIを習得するのに打ってつけの参考書だと思った。
・通っていた塾・予備校
鉄緑会

物理
『改定物理』（東京書籍・学校の教科書）
学校の授業も含めてまったくこの教科書は使ってこなかったが、共テはほとんどが教科書から出題されるため、まずは教科書をしっかり読み込むことが対策として最も効率的だと思い、共テの直前期に実践した。具体的には、共テに出そうなコラムや実験が書かれたページをノートに切り貼りした。
・通っていた塾・予備校
鉄緑会

化学
無機有機は暗記がものをいうが、暗記すべき量がそれなりに多いので、学校の授業プリントや塾のテキストを何度もチェックし、定着が悪いと感じたものだけを通常のノートの半分（B6）サイズのノートにまとめる、それでもまだ定着しないものはまた別のB6ノートにまとめる、という作業を繰り返した。
・通っていた塾・予備校
鉄緑会

英語
『新キムタツの東大英語リスニング Super』（アルク）
ここ十数年分くらいの過去問を直近3年分を除いて直前期までにひと通りやり終えてしまい、直前期のリスニング対策として過去問のほかにできることはないかと探したすえにこの参考書に辿り着いた。収録された問題の量もレベルも続けやすく、雑音を意図的に入れた問題も入っていて本番対策に効果的だと感じた。
・通っていた塾・予備校
鉄緑会

国語
Z会通信教育の東大国語コースで毎月送られてくるテキスト
国語はほとんどの東大受験生が英数や理科に比べて勉強の優先順位を落とすだろうと思ったので、「逆に国語で他の受験生に差をつけられたらオイシイのでは？」と思い受講を決めた。テキストは月ごとに送られてくるので他の主要教科の勉強の邪魔をせず、古文漢文の暗記事項を定期的に確認し実践演習を積むのにちょうどよいと思う。
・通っていた塾・予備校
Z会通信教育

高校のハロウィン祭のときにクイズ研究会の幹部４人で。自分は一番左

アンケート

○理Ⅲ合格の自信は何%あった？

昨年4月20%、今年2月5%

○勤務医、開業医、研究医。どれになりたい？

研究医　機械学習のモデルの1つであるニューラルネットワークが脳の神経回路の働きから着想を得ていると知り、医学的に未知な部分の多い脳の仕組みに興味を持っているから。

○尊敬する医師・研究者は誰？

緒方洪庵　天然痘が日本で大流行した際に、風評被害の向かい風を受けながらも、西洋から取り入れた正しい医学の知識をもとにその温厚篤実な人柄で地道に人々の信頼を獲得していった彼の姿が、まさにコロナ禍に求められた医師像そのものだと思ったため。

○医師以外でなりたい職業は？

特にはないが、自分が好きな数学や物理をとことん追求できる学者という職業には魅力を感じる。

○東大の好きなところは？

教養課程のおかげで、医学以外にも様々な分野を学べて興味が広がる。

○東大の変えたいところは？

地方出身や東大合格者数の少ない高校出身の生徒が不利な場面が東大では特に多い、という話をよく聞く。自分もその内の1人で知り合いがほとんどいないので、今から戦々恐々としている。

○大学生活で、勉強以外にやりたいことは？

プログラミングと音楽理論の勉強。

○ストレス解消法は？

ニュース番組を見る

○あなたの長所と短所は？

長所：知的好奇心が豊か
短所：積極性・チャレンジ精神に欠ける

○好きな本は？

広辞苑・新漢語林

○好きな映画や音楽は？

映画：「ボヘミアン・ラプソディー」
音楽：昭和から最近まで幅広くJ-POPを聴く。最近はK-POPの魅力にも気づきだした。

○受験勉強中、負けそうになった誘惑は？

次々と新たな音楽が世に出る中、息抜きとして「音楽を1曲聴くくらいなら良いだろう」とスマホで音楽を聴き始めると、つい他の曲も聴きたくなってしまう。息抜きとしては最高だが、そこから勉強モードに切り替えるのに毎回少し苦労する。

○理Ⅲ受験で最も大切なのは？

できる限り勉強を先取りし、残った時間であとは東大型の演習をひたすら積むこと。特に東大ならではの癖がある英語や理科は、過去問の経験量がものをいう部分もあると思う。

○人生で最も必要なものは？

色々な人と関わり、その時々に生じる課題に対して悩み答えを出すという経験をひたすら積むこと。よく言われる謳い文句だが、学校の試験にはその多くに明確な答えが存在するが、これから社会に出たときには必ずしも決まった答えはない。壁にぶつかるごとに大学生・社会人としての責任を持って答えを出そうとする過程こそ、人間としての真の成長につながると思うし、自分もこれから医師になる者としてそういった経験を大切にしていきたい。

合格者解答例この１題

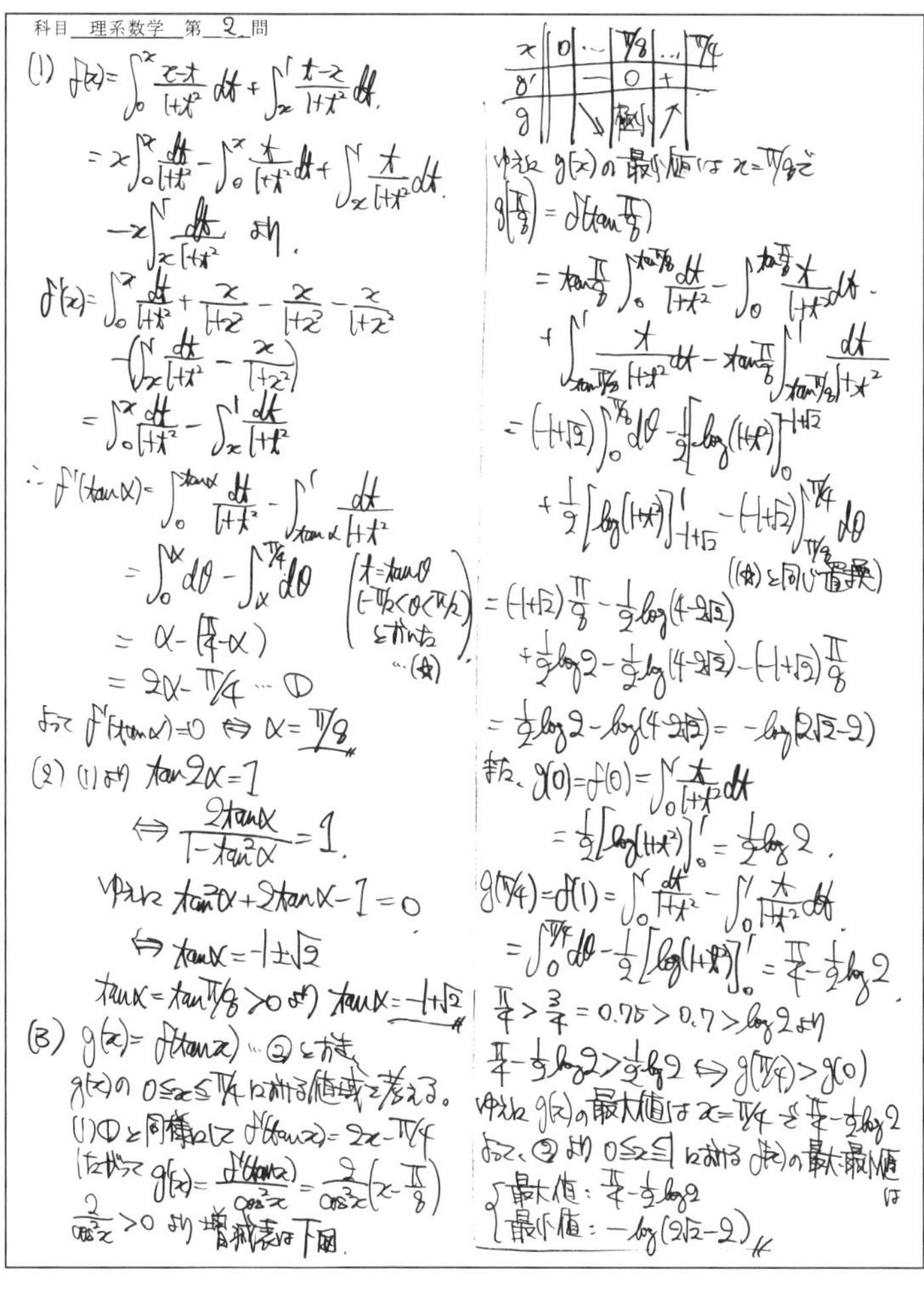

科目 理系数学 第 2 問

(1) $f(x)=\int_0^x \frac{x-t}{1+t^2}dt+\int_x^1 \frac{t-x}{1+t^2}dt$

$=x\int_0^x \frac{dt}{1+t^2}-\int_0^x \frac{t}{1+t^2}dt+\int_x^1 \frac{t}{1+t^2}dt-x\int_x^1 \frac{dt}{1+t^2}$ より、

$f'(x)=\int_0^x \frac{dt}{1+t^2}+\frac{x}{1+x^2}-\frac{x}{1+x^2}-\frac{x}{1+x^2}-\left(\int_x^1 \frac{dt}{1+t^2}-\frac{x}{1+x^2}\right)$

$=\int_0^x \frac{dt}{1+t^2}-\int_x^1 \frac{dt}{1+t^2}$

$\therefore f'(\tan\alpha)=\int_0^{\tan\alpha} \frac{dt}{1+t^2}-\int_{\tan\alpha}^1 \frac{dt}{1+t^2}$

$=\int_0^{\alpha} d\theta-\int_{\alpha}^{\pi/4} d\theta$ （$t=\tan\theta$ $(-\pi/2<\theta<\pi/2)$ とおいた …(☆)）

$=\alpha-\left(\frac{\pi}{4}-\alpha\right)$

$=2\alpha-\pi/4$ …①

よって $f'(\tan\alpha)=0 \Leftrightarrow \alpha=\pi/8$ //

(2) (1)より $\tan 2\alpha=1$

$\Leftrightarrow \frac{2\tan\alpha}{1-\tan^2\alpha}=1$.

ゆえに $\tan^2\alpha+2\tan\alpha-1=0$

$\Leftrightarrow \tan\alpha=-1\pm\sqrt{2}$

$\tan\alpha=\tan\pi/8>0$ より $\tan\alpha=-1+\sqrt{2}$ //

(3) $g(x)=f(\tan x)$ …② とおき、

$g(x)$の $0\leqq x\leqq \pi/4$ における値域を考える。

(1)① と同様にして $f'(\tan x)=2x-\pi/4$

したがって $g'(x)=\frac{f'(\tan x)}{\cos^2 x}=\frac{2}{\cos^2 x}\left(x-\frac{\pi}{8}\right)$

$\frac{2}{\cos^2 x}>0$ より 増減表は下図.

x	0	…	$\pi/8$	…	$\pi/4$
g'		−	0	+	
g		↘	極小	↗	

ゆえに $g(x)$の最小値は $x=\pi/8$ で

$g\left(\frac{\pi}{8}\right)=f\left(\tan\frac{\pi}{8}\right)$

$=\tan\frac{\pi}{8}\int_0^{\tan\pi/8}\frac{dt}{1+t^2}-\int_0^{\tan\frac{\pi}{8}}\frac{t}{1+t^2}dt+\int_{\tan\pi/8}^1\frac{t}{1+t^2}dt-\tan\frac{\pi}{8}\int_{\tan\pi/8}^1\frac{dt}{1+t^2}$

$=(-1+\sqrt{2})\int_0^{\pi/8}d\theta-\frac{1}{2}\left[\log(1+t^2)\right]_0^{-1+\sqrt{2}}+\frac{1}{2}\left[\log(1+t^2)\right]_{-1+\sqrt{2}}^1-(-1+\sqrt{2})\int_{\pi/8}^{\pi/4}d\theta$ （(☆)と同じ置換）

$=(-1+\sqrt{2})\frac{\pi}{8}-\frac{1}{2}\log(4-2\sqrt{2})+\frac{1}{2}\log 2-\frac{1}{2}\log(4-2\sqrt{2})-(-1+\sqrt{2})\frac{\pi}{8}$

$=\frac{1}{2}\log 2-\log(4-2\sqrt{2})=-\log(2\sqrt{2}-2)$

また、$g(0)=f(0)=\int_0^1\frac{t}{1+t^2}dt$

$=\frac{1}{2}\left[\log(1+t^2)\right]_0^1=\frac{1}{2}\log 2$.

$g(\pi/4)=f(1)=\int_0^1\frac{dt}{1+t^2}-\int_0^1\frac{t}{1+t^2}dt$

$=\int_0^{\pi/4}d\theta-\frac{1}{2}\left[\log(1+t^2)\right]_0^1=\frac{\pi}{4}-\frac{1}{2}\log 2$.

$\frac{\pi}{4}>\frac{3}{4}=0.75>0.7>\log 2$ より

$\frac{\pi}{4}-\frac{1}{2}\log 2>\frac{1}{2}\log 2 \Leftrightarrow g(\pi/4)>g(0)$

ゆえに $g(x)$の最大値は $x=\pi/4$ で $\frac{\pi}{4}-\frac{1}{2}\log 2$

よって、② より $0\leqq x\leqq 1$ における $f(x)$の最大・最小値は

最大値：$\frac{\pi}{4}-\frac{1}{2}\log 2$

最小値：$-\log(2\sqrt{2}-2)$ //

福田 煌大（ふくだ　こうた）

臨床医になりたい★★★★★　研究医になりたい☆☆☆☆☆　医者以外の道もあり☆☆☆☆☆

私立武蔵高校卒　現役

共通テスト　791点

前期　東大理Ⅲ　○

後期　千葉大医　（出願）

併願　慶應大医　○

得意科目　数学、物理、化学

不得意科目　国語

親の職業　父・学校法人職員、母・弁護士

兄弟　妹

相性がよかった武蔵

小学校は地元の区立に通い、あまり中学受験を強く意識することはなかったように思います。周りには小4から受験をスタートさせる人もいましたが、母は、私に年齢相応の経験をさせたかったようで「本格的な受験勉強は小6からでも大丈夫」と言っていました。当時の私は、母がそういうならと信頼していたので、そんなものかなと。

小5から早稲田アカデミーの算数に通い始めたものの、結局は受験までに理科は生物、社会は地理にほとんど手をつけられずという状態でした。早稲アカの模試では良い判定はなかなか出なかったのですが、本番1週間前のNN武蔵中オープン模試では200人中4位という好成績でした。武

蔵形式の問題と相性が良かったのだと思います。

家からとても近く、校則のない自由な校風で、文化祭見学で触れた雰囲気も良かったので、武蔵が大本命でした。武蔵の合否が気になりすぎて、発表前に受けた中学は試験に集中できず不合格。本命に合格したので良かったものの、初めての受験は課題を残すものになりました。

武蔵では成績の順番は公表されません。通知表が自分の校内順位の目安になるのですが、中1の2学期から最後まで、体育含めほぼ10、作品で評価される芸術は残念ながら永遠に8という感じでした。

総評で9・5悪くても9点台はキープしていたので、学年トップだということも聞いたことがありました。

とはいっても、自分では特別なことをしていたつもりはなく、毎日の積み重ねの成果だったのだと思います。中高とバスケ部で活動し、中2、中3ではキャプテンもやっていましたが、試合がある日でも勉強しない日を作らないということは一貫していました。

毎日1〜2時間くらい勉強するのは当たり前に思っていたので苦に感じたこともなく、淡々とやっていました。

学校の授業をしっかりと受けて、当たり前にノートをとる。試験の1週間前からは、しっかり対策をする。それをやっていれば高得点という見返りはあるので、それを続けていただけです。

いま、鉄緑会のバイトで中1から東大や理Ⅲを目指している生徒たちを見ていると、私のようにコツコツとやっている人が多いわけではありません。継続してコツコツやれるかやれないかというのも、個性や才能なのかもと感じています。

もっとも私は、自分で特別な才能を感じたことはなく、『やっているからできる』と思ってきました。ただ、母によると私は1歳のころにジグソーパズルにハマったそうですが、完成させるスピードが明らかに速かったそうです。

コロナ禍で失ったものと得たもの

高校から通う予定だった鉄緑会は、突然のコロナ禍による休校などで時間ができたため、前倒しして数学を中3から始めることになりました。

その頃には武蔵ではトップ層だという意識はあったので、その上の世界を見てみたいという気持ちはありました。といっても母に入塾テストを促されるまでは、鉄緑会の存在も知らなかったわけですが……。

中3になり数週間経ったころにコロナ禍で学校も鉄緑会もオンライン授業に切り替えられ、そこからは「つまらない日々」の連続でした。バスケ部ではいよいよ自分たちの世代がメインになる時期に、大会の中止が相次ぎました。なかでも6月の引退試合となるはずだった大会で1試合もできなかったのは残念でした。仕方のないこととはいえ、その大会のためにトレーニングや練習試合をやってきたのですから。スマホで部活の友達と話したり、ひとりでランニングしたり悶々とした日々を送っていました。

その一方で、ニュースなどで未知のウイルス感染症の最前線で奮闘する医師たちの姿を見て〝スゴい!〟と強く感銘を受けることが多い時期でもありました。いつか自分も同じように全力を尽くして患者さんを助けられるようになりたいと思うようになっていました。

武蔵では、生徒や教員の希望に応じて行う特別授業を実施していて、さまざまなテーマについて学ぶことができます。私は『これからの医療を考える』というテーマで参加し、ミャンマーやニュージーランドで働いている医師からリモートで話を伺う機会がありました。高1の春休みには、3泊4日で福島県の会津地方で在宅医療に取り組んでいる鎌田一宏医師のもとで体験学習をする貴重な経験もできました。医師になりたいという思いが固まったのは、この体験学習が決め手になっています。

奥会津在宅医療センターは、福島県と福島県立医科大学の共同プロジェクトで、へき地における在宅医療および医療・介護連携のモデルとなるような構想に基づいて運営されています。

鎌田先生からは聴診器の使い方や血圧の測り方を教わったりしましたが、忘れることができないのは、訪問医療の現場を見せていただいたことです。同センターでは、近隣の4町村という広範囲にわたる在宅医療や訪問介護を、医師や看護師や運転手がチームになり車で巡ります。患者さんやそのご家族ひとりひとりに丁寧に対応されているので、1チームで1日に5件ほどの訪問でした。

鎌田先生は感染症危機管理でキャリアを積まれ今は総合内科専門医として活躍されています。総合内科専門医というのは特定の病気だけではなく〝人を診る〟ことが求められるオールラウンダーな医師です。高齢の患者さんも多く、ご自宅での看取りとなるケースも少なくないそうです。

患者さんやご家族との強い信頼関係のもと、鎌田先生と患者さんのどちらも、とても生き生きと楽しそうにされているのを目の当たりにし、〝自分も医師になり、こういう医療をやってみたい〟と強く思いました。

車での移動時間にカルテを記入されるほど忙しく大変なのに、患者さんの前ではそんな素振りも見せずに楽しそうに話す鎌田先生には、本当に憧れます。

私の人生に大きく関わることになったこの体験は武蔵でなければできなかったことだと思います。

波乱だらけの理Ⅲ受験　その1

受験期を振り返ると、二度の大きな危機が訪れました。その一つ目の試練は高2の後半にやってきました。

鉄緑会では、高2の12月にクリスマス模試と呼ばれる内部模試があります。この結果で高3の1年間の所属クラスが決まってしまうことから、理Ⅲを目指す鉄緑会生は上位クラスであるSA1かSA2クラスに入れるように必死に勉強します。

私もまるで入試本番であるかのように、かなり意気込んで臨みました。しかし、模試が近づくにつれて『時間が足りない、間に合わない』という気持ちが強くなり、勉強の手が止まると焦りを覚えるようになっていました。そうなると睡眠時間を削ってまで勉強することになり、ますます精神的に追い詰められることになります。なぜか模試の1週間前に新しい問題集に手を出してしまい、それも間に合わず、さらに焦燥感に駆られるという悪循環に陥っていました。もう大失態です。

クリスマス模試の前日にはあまり寝られず、過度な緊張状態で臨んだため大失敗してしまい、それまで1番上のクラスだった数学は上から2番目のクラスに、英語に至っては上位クラスから落ちるという結果となり、やはり大いに落ち込みました。

しかし同時に〝ここまで来たら、もう這い上がるしかない〟という気持ちにもなりました。ここでやる気を失ってしまうのではなく〝今の自分のクラスで上位になってやるぞ！〟という気概がふつふつと湧き上がってきたのです。

数学はクラスは落ちたものの、私のクラスを担当していただいたのは理系教科統括部長の蓑田先生でした。蓑田先生に毎週、作っていただいていた関連補充問題をコツコツやっていたことで、高2までブレブレだった得点を安定させることができたと思っています。最終的には努力によるリカバリーで、目標通りにそのクラスのトップ層に入ることができました。

クラス落ちしたこの失敗は、自分は万全の準備を整えて臨まなければ十分に実力を発揮することができないこと、事前にしっかり準備をすることでメンタルコントロールをする必要があることを私に学ばせてくれました。

波乱だらけの理Ⅲ受験　その2

二つ目の試練は、万全の準備で臨めたはずの共通テスト本番2日前にやってきました。この頃には、やるべきことはすべてやり終えていたので普通にやれば受かるという確固たる自信を持っていました。緊張せずに受験できると余裕すら持っていた矢先のことでした。

中3の時に発症していた椎間板ヘルニアが悪化したのです。それまでは腰から下が痺れたり、ちょっと痛いなという程度で、これから一生付き合っていくのかなという感じでした。受験期に机に向かう時間が増えると、軽い痛みが出たこともありましたが、治療すれば治まるという程度でした。

ところが1月11日の朝に起きると、それまでにないほどの痛みに急に襲われました。起きようにも普通には起き上がれず、座ろうにも座れないほどの激痛でした。それでもまだ2日あるので、ワンチャン治るのではと楽観的に考えようとしていたのですが、翌日にはさらに悪化してしまいました。背を伸ばして立てない、座れない、横にもなれないという状態でした。

もう勉強どころではなく病院に行き、鎮痛薬と、特別な処置で試験を受けるための診断書を書いてもらいました。母の尽力でなんとかその日のうちに、姿勢を変えながら受験できる許可が下りたのですが……。

共通テスト前夜は、体勢が少しでも変わると激痛が走るほどになっていて、まともに眠ることはできませんでした。あまりの痛さに涙が出るほどでしたが、父がマッサージを、母はベッド横で一晩中看護をしてくれました。本当に感謝しかありません。涙目で両親のサポートを受けながらも、不安や緊張は一切なく〝こんな状態でも俺ならきっとやれる〞という気概はしっかりとありました。

共通テスト1日目の朝の痛みは相変わらずで、試験会場の最後列で、痛みを和らげるためにしばしば立ちながらの受験となりました。初日最後の英語の時間になると、痛みと疲労で文章を読んでもなかなか頭に入ってこず、それまでほぼ満点を取れていたリーディングが74点、リスニングは85点がやっと。2日目も最後の化学になると誤魔化しようもなくなっており、1問解く毎に痛みと闘わなければならないほど悪化していました。

そんな状態で共通テストを最後までやり切れたのは、両親や友人のサポートがあったからこそです。私の腰痛のことを知っている友人は、荷物を持ってくれたり、LINEで『もう少しだからがんばれ』と、応援してくれました。

直前までは850点はいけると思っていた共通テストで791点しか取れなかったのは、さすがに想定外でした。しかし、そのことよりも、腰痛で二次試験の勉強ができなくなることが心配でした。私の状態を近くで見ていた両親は「東大じゃなくても」と心配してくれましたが、自分では〝東大を受けるためにやることは全部やって万全の準備を整えた。模試でも3回A判定を出せているんだから二次試験で挽回できる。俺は大丈夫だ！〟と、自分の努力と実力を心の拠り所にして、理Ⅲの受験を決めました。

このようにポジティブに考えられたのは、高2のクリスマス模試での失敗からの学びと、その後1年間は誰にも負けない努力をしたという自信があったからです。

座り続けるのは無理なので、二次試験までは本棚に教材を置いて立ったまま勉強するしかなかったのですが、そうすると時間が経つにつれて足がパンパンになっていました。もうその頃には開き直っていて〝この痛みは緊張して本番で失敗しないように神が与えた試練なんじゃないか〟などと思ってましたね。

二次試験本番は、共通テストの時より腰痛はかなり良くなっていて、普通に座って受験することができました。最後まで家族や友人、先生方に支えられながら、無事に合格することができました。

後輩たちへ

このようにとても順風満帆とは言えない理Ⅲの受験となってしまいましたが、得たものは大きかったと思います。試験を受けられないほどの腰痛に襲われていても、家族や友人のサポートをもらう度にやる気が湧いてきて、なんとか乗り越えられました。やれることは全部やったと胸を張れるほどに努力していれば、たとえ逆境に立たされようとも、自信をもって事に臨めます。これまでやってきた参考書や、書き込んできたノートの束を見て、自然と自信が湧いてきました。

これから理Ⅲを目指す後輩たちにも、不安や緊張を吹き飛ばすほどの努力を期待します。『やってるからできる』はやはりその通りで、高3になると努力して実力がつき解けなかった問題が解けるようになることが楽しくてたまらなくなっていました。

まだ入学したばかりではありますが、武蔵に負けないくらい〝変人〟が多い東大で刺激的な経験を積み、友人を増やしたり、好きなバスケを練習していこうと思っています。そして理Ⅲの志望動機でもある、地域に根ざした小児科医という将来像を模索していきたいです。

バスケ部のメンバーと卒業旅行で行った梅田スカイビルの頂上で

オススメの参考書・塾・勉強法

数学

『鉄緑会　東大数学問題集』（KADOKAWA）

まず150分で1セットやってみて、解き終わらなかった問題や、わからなかった問題はすぐ答えを見るのではなく、限界まで考える。過去問の数には限りがあるので、一つ一つ丁寧にやる。

数学の問題でできなかった問題は、どこが思いつかなかったのかを分析し、次につなげるためにポイントノートにメモをする。

・通っていた塾・予備校
鉄緑会

物理

『鉄緑会　東大物理問題集』（KADOKAWA）

数学同様、答えを見る前に全て解いてみる。近年の東大物理は分量が多いので、古い過去問を解く時間は1回のセットで大問4～5つ解いてみて、近年の形式に近づけようとした。

時間が足りないからと雑に解くのは逆効果で、考えるべき所はよく考え、素早く解ける所はより速く解くことが大事。

・通っていた塾・予備校
鉄緑会

化学

『鉄緑会　東大化学問題集』（KADOKAWA）

化学は数学や物理と異なり、既視感がある問題が多いように思う。だからこそ、努力をすれば伸びる。ただ、ミスが多い科目でもあると思うので、ミスノートを作り、同じミスは二度としないよう心がけた。見たこともない問題は、焦らずじっくり問題文を読む。

・通っていた塾・予備校
鉄緑会

英語

『キムタツの東大英語リスニング』（アルク）

Basic から Super すべて。リスニングは毎日やることが大事。

『鉄緑会　東大英語リスニング』（KADOKAWA）

河合塾と駿台が出版している模試の過去問

直前期、東大の過去問をひと通り終えた後も、模試の過去問を解いて新しい文章に触れ続けた。

・通っていた塾・予備校
鉄緑会

国語

共テの1カ月前くらいから国語をたくさん勉強した。古文・漢文は読んだ文章中の知らない単語や表現をノートにまとめた。文章をたくさん読む前に単語帳を使って単語はマスターすべき。知識がない状態で演習をしても効果は得られないと思う。

アンケート

○理Ⅲ合格の自信は何％あった？
昨年4月5％、今年2月80％

○勤務医、開業医、研究医。どれになりたい？
開業医。小児科医として地域の子どもたちを自分の手で笑顔にしたいから。

○尊敬する医師・研究者は誰？
鎌田一宏先生（奥会津在宅医療センター）。福島の奥会津という僻地で、患者さん一人一人と丁寧に向き合い質の高い医療を提供している方だから。

○医師以外でなりたい職業は？
小学校の先生や保育士

○東大の好きなところは？
1～2年生の間は教養学部で学べるので、医学部以外の人とも友人になれる点

○東大の変えたいところは？
世界でトップレベルの大学にしたい

○大学生活で、勉強以外にやりたいことは？
バスケットボールをさらに極め、強靭な身体と高度なシュートスキルを手に入れたい

○ストレス解消法は？
風呂で歌う

○あなたの長所と短所は？
長所：明るくて誰とでも仲良くなれる。運動能力が高い。まじめ。盛り上げるのが得意
短所：常識がない。思い込みが激しい。人の気持ちがわからない時がある。神経質。

○好きな本は？
特になし（漫画なら『鬼滅の刃』）

○好きな映画や音楽は？
Mr.Children

○受験勉強中、負けそうになった誘惑は？
スマホ。誘惑に負けないためにスマホを自室から隔離した。

○理Ⅲ受験で最も大切なのは？
普段の勉強で、本番レベルの集中力を維持し続けること。集中できなくなったら休憩する

○人生で最も必要なものは？
人の気持ちを考える。「これを言ったらどう思うかな」「この人にとってあのことは嫌なことなんじゃないか」といったことをよく考えてから行動に移す。

合格者解答例この１題

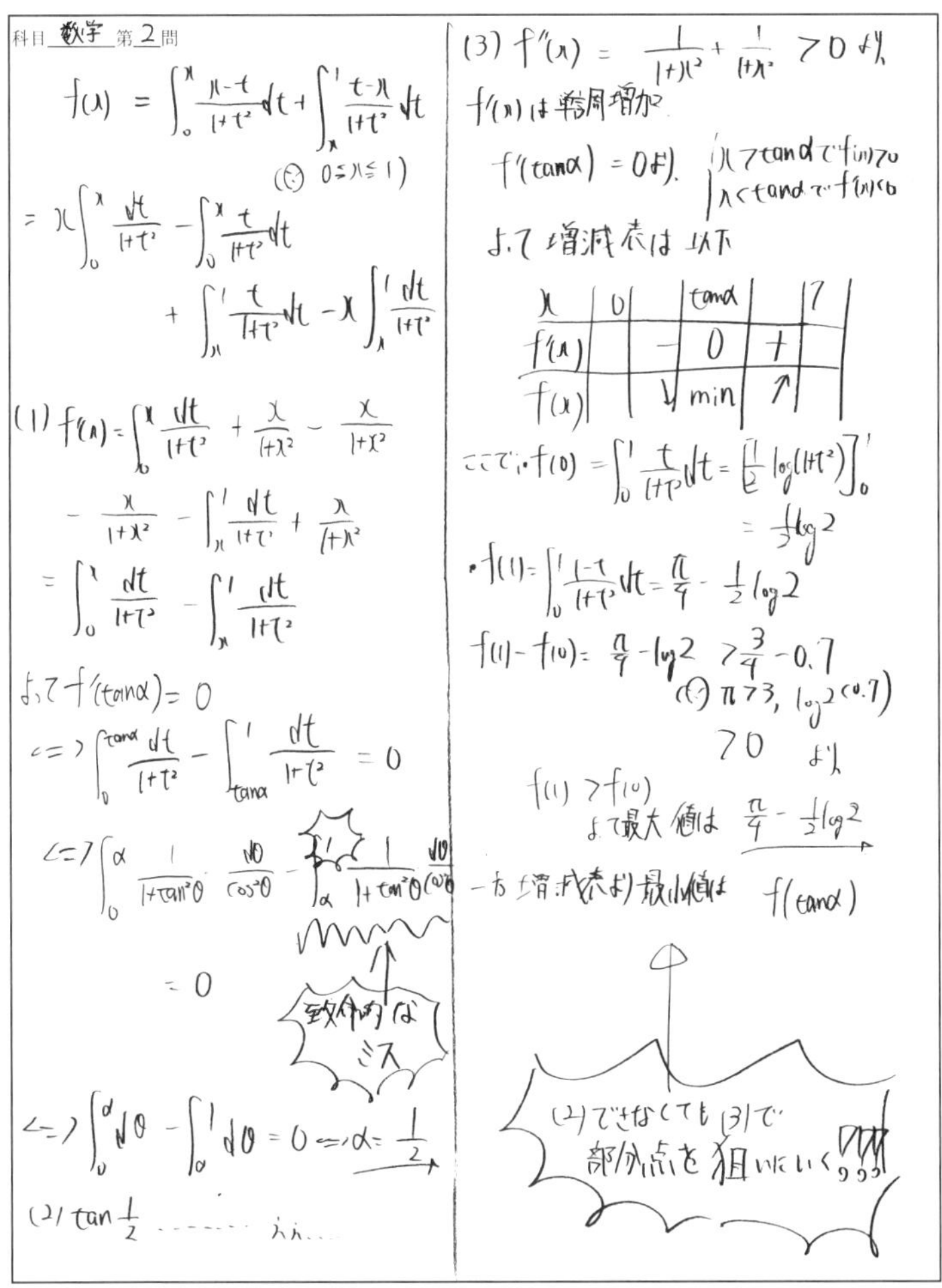

科目 数学 第 2 問

$$f(x) = \int_0^x \frac{x-t}{1+t^2}dt + \int_x^1 \frac{t-x}{1+t^2}dt \quad (\because\ 0 \leqq x \leqq 1)$$

$$= x\int_0^x \frac{dt}{1+t^2} - \int_0^x \frac{t}{1+t^2}dt + \int_x^1 \frac{t}{1+t^2}dt - x\int_x^1 \frac{dt}{1+t^2}$$

(1) $$f'(x) = \int_0^x \frac{dt}{1+t^2} + \frac{x}{1+x^2} - \frac{x}{1+x^2} - \frac{x}{1+x^2} - \int_x^1 \frac{dt}{1+t^2} + \frac{x}{1+x^2}$$

$$= \int_0^x \frac{dt}{1+t^2} - \int_x^1 \frac{dt}{1+t^2}$$

よって $f'(\tan\alpha) = 0$

$$\iff \int_0^{\tan\alpha} \frac{dt}{1+t^2} - \int_{\tan\alpha}^1 \frac{dt}{1+t^2} = 0$$

$$\iff \int_0^\alpha \frac{1}{1+\tan^2\theta}\cdot\frac{d\theta}{\cos^2\theta} - \int_\alpha^1 \frac{1}{1+\tan^2\theta}\cdot\frac{d\theta}{\cos^2\theta} = 0$$

$$\iff \int_0^\alpha d\theta - \int_\alpha^1 d\theta = 0 \iff \alpha = \frac{1}{2}$$

(2) $\tan\frac{1}{2}$ ……… ふん…

(3) $f''(x) = \frac{1}{1+x^2} + \frac{1}{1+x^2} > 0$ より、

$f'(x)$ は単調増加。

$f'(\tan\alpha) = 0$ より、$x > \tan\alpha$ で $f'(x) > 0$、$x < \tan\alpha$ で $f'(x) < 0$

よって増減表は以下

x	0		$\tan\alpha$		1
$f'(x)$		−	0	+	
$f(x)$		↘	min	↗	

ここで、$f(0) = \int_0^1 \frac{t}{1+t^2}dt = \left[\frac{1}{2}\log(1+t^2)\right]_0^1 = \frac{1}{2}\log 2$

・$f(1) = \int_0^1 \frac{1-t}{1+t^2}dt = \frac{\pi}{4} - \frac{1}{2}\log 2$

$f(1) - f(0) = \frac{\pi}{4} - \log 2 > \frac{3}{4} - 0.7$ $(\because\ \pi > 3,\ \log 2 < 0.7)$ > 0 より

$f(1) > f(0)$

よって最大値は $\frac{\pi}{4} - \frac{1}{2}\log 2$

一方 増減表より最小値は $f(\tan\alpha)$

藤川 紗良（ふじかわ さら）

臨床医になりたい★★★★☆ 研究医になりたい★★☆☆ 医者以外の道もあり☆☆☆☆

私立横浜雙葉高校卒 現役
共通テスト 829点
前期 東大理Ⅲ ◯
後期 東京医科歯科大医（出願）
併願 慶應大医 ◯
得意科目 英語
不得意科目 国語
親の職業 父・医師、母・専業主婦

小学校受験して12年間横浜雙葉へ

横浜雙葉に小学校から高校まで12年間通いました。小学校受験して横浜雙葉と白百合の二校に合格しましたが、自宅から通学しやすい学校ということで横浜雙葉に決めました。小さかったのでどんな受験をしたかはあまり覚えていません。

横浜雙葉で中高を過ごし、中学受験も高校受験もしなかったので、大学受験が人生で初めての受験でした。

横浜雙葉はカトリックの穏やかな校風なので猛烈に受験勉強をする雰囲気の学校ではありません。学年の半数近くは推薦入試で私大に進学します。東大を受験する人自体少ないです。今年東大に合格したのは私を含めて2人。理Ⅲに合格した人も

多くはないです。

勉強は小さい頃から好きでした。小学生の頃から先取り学習もしていましたね。中学受験をしなかったので、勉強する時間はたくさんありました。そのおかげもあって、中2の時には全教科で学年1位をとることができました。

学年1位といっても、全国の受験生のなかで上位というわけではありません。それまで学習塾に通ったことはなく、受験のための模試を受けたこともなかったので、受験の雰囲気を知りたいという気持ちがあって、中2の後期から鉄緑会に通い始めました。

鉄緑会を選んだのは、テレビのトーク番組を見てカリキュラムが充実していると感じ、自分も行ってみたいと思ったことからです。入塾試験を受けて、数学だけ週1回オープンクラスに通っていました。

最初はついていくのが大変でした。受験に対する意識や環境も大きく違っていて、かなりびっくりしました。桜蔭や開成という学校の名前も鉄緑会に入ってから初めて知ったほどです。

小6で英検準1級、中2で1級合格

勉強が好きになったきっかけは、小1の終わりから通いはじめた英会話教室です。最初に通ったのはミネルヴァで、その後も、ネイティブの方とのマンツーマンレッスンやオンライン英会話などをいくつかかけもちで受けていました。

英会話教室は母の勧めではじめたものです。英単語を覚えたり、英語の歌を歌ったりしているうちに楽しくなって、もっと英語を学びたいと思うようになりました。帰国子女でもないのに帰国子女向けの英会話スクールにも通っていましたね。

小学生の時の目標は、小学生のうちに英検準1級に合格すること。順調にステップアップしていって、小6までには目標を達成することができました。中学に入っても英会話スクールやオンライン英会話を続け、中2の時には英検1級に合格することができました。1級になると急に難易度が上がります。2度目のチャレンジで合格できました。

じつは中2の後期から鉄緑会に通うようになったのも、英検合格という目標を達成して一段落ついたこともあります。数学はこれまでわからないところを父に教えてもらったりはしていましたが、塾に通ったり、模試を受けたりといった勉強はしていませんでした。中2までに身につけた英語の力を落さないことを意識しながら、勉強のメインを数学にシフトさせていったんです。

小学校の文集で「将来の夢は医師」

医師になりたいと思ったのは小学校の時です。父が医師だったこともありますが、直接のきっかけは小学校の時に通っていた小児科の先生です。子供に親身に接してくれる女性の先生で、注射を打つ時も安心できるように声をかけてくれました。怖がらないよう注射を打ってくれる姿を見てカッコイイと憧れたんですね。小学校の文集には「将来の夢は医師」と書いていました。

中学に入ると『コード・ブルー』や『JIN-仁-』などの医療と関わりがあるドラマを見て、医療系に進みたいという気持ちを強くしていきました。ドラマは好きでよく見ます。受験期も息抜きのためにドラマを見たり、ドラマの曲を聞いてリラックスしたりしていました。

進路については、鉄緑会で教わった先生にも影響を受けました。中3でオープンクラスからレギュラークラスに移ったとき、好きな先生に出会ったんです。理Ⅲから東大医学部に進んだ女性の先生で、授業の中で理Ⅲのこともよく話してくれていました。すごいな、行ってみたいな、という気持ちになっていきました。ただ当時は成績も上位ではなく、志望校も横浜市大医学部と東京医科歯科大でした。理Ⅲは遠い存在でしたね。

理Ⅲが具体的に視野に入ってきたのは、鉄緑会の高1の2回目の校内模試の後です。数学と英語で一番上のクラスに入ることができて、この順位なら理Ⅲも目指せそうだと思うようになったんです。

コロナ期間に集中して勉強を頑張った

横浜雙葉では中1から聖歌隊に入っていました。聖歌隊は部活の一つで、中1から高2までの約30人で構成されていました。ドイツ語やラテン語の曲を普段から練習して、ミサやクリスマス、文化祭などのイベントで歌います。

英語が好きだったので、ドイツ語やラテン語の意味を理解したり、発声したりすることを楽しんでいました。中3の時にコロナ禍で文化祭がオンライン開催になってしまい、発表の場が少し減ってしまったのが少し心残りでした。

コロナ期間は、勉強がすごく進んだ時期です。中2の頃は部活にも力をいれていましたし、鉄緑会も数学を週1回通うだけでした。中3からコロナ期間に入ると、学校も鉄緑会もなくなってしまい、その間、ずっと勉強に集中して頑張ったんです。

当時の勉強法は、鉄緑会の問題集を何度も繰り返し解くというものです。できなかったところをチェックして、わかるようになるまで何回も解いていました。すると、コロナ期間後に成績がぐんと上がって、中3の後期からレギュラークラスに上がることができたんです。

問題集を繰り返し解くという勉強法は、その後もずっと継続しました。特に、数学、物理、化学については、鉄緑会の問題集を繰り返し解くだけで力をつけることができたと思っています。

もともと私は、集中力が続かずにすぐに休みたくなるタイプです。

それでも頑張れたのは、鉄緑会のテキストを信頼していたからだと思います。この問題だけやっていて大丈夫かなと不安になったときも、鉄緑会のテキストだから大丈夫と進じて取り組んでいました。

問題文を読み間違えて初めて挫折を経験

鉄緑会では、中3後期にレギュラークラスに上がってからは、順調に上のクラスへ上がっていくことができました。高2までに一番上のクラスまでたどり着いて、この調子で頑張れば理Ⅲにも届くかもしれないと自信も出てきました。

でも、高2の最初の模試で数学の問題文を読み間違えて、夏にクラスが大幅に落ちてしまったんです。順調に一つずつステップアップしてきて初めてクラスが落ちることを経験しました。すごくショックでした。このまま何もしないのはダメだと思って、勉強法を変えることにしました。

それまでは、ただひたすら問題を解くだけでした。意識を変えたのは、問題を何度も解くだけではなく、解いたとき「なぜその解法を選んだのかを人に説明できるようになるまで復習する」ということです。

実際に説明する人を見つけるのは難しいので、ひとりで心のなかで説明していました。それからポイントをノートにまとめました。まず問題集の解答欄になぜこの解法を選んだのかを書き込んで、それをあらためてポイントノートとしてルーズリーフにまとめていったのです。単元ごとに5〜6ページで、最終的に100ページくらいになりました。

高3になって、物理の久保先生の授業を取った時、久保先生も「人に説明できるようになりなさい」と仰っていてその通りだと思いました。高3になってからは、数学と理科を中心に「人に説明できるようになるまで」を徹底して取り組んでいきました。

数学でいちど挫折して取り組み方を変えたことで、高3になってからは順調に進めることができました。英語は、高校に入ってからはTOEFLとTOEIC対策を中心にリスニングと長文は毎日欠かさずやるようにしました。TOEICは990点満点で940点、TOEFLは120点満点で100点はとれていたので、東大型の演習を鉄緑会で慣れていくことを意識しました。

人生で初めての受験だったため、模試の前日に緊張して眠れなくなることがよくありました。眠れない時によくやっていたのは深呼吸です。深く息を吸うと落ち着きます。それでも目がさえてしまったときは、ドラマを見たり、ドラマの曲を聞いたりしていました。

鉄緑会の校内模試もいい練習でした。校内模試も緊張して眠れないほどだったのですが、何度も受けているうちに慣れてきました。最初の本番だった共通テストも普段と同じような気持ちで受けることができました。

不安になることも多かったです。そんな時は東大に入ったら何をしようかと想像していました。中学時代にテニススクールに通っていたことがあります。受験で通えなくなってしまっていたので「東大に受かったらバドミントン部に入ろう」と考えていました（笑）。あとは、第二外国語はフランス語にしようとか、小児科でこんな授業を受けたいとかですね。成功した時の姿を想像するのはモチベーションにつながるのでおススメです。

友だちと話すのもいいと思います。私も数学のクラスが落ちた時ショックで立ち直れなそうだったのですが、友だちが「努力すればいいことがあるよ」と言ってくれて、もっと頑張ろうとやる気をだすことができました。

本番では、実力は出し切ったという感じでした。実際にはボーダーラインだったかもしれませんが、これで落ちても後悔しないという気持ちでした。

アドバイスするなら、自分にあった勉強法を見つけて貫き通してほしいということです。私も英検で目標を立てたり、数学でショックを受けた時にやり方を変えてみたりして、自分にあった方法を見つけました。自分で考えて納得できる方法を見つけてください。

最後に、英語を楽しむ環境を子供の頃に作ってくれたり、困ったときに数学を教えてくれたりした両親に感謝します。

オススメの参考書・塾・勉強法

数学

『鉄緑会高2数学実戦講座問題集』

何周もすることで定石が身についた。数学は問題を解くときにどうしてその解法を選択したのかを人に説明できるようになることを意識した。

・通っていた塾・予備校
　鉄緑会

物理

『鉄緑会物理発展講座問題集』

できない問題がなくなるまで解き直した。

『難問題の系統とその解き方』（ニュートンプレス）

より多くの問題経験を積むことができた。

・通っていた塾・予備校
　鉄緑会

化学

『鉄緑会化学発展講座テキスト』

ここに掲載されている事項を詳細まですべて頭に入れることができれば、入試化学においてかなり優位に立つことができる。化学では計算を最後まで合わせること、知識の抜けをなくすことを重視した。

・通っていた塾・予備校
　鉄緑会

英語

東大過去問

東京大学の英語は時間制約が厳しく、問題もバリエーションに富んでいるため過去問を解くことが東大の形式に慣れる一番の方法だと思う。

・通っていた塾・予備校
　鉄緑会

国語

『古文単語330』（いいずな書店）

『漢文ヤマのヤマ』（学研プラス）

古典はまず古文単語や漢文句法の暗記をしっかり行い基礎を固めることを意識して勉強した。

アンケート

○理Ⅲ合格の自信は何％あった？
昨年4月60％、今年2月70％

○勤務医、開業医、研究医。どれになりたい？
臨床医として働きながら研究をしたい。研究を実際の医療の場で役立てたいから

○医師以外でなりたい職業は？
建築士

○東大の好きなところは？
周りの学生のレベルが高いところ

○東大の変えたいところは？
特にない

○大学生活で、勉強以外にやりたいことは？
部活、バイト、旅行

○ストレス解消法は？
周りの人に相談する

○あなたの長所と短所は？
長所：自分で目標を設定し、それに向かって努力できるところ
短所：集中力がないところ

○好きな映画や音楽は？
Official 髭男 dism、Uru、クラシック音楽（ショパン）

○受験勉強中、負けそうになった誘惑は？
集中力が切れて休みたくなること

○理Ⅲ受験で最も大切なのは？
第一志望に入りたいという強い熱意を持ち続けること

入学式の日、東大安田講堂前にて

合格者解答例この１題

科目 数学 第 5 問

点DはACの中点より、$(\frac{1}{2}, 0, \frac{1}{2})$である。
$x=t$ $(0 \leqq t \leqq 1)$で切断した時の断面を考える。

(i) $0 \leqq t \leqq \frac{1}{2}$のとき、

$\overrightarrow{BD}=(\frac{1}{2}, -1, \frac{1}{2})$ より、BD上の点は、
$(\frac{k}{2}, 1-k, \frac{k}{2})$ であるから、$\frac{k}{2}=t$
$\Leftrightarrow k=2t$ のとき、BD上の点は、
$(t, 1-2t, t)$ と表される。
また、AB上の点は $(t, 1-t, 0)$ と表される。

(I) $0 \leqq t \leqq \frac{1}{3}$のとき、

$1-2t > \frac{1-t}{2}$ より、
右図のようになる。
これをx軸中心に回転させると、体積は、

$\pi\int_0^{\frac{1}{3}}\left[(1-t)^2-\{t^2+(1-2t)^2\}\right]dt$

$=\pi\int_0^{\frac{1}{3}}(t^2-2t+1-5t^2+4t-1)dt$

$=\pi\int_0^{\frac{1}{3}}(-4t^2+2t)dt$

$=\pi\left[-\frac{4}{3}t^3+t^2\right]_0^{\frac{1}{3}}=\left(-\frac{4}{81}+\frac{1}{9}\right)\pi$

$=\frac{5}{81}\pi$

(II) $\frac{1}{3} \leqq t \leqq \frac{1}{2}$のとき

$1-2t < \frac{1-t}{2}$ より、
右図のようになる。
これをx軸中心に回転させると体積は、

$\pi\int_{\frac{1}{3}}^{\frac{1}{2}}\left\{(1-t)^2-\frac{(1-t)^2}{2}\right\}dt$

$=\frac{\pi}{2}\int_{\frac{1}{3}}^{\frac{1}{2}}(1-t)^2dt$

(ii) $\frac{1}{2} \leqq t \leqq 1$のとき、

$\overrightarrow{AD}=(-\frac{1}{2}, 0, \frac{1}{2})$ より、AD上の点は、
$(1-\frac{k}{2}, 0, \frac{k}{2})$ と表される。$1-\frac{k}{2}=t$
$\Leftrightarrow \frac{k}{2}=1-t$ より、$(t, 0, 1-t)$
また、AB上の点は、$(t, 1-t, 0)$
となるので、右図。
これをx軸中心に回転させると、体積は、

$\pi\int_{\frac{1}{2}}^{1}\left\{(1-t)^2-\frac{(1-t)^2}{2}\right\}dt$

$=\frac{\pi}{2}\int_{\frac{1}{2}}^{1}(1-t)^2dt$

以上より、

$\frac{5}{81}\pi+\frac{\pi}{2}\int_{\frac{1}{3}}^{1}(1-t)^2dt$

$=\frac{5}{81}\pi+\frac{\pi}{2}\left[-\frac{1}{3}(1-t)^3\right]_{\frac{1}{3}}^{1}$

$=\frac{5}{81}\pi+\frac{\pi}{2}\times\frac{1}{3}\times\frac{8}{27}=\frac{\pi}{9}$

発想自体は易しい問題だったが、この問題で最後まで計算を合わせ切れたことは良かった。

藤澤 壮（ふじさわ そう）

臨床医になりたい★★★☆ 研究医になりたい★☆☆☆ 医者以外の道もあり★★★★☆

私立灘高校卒 現役
共通テスト 838点
前期 東大理Ⅲ ◯
後期 一橋大学経済学部（出願）
得意科目 数学・化学
不得意科目 古典
親の職業 父・会社員、母・専業主婦
兄弟 兄1人

家庭教師生徒募集のメッセージ
E-mail soufuji2015v1@gmail.com

陸上部は青春の1ページ

小学校の時は外で遊ぶのも好きな普通の少年だったと思います。中学受験の塾は小3で希学園、小4からは日能研に通いました。5歳上の兄が日能研から灘に行ったので、自然と自分も灘に行きたいと思うようになっていました。文化祭にも行ったら自由な雰囲気が気に入ったし、日本一の学校だと思っていたのでそこにも憧れました。

灘に入学すると、部活は陸上競技部に入りました。いい先輩後輩にも出会えたし、陸上部の友達とは今でも一番仲がいいです。僕は中距離で800メートルとか1500メートルを走っていました。陸上の練習は中学の時は週3、4回。高校になると減りましたけどそれでも頑張っていましたし、間違いなく灘での青春の1ページです。

鉄緑会には灘に入ると同時に入りました。兄は高1から入ったのですが、周りが先に進んでいて追いつくのがしんどかったとのことで、「中1から入ったほうがいいよ」とアドバイスしてくれたので。最初は英語だけを受けて、週1日の通塾なので、それほど大変ではなかったです。数学は中2から入りました。

中学時代はまだ自分のやりたいことが明確ではなかったので、友達とゲームをしたり、ダラダラ過ごしてることが多かったです。

とはいえ陸上は一生懸命頑張っていました。コロナで緊急事態宣言が出た時も、家で最低限の勉強はしていました。

中学の頃は東大には行きたかったけど、理Ⅲはまったく頭になくて、理Ⅰしか考えていませんでした。京大でなくて東大に行きたいと思ったのは、ひとり暮らしをしたかったのもあるし、校風も東大のほうが合っているような気がしていました。

鉄緑会の宿題で精一杯

高校に入ると鉄緑会がだいぶ忙しくなり始めました。授業は高1では週3日、高2では週5日になり、高3では週4日になるのですが、かなりの時間を鉄緑会で過ごすことになりました。特に忙しかったのは高2で、宿題を回すので精一杯という感じでした。

数学は鉄緑会の問題集しか解いていません。英語も『鉄壁』と鉄緑会の問題集以外はあまりやった覚えがないです。『鉄壁』は高1の始めから覚え始めて、電車の中ではずっと見ていました。

部活もやっていたし、高2では生徒会の幹部もやっていたので、かなり忙しかったです。体育委員の副体育委員長という役職で、体育祭の運営を頑張っていました。灘の体育祭は教師が一切関らず、すべて生徒たちで行うので、競技の設営、生徒の引率、審判、使う道具の注文などすべて体育委員の仕事になります。幹部は20人弱いるので、うまく割り振ってそれぞれの担当をこなしました。

部活を午後3時から午後5時くらいまでして、鉄緑会へ移動して、午後6時からの授業を受けていました。鉄緑会の宿題は鉄緑会がない日にしていました。鉄緑会のある日も家に帰って11時には寝るようにしていたので、1日7時間は睡眠を取っていました。

ダンスコンクールに出場

部活は高2の11月に引退しました。そしてその冬に理Ⅲを目指すことを決めました。かといってそれで勉強法を変えたということはなく、それまでの自分の勉強法をそのまま貫き通したという感じです。

高3の時は5月に文化祭があって、ステージでダンスのコンクールに出場したので、その練習をめちゃくちゃ頑張っていました。8人グループのリーダーもやっていたので、2か月ほぼ毎日、放課後に残って、ダンスの練習をしてから鉄緑会に行っていました。高2の2月頃には練習を始めていたので、3か月弱は練習漬けだったことになります。その結果、見事グループは優勝できたのですが、その3か月は鉄緑会がおろそかになったことは確かです。でも最後の文化祭だったので、完全燃焼できて悔いはなかったですし、最高の青春になりました。

スイッチを切り替える

文化祭が終わったらスイッチを切り替えて、理Ⅲという志望は理Ⅰより遥かに高い目標だから頑張ろう、と気合を入れ直しました。

まずは理科が全然出来上がっていなかったので、6月と7月は理科に大半の時間を割きました。物理は『名問の森』、化学は『化学の新演習』をひたすら解きました。基礎事項は鉄緑会で習っているので、それをアウトプットに変えることを目指しました。つまり次にそれを使った問題に出会ったときに知識を引き出せるように意識するということです。問題を解いて、それをひとつのパターンとして覚えて、解けなかった問題は、次どうしたらいいのか考えながら再度解いていました。

数学は一回解いたら、解答を見て、ほかの解法も頭に置きながら、もう一回自分の中で体系化して、解けなかった問題はどうして解けなかったのか考える。それでも分からない問題があれば、これはいらない問題だ、と切り捨てていました。

言語学オリンピックにチャレンジ

高2の冬には、言語学オリンピックにチャレンジしました。誰も知らないような言語の文章を見せられて、その文意を言語学的な考えをもとに類推するのです。対策は過去問を3年解いたくらいでした。もう少しやりたかったのですが、鉄緑会との両立が難しく、それが精一杯でした。

結果はオンラインの日本予選では銀メダルを取ったのですが、国際大会には進めませんでした。この経験を大学受験の英語にも活かせればよかったのですが、あまり関係ありませんでした。でもこの種のオリンピックにはどれか参加してみたかったので、楽しくやれてよかったです。

志望を理Ⅰから理Ⅲに変えたのはこの頃です。学力に余裕があったことに加えて、将来のことを考えると、医学部に入ってからほかの道に進みたくなっても進路を変えることは可能だけど、ほかの学部から医師の国家試験を受けることはできない。それなら、まず理Ⅲに入った方がいろんな可能性が広がると考えたのも理由のひとつでした。

全科目バランスよく

高3の夏休みは鉄緑会の夏期講習に行って、授業がない日は理科を重点的にやっていました。8月からは『難系』、化学は『新演習』が終わりかけて余裕ができたので、国語の古文単語と漢文句法も固め始めました。

それまで模試はずっとA判定だったのですが、夏の東大模試で初めてB判定を取ってしまい、「落ちる可能性も全然あるんだ、数学をもっと固めよう」と気が引き締まりました。

9月になると、数学と理科の2000年代の東大過去問を解き始めました。土日で過去問を解いて、平日で鉄緑会の宿題をやっていた感じです。

また、英語をずっと放置して力が落ちていたので、秋からはまた英語に取り組み始めました。過去問を解いたり、鉄緑会のテキストで英作文の復習を始めました。国語の過去問も始めて、全科目バランスよくやっていたと思います。

全体を見ながら解く

年末年始はひたすら共通テストの対策をしました。使ったのは河合と駿台のパックです。特に苦手だった地理と国語はかなり時間をかけてやりました。

838点という共通テストの点数は実力通りかなと思いました。もともと共テは得意ではなく、他に差をつけられない点数として835点を目標にしていたので、満足しました。

数学が本当に失敗したら落ちるかもと思っていましたが、落ちたら浪人しようと思っていたので、私立は受けませんでした。とはいえ失敗する可能性があると思っていた数学も、試験中の立ち回りをかなり研究したので、よほどのことがない限り大丈夫だろうとは思っていました。具体的には1問に時間をかけすぎず、全体を見ながら解くことを心がけるようになりました。

共通テストが終わった後は残っていた10年分の過去問を解いて、鉄緑会の講習にも行っていました。あまり考えすぎると不安になるので、余計なことは考えないようにして、ポジティブな気持ちを保っていました。

これからの生活に期待

二次試験本番では、国語は皆が取れているところをしっかり取ろうという方針で、あまり飛躍的なことを書かず直訳を心がけるようにしていました。現代語訳などでは、あまり意訳すると解釈次第では全然間違った答えになってしまうので、意味が通じなくても部分点狙いで直訳したほうがいい、という方針でした。

数学はここで点数をしっかり取れば合格できると思っていたので、多少緊張しました。試験が始まって6問を通してみた時に、自分の得意なパターンの問題が出ていたので「これはいける」と思いました。解き方は一通り見たときに大体わかったので、あとは計算間違いをしないように気をつけて解きました。

理科もかなり得意だったのですが、物理の一番最初の問題が僕の苦手なベルトコンベアだったので、そこで精神的にしんどくなりました。そして化学を見たら一番得意な構造決定がなくなっていたので衝撃を受けました。それでいつも通りのペースでは解けなかったのですが、拾えるところは拾って解きました。

英語はいつも通りの問題だと思ったので、焦らず落ち着いて解きました。僕は普通の難易度だと思ったのですが、終わって他の皆に聞いたら難しかったと言っていたので、ほっとしたのですが、英作文について話していたら、自転車を自動車と間違えていたことに気づきショックを受けました。

終わった時は絶対受かったと思ったのですが、時間が経つにつれて不安が増大してきて、本当に大丈夫だろうかという気持ちになってきました。

そのあとは友達との旅行が、それぞれ別の友達と2つ入っていて、九州と北海道に行きました。

合格できたのは、高2の時点で基礎を固めて継続的な努力を続けたことが勝因でした。あとは自分のミスは常に追求して、自分と向き合い続けたのがよかったと思います。これから理Ⅲを目指す人も、自分と向き合って残りの時間をどう活用するか追求してみてください。

大学に入って、これからの人生どうなっていくんだろうとワクワクしています。医学以外に経済学や心理学も勉強してみたいです。患者さんの人生に彩りを与えられるような外科医が目標です。

オススメの参考書・塾・勉強法

数学
問題を解くにあたり、パターンを別の問題にどう落とし込むかを意識していた。計算ミスをした場合、分からなかった場合はどうすれば解けたかを常に考えていた。
鉄緑会テキスト・問題集
量、質ともに完璧
数学はどの問題を何個解くかではなく、1問をどう解きどう今後に繋げるかの方がはるかに重要
・通っていた塾・予備校
鉄緑会

物理
ひたすら問題を解いていた。物理はパターンゲーなので、1つでも多く自分の知っている種類を増やそうとした。
『名問の森』(河合出版)
物理の全分野の基礎問題を解けるようにするために最適
『難問題の系統とその解き方』(ニュートンプレス)
物理の応用問題が大量に載っているので、演習量が確保できる。
・通っていた塾・予備校
鉄緑会

化学
同じくひたすら問題を解いていた。どうすれば計算ミスを減らせて、早く解けるかを常に考えていた。
鉄緑会テキスト・問題集、「化学の登竜門」
化学の基礎・応用をすべて学べる傑作
『化学の新演習』(三省堂)
全分野を一周し、問題を解いて解法のパターンを習得するには優れている。
・通っていた塾・予備校
鉄緑会

英語
鉄緑会のカリキュラム以外のことはしなかった。直前期は1B、3、4Aに絞って集中的に勉強し、本番もこの3つではそこそこ点は取れた。
『鉄緑会東大英単語熟語　鉄壁』(KADOKAWA)
英単語帳の最高傑作。読むだけで読解力、英作文の力も自然と身に付く。
鉄緑会確認シリーズ
英作文・和訳の基礎が身に付く
・通っていた塾・予備校
鉄緑会

国語
古文単語、漢文の単語・句法を徹底的に行った。簡単な問題で解き切ることを意識。
『読んで見て覚える重要古文単語315』(桐原書店)
古文の基礎となる古文単語が分かりやすくまとめられている
『文脈で学ぶ漢文句形とキーワード』(Z会)
漢文の句法と単語が丁寧にまとめられている
・通っていた塾・予備校
東進

アンケート

○理Ⅲ合格の自信は何%あった？
昨年4月95%、今年2月97%

○勤務医、開業医、研究医。どれになりたい？
開業医　自らが主導となって人を救いたいから

○尊敬する医師・研究者は誰？
ナイチンゲール　自らの身を削って人を多く救ったから

○医師以外でなりたい職業は？
起業家

○東大の好きなところは？
全員に個性があり、活き活きしている

○東大の変えたいところは？
女子が少なすぎる

○大学生活で、勉強以外にやりたいことは？
サークル・部活

○ストレス解消法は？
美味しい物を食べる。友達と遊ぶ

○あなたの長所と短所は？
長所：自分が決めた目標に向かって努力し続けられること
短所：時々ポンコツ

○好きな本は？
『容疑者Xの献身』

○好きな映画や音楽は？
「すずめの戸締まり」、ワタリドリ

○受験勉強中、負けそうになった誘惑は？
理Ⅰに変えると遊び放題という心の誘惑

○理Ⅲ受験で最も大切なのは？
自信、精神力、運

○人生で最も必要なものは？
常に挑戦し続ける心

文化祭ダンスコンクールで優勝し、フィナーレでダンスを披露した時に撮った最高の青春です。

合格者解答例この１題

科目 英語 第2問(A)

I don't think a car is one of the great inventions which human beings have created. To be sure, a car has enabled us to go to the place which you want to go to in a short time. However, it has a bad impact on the environment. I think it is a great invention only when it contributes to the protection of the environment, so I don't believe a car is a great invention.

(多少表現は違います) (おそらく部分点はかなりありました)

※自転車と自動車の見間違いにはご注意を!

益永 信敦（ますなが　のぶあつ）

臨床医になりたい★★★★★　研究医になりたい★☆☆☆　医者以外の道もあり★☆☆☆

私立灘高校卒　現役
共通テスト　854点
前期　東大理Ⅲ　○
得意科目　物理・化学
不得意科目　英語
親の職業　父・医師、母・専業主婦
兄弟　弟1人

家庭教師生徒募集のメッセージ
家庭教師のご依頼、ご質問等ございましたら、下記のメールアドレスまでご連絡よろしくお願いします。大学受験（国数英物化地理）は幅広く対応しておりますし、その他指導も状況次第では対応可能です。まずは一度、お気軽にご相談ください。

E-mail　masunobu0608@gmail.com

ポケモン図鑑を愛読していた少年時代

小さい頃は、動物図鑑、恐竜図鑑、それにポケモン図鑑をいつも読んでひたすら暗記していました。ポケモンはゲームはやらないのにポケモン図鑑だけ読んでいるような子供でした。

小1から公文に通っていましたが、小3からは公文はやめて馬渕教室に通って中学受験の勉強を始めました。関西では浜学園が一番大手なのですが、二番手か三番手くらいのポジションにあるのが馬渕教室です。馬渕で勉強しているうちに、灘は自由で楽しい学校だということを知って、自分も入りたいと思うようになりました。実際に灘の文化祭に行ってみると、生徒一人一人が自分のやりたいことを楽しんでいるという雰囲気がひしひし伝わってきて、ますます入りたいと思うようになりました。こういうわけで灘を目指すようになり、無事灘に入ることもできました。

陸上部の部長を最後までやり切る

灘に入学してからですが、中学の時は、数学の先生が熱心な方で、課題や小テストを出してくれたので、それだけはしっかりやっていましたが、その他はあまり勉強していませんでした。中だるみの時期で、英語は全然勉強していませんでした。塾も行っていなくて、定期試験の前だけ追い込みで勉強。部活はメインは陸上部で800メートルなどを走りつつ、週1回のペースでクイズ研究会にも参加していました。勉強よりも部活や、この頃にはゲーム機も買ってもらえたのでポケモンなどに熱中していました。

高校に入ると学校行事が忙しくなりました。文化祭、体育祭、それにクラス対抗の演劇コンクールもありました。

文化祭ではダンスを踊ったり、ステージ企画のプロデュースも担当しました。司会をしたり企画をしたりという仕事です。

体育祭は灘では応援団の演舞が盛んで、高1から高3まで3年間参加して、高3ではクラスの応援団長も務めました。

演劇コンクールでは高2の時は主演もしました。演じたのは、自分の殻を破れなくて悩んでいる男子高校生という設定です。同級生が書いたオリジナル脚本だったのですが、これがレベルが高くて、演じがいがありました。

高1の時東進衛星予備校に入学はしたのですが、あまり授業は取っていなくて、月に1回行くか行かないかという感じでした。また、学校の数学の先生が出した課題だけは引き続ききちんとやっていたのですが、英語は定期考査で平均点を割ったことがあり、これはまずいと思って勉強時間を増やしました。

陸上部では県大会にも出場し、高2になると陸上部の部長を務めることになりました。練習メニューを考えたり、コーチがいなかったのでタイムが伸びるようなトレーニングを考えたりしながらも、後輩の負担が増えすぎないように気を配りました。

部活は高2の秋で引退する人が多いのですが、僕は最後までやり切りたいと思って、高3の6月までやっていました。部活とか学校行事は今しか頑張れないことだと思っていたので、受験よりもそちらを頑張りたいという気持ちがありました。

部活を引退してから取り組んだ参考書

進路については、父が医者だったので、小さい頃から医療のことに触れる機会もあって、医師を志すようになっていました。高2の頃に、ほかの進路についてもいろいろ検討したのですが、やはり自分は医師を目指そうと改めて心に決めました。

医学部を目指すと決めた時に、仲がいい友人に理Ⅲを目指す人が多かったこともあり、また出身地の京都から一度出てみたいと思ったことなどから、東京大学に行きたいという気持ちと、医学部に行きたいという気持ちの両方を叶えようと、東大理Ⅲを目指すことになりました。

部活を引退すると、さまざまな参考書を解き始めました。『新数学演習』は発展的な演習を積みたいと思って解きました。その時点で物理は東進衛星予備校で授業を受けているだけで、全然演習を積んでいない状態だったので、ほどほどの難易度の問題が載っている『名問の森』に取り組んで、物理の考え方を身につけました。

化学も同様にまだ身についてなかったので、『化学の新演習』を夏休みに解いて、化学の仕組みや解法を頭に入れました。

英語はリスニングが身についてなかったので、『キムタツの東大英語リスニング』を聞いて、自分でも音読していました。

また、夏休みには東大の過去問4、5年分にも触れて、東大の問題の傾向を把握しつつ、物理や化学の穴を見つけて埋めていく作業をしました。

英語もまだ苦手だったので、夏休みは『英文読解の透視図』で構文を取る力を身につけたり、鉄緑会の英作文のテキストを友達から借りて、基礎表現を身につけたりしていました。

応援団長として完全燃焼

高3の9月には体育祭の応援団長を務め、8月末から9月末までの1か月はひたすら練習に打ち込みました。

学校行事に打ち込む経験ができるのが、灘に通っている魅力です。受験も迫ってはいましたが、応援団長をやらないと後悔すると思っていました。

下校時間の午後6時まで応援団の練習。家の近くの東進に行くともう8時半です。それから1時間ほど勉強してから家に帰る生活をしていました。

体育祭が終わると周りの友達も皆勉強モードに入っていました。僕も学校行事や部活などのやりたいことはもうやり切った達成感があり、自然と受験勉強に集中できました。

過去問は数学・英語は25年分やりました。物理・化学は昔の問題は若干簡単なので15年分。国語は得点差があまりつかないと思って重視していなかったので、15年分に留めました。

あとは東進で東大対策演習として、東大模試の過去問に触れられる講座があったので、それを受講していました。

年末年始は友達とビデオ通話を繋ぎっぱなしにして、一緒のタイミングで共通テストの問題を解いたりしていました。解いている途中は話さないのですが緊張感が保てるし、解き終わったらどうだった?とフィードバックできるのでお勧めです。

共通テストが終わり、その1週間後の東進の模試では全国3位という成績が取れました。それが自信になって、あとはやることをしっかりやれば合格するだろう、と思えるようになりました。

それでも本番一週間前とかになるとやっぱり不安になるもので、そういう時は東進のチューターさんや友達や先輩後輩と話して気を紛らわせていました。

緊張感のなか本番を迎えて

二次試験の前日は、ホテルで古典単語と漢文の単語のチェックをしていました。数学は本番との相性と運が大きいと思っていたので、前日は何も見ませんでした。

国語は解いている間はあまり手応えが感じられませんでした。試験が終わって答案を回収するときに、「拘泥」という漢字を間違えていたのに気づいて、若干凹みましたが、2、3点のことなので気にせず次に行こうと思いました。

地元の東進でお世話になったチューターの大学生の方がちょうど東京に来ていて、1日目のお昼休みに試験会場に来てくれました。しばらく話したら気持ちが落ち着いて次の数学に臨めました。

数学は、僕はいつも気持ちがブレないように、まずは1問きちんと完答して心を落ち着けてから他の問題に取り組むように心がけていました。今年は第1問が割と楽に解ける問題だったので、最初はテンポよくいけたのですが、50分で1、3、4、5問を解いて、残しておいた第2問と第6問に取りかかったところで手が止まってしまいました。焦って最後まで解ききれず、終わった時には良くない感触が残りました。

その後ネットを見てしまい、第1問の答えも微妙に間違えたのに気づいて動揺したので、先輩と電話で話して気持ちを落ち着けました。

理科は、これが失敗したら落ちる、という緊張感のなか取り組みました。今年の理科は去年までと傾向が変わっていて、頑張って点数をもぎ取ったという感じでした。でも終わった後友達と話したら、皆それなりに苦労したようなので、それなら大丈夫かな、と安堵しました。

英語は、すでに疲弊していてよく覚えていませんが、和訳、文整序、英作文、リスニング、要約、物語、文法というういつもの順番で解きました。よくも悪くもいつも通りの戦い方ができたのではないか、と思います。

終わった後に解答速報を見たら、ミニマムでも380点は取れているだろうと思ったので、合格最低点がよほど上がらなければ大丈夫かな、と思いました。

面接では、医師になるにあたっての信条を問う難しめの質問もありましたが、答えられなくてもいいと言ってくださったし、圧迫面接という感じではなく、自分の考えをきちんと答えられるかを見られている、という印象でした。

勝因は自分のペースを保てたこと

受験が終わったら、もう二度と理Ⅲ受験はしたくないと思いました。受ける前はそれなりに自信があったのですが、実際受けてみるとやっぱりこれは大変だなと。

もし理Ⅲに落ちたら、後期の医科歯科に進学するつもりでした。万一浪人しても、もう理Ⅲは受けないだろう、今年受けたのが最後の理Ⅲ受験だろうと思いました。どれだけ力をつけても、本番の運次第でボーダー争いに投げ込まれるのは怖いから一度でいいと思ってしまったのです。

合格発表の時は、北野天満宮まで歩いて行って、絵馬を書いて気を紛らわせていました。合格がわかった時は、喜びと安心感で飛び跳ねました。

僕が合格できたのは、前向きな気持ちを保って、他人との競争ではなく、自分のペースで挑戦し続けたのがよかったのだと思います。同時に、灘や東進の友達と励まし合うことで頑張れたのも事実ですし、灘の授業で受験勉強だけでなく学問的な素養も身につけてもらえたのも有り難かったです。

東大の教養課程は、取りたい授業をある程度自分で選べるのが魅力的です。

将来的には、自分の専門分野だけでなく、幅広い分野で広い知見を持って、患者さんの人生の一助になれる医師になりたいです。

オススメの参考書・塾・勉強法

数学
『新数学演習』（東京出版）
基礎固めを終えた後に重要となるのは、発展的な問題に当たり、解けなかった際に何が出来なかったのかのフィードバックを行う、までのサイクルを繰り返す事であると考えます。その際に有用な一冊です。
私は学校で先生の作ってくださったテキストである程度基礎が固まっていたので、この本や過去問、東大模試などで難問に当たり、丁寧に復習をすることで力を伸ばそうとしていました。
・通っていた塾・予備校
東進衛星予備校

物理
『名問の森』（河合出版）
難易度も程よく、物理をある程度引き上げるのに役に立つ一冊です。公式を用いた解法の暗記ではなく、自分で式を組み立てて現象を理解するような手法を塾で学んだ上で、この本で演習を積んだことが、物理の成績が伸びた一因であったように思います。
・通っていた塾・予備校
東進衛星予備校

化学
『化学の新演習』（三省堂）
さまざまなタイプの難問が詰まっており、発展的な力の養成に有用です。ある程度典型的な問題を解けるようになった後は、東大本試や模試の過去問を解き続け、処理速度と初見の状況への対応力を培うことで成績を伸ばしました。
・通っていた塾・予備校
東進衛星予備校

英語
『キムタツの東大英語リスニング』（アルク）
東大英語では要となるリスニング能力の養成には欠かせません。音源に触れる時間を増やす事、音読を行う事が重要です。この本をこなしてから、東大リスニングが2～3ミスで安定するようになりました。
・通っていた塾・予備校
東進衛星予備校

国語
『理解を深める核心古文単語351』（尚文出版）
古文では、言葉のニュアンスを正確に捉える事が重要です。この本は単なる暗記にとどまらず、その方面の理解を促進してくれます。
・通っていた塾・予備校
東進衛星予備校

アンケート

○理Ⅲ合格の自信は何%あった？
昨年4月20%、今年2月90%

○勤務医、開業医、研究医。どれになりたい？
勤務医
さまざまな人間と関わり一人でも多くの人の一助となりたいから

○尊敬する医師・研究者は誰？
身近な存在ではあるが父。患者に対し真摯に向き合おうとする気持ちが節々から感じられる

○医師以外でなりたい職業は？
高校教師

○東大の好きなところは？
至る所にすごい人が居る

○東大の変えたいところは？
食堂、学生会館など、至る所が狭い

○大学生活で、勉強以外にやりたいことは？
サークル、バイトなどで、さまざまなタイプの人間と関わる経験を積みたい

○ストレス解消法は？
ダンスをする、甘いものを爆食いする

○あなたの長所と短所は？
長所：やると決めた事への継続力
短所：飽きっぽい、人に対して甘すぎる

○好きな本は？
あまり本は読まないが、強いて言うならば『こころ』。じっくり読んだので丁寧な描写も心に残っている。

○好きな映画や音楽は？
K-Pop（SEVENTEEN、TWICE 等）、日向坂46、緑黄色社会、back number

○受験勉強中、負けそうになった誘惑は？
塾に行かずに家でただ無意に時間を浪費したかった。実際朝はダラダラと過ごす事が多かった。

○理Ⅲ受験で最も大切なのは？
理Ⅲに絶対合格すると思い続ける事、その一方で思い詰めないようある種の気楽さを持つ事

○人生で最も必要なものは？
周りの人間、出会った人間をどれだけ幸せにできるか。巡り巡って自分や近しい人の幸せにもつながると思う。

宮本 明日香（みやもと あすか）

臨床医になりたい★★★★★ 研究医になりたい☆☆☆☆☆ 医者以外の道もあり★★★★☆

私立桜蔭高校卒 現役
共通テスト 837点
前期 東大理Ⅲ ◯
後期 東京医科歯科大（出願）
併願 慶應大医 ◯
順天堂大医 ◯
東京医科大医 ◯
得意科目 物理・化学・数学
不得意科目 国語（特に現代文）

親の職業 父・医師、母・医師

医師と育児を両立した母

両親ともに医師で、特に母が医師の仕事と育児を両立して私を育ててくれたことについてはとても感謝しています。母は外来診療で忙しい日々のなかでも小学校の行事は全部来てくれました。

小4からSAPIXに入ったときは、下のほうのクラスだったのですが、だんだん上のクラスに上がっていきました。小5くらいから中学受験の勉強を一生懸命し始めたのですが、その頃から勉強を頑張って親みたいに医師になろうと思い始めた感じです。

桜蔭生は意外と普通？

桜蔭に入学しました。YouTubeの「学校あるある」を取り上げるチャンネルとかを見ると、「ザ・桜蔭。1日10時間勉強は当たり前」とか出てくるのですが、実際はそんなことはなくて、世間が思っているよりは普通の女子高生していると思います。とはいえ、それぞれいろんなことが得意な生徒がたくさんいて、すごく多様な感じがありますね。あと桜蔭の先生は、勉強についてはわりと生徒の好きなようにやらせてくれました。

部活は一応卓球部に入っていたのですが、週1回顔出せばいいよ、という感じでほぼ帰宅部に近かったです（笑）。

鉄緑会には中1の始めから入りました。鉄緑会というと、これも世の中の人はめちゃくちゃ勉強しているみたいなイメージを抱くようなのですが、実際はそこまでではないですよ。宿題も回しきれないほどではないと思います。

コロナで遅れを取る

中2の終わりから中3の初めにかけて、コロナで学校が休みになって鉄緑会も動画授業になりました。その時にやる気が出なくなって動画を見なかったために、その時期の範囲の勉強が抜け落ちてしまいました。いざ高校に入った時に、そのぶんを取り戻すのが大変だった記憶があります。

高1に入った時に三角関数が分かっていない状態から始めて、ついて行くのが大変だったんです。加法定理が何か分かってない状態から高校生を始めて、まずそこを覚えるのがひと苦労でした。

英語も鉄壁をあまりやらなかったので、この頃から苦手になってしまいました。

鉄緑会では、中学の間ではずっと下のクラスであるオープンクラスにいました。中1、2の時は、レギュラーに行ける成績ではあったのですが、オープンクラスだと土曜日の学校が終わった後で英数2科目受講できるのに、レギュラークラスになると、平日に1科目ずつ、2日鉄緑会に行かないといけなくなるのがいやで、あえてオープンクラスを選んでいたのです。ところが、中3になると、成績的にもオープンクラスに固定されてしまって、まずいと気づいて、中3の冬休みにいっぱい勉強したらレギュラークラスになれました。

それで高校からレギュラークラスになると、周りの勉強レベルが高すぎて、これはやばいとなってまた一生懸命勉強しました。

目標は無理めの設定がいい

数学は、高1の時はひたすら鉄緑会のテキストの例題をやっていました。そのうえで、テキストの「ポイント」という部分をひたすらやっていましたが、あまりこの頃の勉強の仕方はよくなかったと思います。

高2の時は、これからの大学受験とか人生のことを考えて漠然と不安になっていて、メンタル的に調子が出なくて、鉄緑会の毎回の復習テストの結果も悪かったです。

それでも高2の夏ぐらいに、本格的にこれから受験勉強を始めないと、という段階になったときは、医学部を受けるというのは決めていたのですが、理Ⅲはとても無理だと思っていました。実際に、学校で受けた模試でも理ⅢはE判定という結果でした。でも環境が変わると気分が変わる性格なので、高3になった途端に勉強がはかどって、成績が伸びて行きました。

鉄緑会では、高2の12月に、高3の1年間のクラスを決めるクリスマス模試があるのですが、その結果で高3の数学はA1というクラスに、たぶんいちばん下のほうの成績で入りました。英語も同様にギリギリでA1に入れたのですが、それで油断して勉強しなくなって英語の成績が下がってしまいました。

数学は「確認シリーズ」というテキストを使って、毎回の単元ごとに該当する項目を丸々覚えてなんとかついていきました。自分で自分に教えるイメージで、「こうだからこうだよ」って考えながら解くようにしたら、だんだん解けるようになっていきました。高3の時は、数学の成績が伸び悩んだ時もありましたが、その間も物化は伸びていたので、そんなにスランプにならずにすみました。

志望を理Ⅲ以外にしようとは思わなかったですね。志望校を下げたら、やる気も下がっちゃうかなと思って。ちょっと無理かなと思うところに設定しておくと、もっとやんなきゃ、となって、頑張れるかなと思ったんです。

“これが解けないわけがない”の気持ちで

高3の夏模試では河合と駿台が理ⅢB判定でしたが、秋の河合はA判定。駿台は下がってCでしたが、一個A出たからいけるでしょ、と気楽に考えました。それでテンションが上がったので、そのままの勢いで突っ走りました。

私は高3の秋ぐらいから急に成績が伸びて、特に数学の力がついたのは、本当に受験直前になってからだったと思います。物化はそれまでにやり過ぎてすでに完成しかけていたので、夏頃から数学を中心に勉強した結果が出てきたのだと思います。特に共通テストが終わってから急に問題が解けるようになりました。具体的には、数学の解法選択ができるようになりました。

たとえば、可変数関数の最大最小とかの問題があった時に、7つあるやり方を最悪一個一個確かめれば絶対に正解にたどりつけるという自信があったので、落ち着いて解くことができるんです。一見時間がかかりそうに思えますが、それくらいのやり方でやった方が、意外とすんなり解けるものです。覚えるべき解法は全部覚えているから、解けないわけない、くらいの気持ちで向かうと、どんどん解法が浮かんできて、点数がぐいぐい上がっていくのです。

共通テスト前にやばいと気づいたのは国語です。全然やってなかったので、1、2週間前から必死で古文単語を覚え始めて、共テにギリギリ間に合わせました。地理は『地理Bの点数が面白いほどとれる本』を夏頃から読んでいたのですが、直前になって必死で詰め込みました。

併願で慶應義塾大学の医学部、順天堂大学、東京医科大学をうけました。対策比は、共テ利用で出した大学もあったので、そのリサーチ結果などを元に対策量を考えて過去問の量を決めました。

東大の過去問は2月第2週くらいからやりはじめて、数学は5年分解き、国語は古漢を1年分見ました。でも英語はまずいと思ったので、直前で15年分くらい解きました。毎日1・5年分くらいのペースで解いて、リスニングも毎日30分は練習していました。物化は7年分ほどです。リスニングは選択肢が多いので、私はリスニングの時間の前に、選択肢を読みこんで内容を推察するようにしていました。

テンションとメンタルが大事

国語は思ったよりできたと思いました。いつも苦手な漢字が3個全部かけたのが本当に嬉しくて、これは調子が良いと思いました。ただ、現代文と古文は結構できたのですが、漢文の文章の意味がさっぱり分かりませんでした。

数学は結構できたのですが、問題自体が去年と比べると簡単になっていると感じました。問5→問4→問1→問2→問3と解いて、問6の（1）を解いた時点で、私は問題を解くスピードが速いので、1時間くらい余っていたんです。そこから問6の（2）に進むのと、いままで解いた問題を全部見直すのとどちらがいいかと考えた時に、（2）を最後まで解くのは無理だと思って分かるところまで書いて、見直しに回ったのがよかったのだと思います。

それでも受けてる時は5完だと思ったのですが、あとで答えを見たら3完2半くらいだったかもしれません。

1日目が終わって、数学が簡単で差がつかなかったのではと不安になったのですが、夜に友達と話したら、安心して次の日に気分を向けることができました。

理科はいつも化学から解いていたのですが、化学の問2、問3は得意分野が多かったので、解けると思って問1に戻りました。私の好きな構造決定というよりは糖類の問題が出ていたので気持ちがダウンして、問1を全部解かずに解けるところだけ埋めて、物理に移りました。

そうしたら物理が難しくて、これは下駄（加点）を加えても合格点に届かないのでは、と思ったくらいでした。

英語は思ったより文章が読めて、鉄緑会の演習をしていたときより読解はできたのではと思うのですが、リスニングが聞いていて意味はわかったのに選択肢が選べず、結局4問間違っていたのが痛かったです。

そんなこんなで、2日間終わって絶対落ちたと思いました。でも試験後周りの話を聞いていると、思ったほどみんな解けていたわけではないと気づき始めて、もしかしたら受かってるかも？と思い始めました。それでも6対4で落ちたと思ってましたね。

合格発表の時は、1時間前から近所の神社をはしごして「お願いします！」とお祈りしてから発表を見ました。私の番号を見つけた時は、私は泣かなかったのですが、父が号泣していました。

受験で大切なのはテンションとメンタルだと思います。私のように高3で成績を伸ばさなければ受からない、という学力の人は、なんとかなるでしょ、という思い込みが大事だと思うんです。

大学では鉄門バドミントン部に入ろうと思っています。婦人科の臨床医になって、手術もできるような医師になりたいと思っています。

オススメの参考書・塾・勉強法

数学
高3の『確認シリーズ』をひたすらやる。その後は演習。
・通っていた塾・予備校
鉄緑会

物理
・通っていた塾・予備校
鉄緑会

化学
・通っていた塾・予備校
鉄緑会

英語
毎日ふれるべきだった（反省）

国語
古文単語を覚える
・通っていた塾・予備校
鉄緑会

アンケート

○理Ⅲ合格の自信は何%あった？
昨年4月5%、今年2月87%

○勤務医、開業医、研究医。どれになりたい？
未定

○尊敬する医師・研究者は誰？
母（育児と医師の仕事を両立している姿に憧れていたから）

○医師以外でなりたい職業は？
未定

○東大の好きなところは？
広い

○東大の変えたいところは？
女子が入れる部活が少ない

○大学生活で、勉強以外にやりたいことは？
部活

○ストレス解消法は？
寝る。YouTube

○あなたの長所と短所は？
長所：明るい・細かいことは気にしない
短所：大雑把すぎる

○好きな本は？
医療ミステリー

○好きな映画や音楽は？
NewJeans、YOASOBI、XG

○受験勉強中、負けそうになった誘惑は？
スマホ（普通に負けました）

○理Ⅲ受験で最も大切なのは？
体力

○人生で最も必要なものは？
周囲の人と助け合って生きていく能力

安冨 朋記（やすとみ ともき）

臨床医になりたい★★☆☆☆ 研究医になりたい★★☆☆☆ 医者以外の道もあり★★★★★

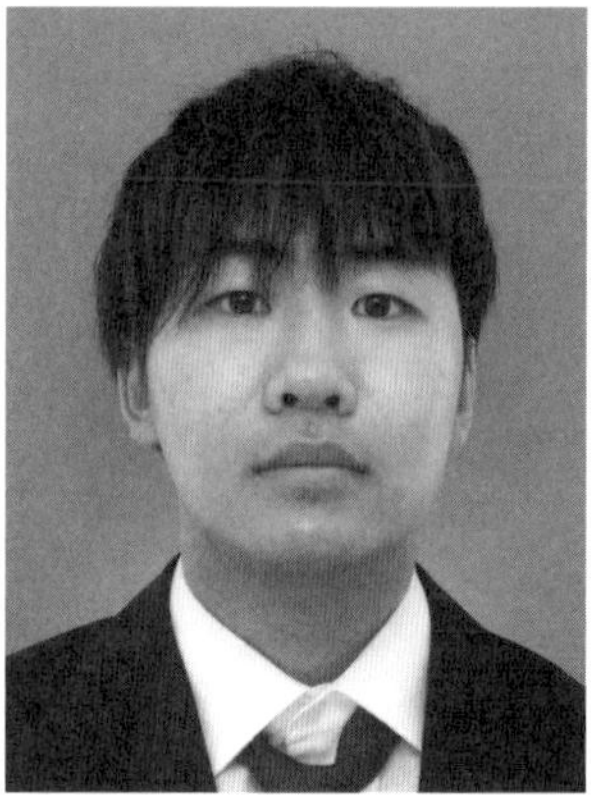

私立愛光高校卒 再受験
現役時
センター試験 697点
前期 東大理Ⅲ ×
合格時
共通テスト 808点
前期 東大理Ⅲ ◯
親の職業 父・歯科医 母・父の歯科の受付事務

兄弟 姉、弟
家庭教師生徒募集
E-mail tomokiyasutomi@icloud.com

どうしても理Ⅲに入りたい

2浪して山梨大学の医学部医学科に入学したのですが、休学と留年をしながら理Ⅲを受け続けました。山梨大には結局3年在籍していて、現役の時から換算すると5浪。それでもどうしても理Ⅲに入りたかったんです。

父親が歯医者なので、高3の秋くらいまでは、自分も歯医者になって、父親の後を継いだほうがいいのかな、とも思っていました。でも次第にそんなことより理Ⅲを受けたい！という思いが強くなったんです。

どうしてかというと、理由に理由が重なっていて説明するのが難しいのですが、東大志望の元カノや京大志望の元カノがいて、その子たちにフラれまくって、自分も理Ⅲを受けてやる！と思ったのも理由のひとつです。

浪人していた時にも、付き合った彼女がいて、その子にもフラれた悔しさが理Ⅲを目指すエネルギーになっていました（笑）。

「これでは理Ⅰも落ちる」

出身は香川県です。小学校の時に能開センターという塾に通い、中学受験をしたのですが、第一志望だったラ・サールには落ちてしまいました。愛媛県の愛光学園には合格したので、そこに入学することになりました。

愛光では寮に住んでそこから通っていました。部活は最初サッカー部に入っていたのですが、途中で嫌になって辞めて、高1の時に誘われてラグビー部に入りました。部活を一生懸命やっていると寮に帰ると疲れて寝てしまって、それであまり勉強できなかったというのはありました。

最初の方は成績は学年で230人中150位くらいでした。日中はお昼休みもご飯も食べずに勉強していたのですが、勉強の効率が悪くて全然学力がつかなかったのだと思います。当時「黒チャート」をよくやっていたのですが、これが自分には難しくて、それで成績も伸びていかなかったのかもしれません。

それでも最終的には40〜50位にはなれたのですが、進路指導では「この成績では理Ⅰも地方の医学部も落ちる」と言われました。けれどその言葉を気にせずに、現役の時も理Ⅲを受験しました。前期の理Ⅲ一本で、後期も私立も一切受けませんでした。

E判定でも理Ⅲを受ける

最初から玉砕覚悟だったので不合格になっても「そうか」という感じで、1浪目は宅浪することにしました。親に顔を合わせるのも申し訳ない気がして、昼夜逆転みたいな生活をしていました。食事は親が作り置きしてくれたものをつまんで、外に出るのも4か月に1回みたいな生活でした。

ずっと解いていた参考書は、数学は『理系数学の良問プラチカ』や『上級問題精講』、理科は物理の『難系』や化学の『新演習』。ほとんど数学と物理ばかりやっていました。

模試は受けていましたが、全部E判定でした。それでも理Ⅲ志望は変わらず、その年も理Ⅲしか受けませんでした。

山梨大医学部に合格

2浪目は「もう宅浪は無理だし、新しく共通テストも始まるから、予備校に行きな」と親に言われて、地元の高松高等予備校、通称タカヨビに通いました。

タカヨビで彼女ができて遊んでいたら全然成績が上がらなくて、予備校の担任の先生に「お前は今年は理Ⅲは無理だから、阪大の医学部を受けろ」と言われました。だけど反発してずっと阪大の赤本も見なくて、二次試験の前日になってやっと見たらわりと難しい。おののきながら受けたら普通に合格最低点から100点差くらいで落ちました。

そうしたらこれも予備校の担任に言われて後期で受けた山梨大医学部に合格。防衛医大も受かっていましたが、山梨大医学部に入学することにしました。

山梨大に入学したが……

山梨大に入学したときは、この学校で頑張ろうと思って通っていたのですが、「なんで理Ⅲに入れなかったんだろう」という思いが頭から消えることはありませんでした。予備校時代から付き合っていた彼女とは遠距離になっていたのですが、フラれてしまって、ショックで実家に帰ったんです。やっぱりどうしても理Ⅲに入りたいと言ったら親と大喧嘩になったのですが、最終的にはそれじゃああと1年だけやってみろということで、理Ⅲをまた受けることを認めてもらいました。

それで今度は高松高等予備校の寮に入って、そこから同予備校に通ったのですが、合格最低点から20点差くらいで理Ⅲに落ちてしまいました。後期に出願していた千葉大医学部も落ちて、「もう一回山梨大学に通え」と言われて、山梨に戻されました。

バイトしながら受験勉強

ところが夏になって「やっぱり理Ⅲに行きたいです」と親に言ったら、「さすがにもうダメだ。そんなことをいつまでも言っているなら仕送りを打ち切る」と言われて、お金を送ってもらえなくなりました。それでカフェのバイトをしたりしていたのですが、いよいよお金がなくなってきたので、他のバイトを探そうと思って予備校の甲斐ゼミナールに行きました。校長に事情を話したら「じゃあうちでバイトしながら頑張れ」と言われて、小中高生を教えながら、自分でも勉強していました。

でも思ったよりはかどらず、この年も理Ⅲ一本で受けたら落ちてしまいました。大学は休学届を出していなかったので留年になって、どうしようと思っていたら、その年に高知大の医学部に受かった高校時代の友達から、「高知でシェアハウスしよう」と言われました。それで甲斐ゼミナールの校長には謝って、高知に帰って友達と暮らし始めました。

高知で友達とシェアハウス

高知では、天王予備校というところに特待生として入れてもらって、英語や数学、国語の答案を添削してもらいながら、自習室を利用していました。予備校の先生にマンツーマンで英単語のチェックをしてもらったり、Twitter（現・X）で知り合った人に、スペースというTwitterの機能を使って数学を教えてもらったりもしていました。

友達との生活は過ごしやすかったですが、今年も落ちたらどうしようという精神的なプレッシャーはすごくて、吐きながら勉強していたくらいでした。今年落ちたらもう受験は最後にして、どこかで就職でもするかと思っていましたが、そうなったらこの数年間はなんだったんだ、という気持ちが頭から離れませんでした。

さすがに少し心身の健康を整えないと、と思って、12月からはジョギングを始めました。家では食費を削ろうと思ってずっとパスタを作って食べていたのですが、それも気分転換になりました。

友人の励ましを支えに

今年の共通テストは808点でした。受験するのは今年が最後と決めていたとはいえ、あまり最後だと意識するとまた苦しくなるので、それも考えないようにしていました。とにかく目の前の試験に集中しようと思いました。

でも今年の調子は絶不調でした。共テの1週間後に、東進の東大模試があったのですが、それがD判定だったのです。これは落ちると思ってメンタルが急降下してしまいました。でも一緒に住んでいた友達が「落ちるなんてこと絶対に考えるな。お前は絶対に受かる」と励ましてくれました。

「やることは全部やった」

東京には電車を使って前日に入りました。飛行機のほうが早いのですが、少しでもお金を節約したかったので。Twitter（現・X）のスペースを使って数学の最終確認をしたり、一緒に住んでいた友達に電話したりしていました。

いよいよ二次試験が始まりました。古文はたくさん勉強していたのですが、今年の古文は難しくて、作戦を変更して漢文と現代文に重点を入れて解くことにしました。問題を採点する採点官のことを意識して、その人に気に入ってもらえる答案を書くことを心がけました。

数学はパラパラと見た瞬間に、これは6問中5問は解かないといけないような気がしたのですが、意外とできなくて、おそらく2完3半だったと思います。計算ミスをたくさんしてしまいました。1日目が終わってまずいかなと思ったのですが、あまり考えないようにして、すぐホテルに戻って理科と英語の参考書をパラパラ見ました。

その夜は数学の試験のことや、この5年間のいろんなことが頭を巡って、夜中に一回起きてしまいました。翌朝もちょっと頭がボーッとしていましたね。

理科は見た感じかなり難しくて、自分は模試では理科で点数を取るタイプだったので、理科があまりできずに終わった瞬間に、落ちたかも、と思いました。英語は、例年より難しいと思ったのですが、模試の時よりできたと思ったし、あとは記号問題や英作文ができていたら嬉しいと思いながら、終わった時は、やることはやった、という達成感がありました。

面接では山梨大と東大は何が違うのか聞かれたので、東大のほうが研究や国の制度作りにより関われるので東大の力を借りて自分もそういった仕事をしたいと答えました。

今年も後期は受けずに、その後は高知に戻って猫の写真を撮ったり、のんびりして過ごしました。

遠回りしたことを糧にしたい

合格発表で自分の合格を知った時は、信じられない思いでした。やっと報われたという思いで、よく自分は頑張ったな、と嬉しいを超えた感情がやってきました。

東大に入って、何より楽しいのは、教養の授業の内容の幅広さです。長く連絡をとっていなかった親も、いまは僕が理Ⅲに入ったことを喜んでくれています。この5年間の経験が、将来医師をやる上でも何かの糧になってくれればいいな、と思います。将来的には地方の医療の問題点も自分の目で見て、厚生労働省の仕事もしてみたいと思っています。

オススメの参考書・塾・勉強法

数学
駿台、河合、代ゼミの東大模試の過去問
・通っていた塾・予備校
　高松高等予備校、甲斐大学予備校、天王予備校

物理
『難問題の系統とその解き方』（ニュートンプレス）
『物理　思考力問題精講』（旺文社）
　駿台、河合、代ゼミの東大模試の過去問
・通っていた塾・予備校
　高松高等予備校、甲斐大学予備校、天王予備校

化学
『化学の新演習』（三省堂）
　駿台、河合、代ゼミの東大模試の過去問
・通っていた塾・予備校
　高松高等予備校、甲斐大学予備校、天王予備校

英語
TED
『英文読解教室』（研究社）
『鉄緑会東大英単語熟語　鉄壁』（KADOKAWA）
『英作文ナビ』（日栄社）
・通っていた塾・予備校
　高松高等予備校、甲斐大学予備校、天王予備校

国語
学習管理ソフトVector（天王予備校）
・通っていた塾・予備校
　高松高等予備校、甲斐大学予備校、天王予備校

アンケート

○理Ⅲ合格の自信は何％あった？
昨年4月10％、今年2月50％

○勤務医、開業医、研究医。どれになりたい？
都会と地方の勤務医を経験した後、厚生労働省に入ろうと思ってます。日本の医療に潜む問題点を洗い出し、解決することで、日本の発展に貢献したいです。

○尊敬する医師・研究者は誰？
父親

○医師以外でなりたい職業は？
厚生労働省の職員

○東大の好きなところは？
なんにでもなれる。なんでもできる。No.1!!!

○東大の変えたいところは？
左翼うるさい

○大学生活で、勉強以外にやりたいことは？
コミュ力強化

○ストレス解消法は？
早朝のジョギング

○あなたの長所と短所は？
長所：行動力がある
短所：短絡的

○好きな本は？
『かいぞくポケット』『ブラック・ジャック』

○好きな映画や音楽は？
banvox、TREKKIE TRAX

○受験勉強中、負けそうになった誘惑は？
そんなものはない

○理Ⅲ受験で最も大切なのは？
精神力

○人生で最も必要なものは？
限界を自分で決めないこと

5月祭準備中

山口 凌（やまぐち りょう）

臨床医になりたい★★★★☆ 研究医になりたい★★★★☆ 医者以外の道もあり★☆☆☆

私立麻布高校卒 現役
共通テスト 775点
前期 東大理Ⅲ ◯
後期 千葉大医（出願）
併願 慶應医 ◯
得意科目 数学、化学
不得意科目 国語、英語
親の職業 父：会社員 母：会社員

家庭教師生徒募集のメッセージ
よろしくお願いします
家庭教師に興味がある場合は、以下のメールアドレスまで連絡をお願いします。
E-mail ryo.yamaguchi@gmail.com

祖父の死をきっかけに医学部を意識する

具体的に医学部への進学を決めたのは高校3年になってからです。父は会社員で、親戚のなかに医師はいませんが、祖父のがん闘病に直面して医師という仕事に畏敬の念を抱いたことがきっかけです。自宅から通学できて、かつ学費の負担を考えると国立が現実的で、そうすると医科歯科か東大理Ⅲです。当初は医科歯科を考えたのですが、高3の途中で成績が上がってきたため理Ⅲも視野に入るようになりました。

両親は僕に対して偏差値の高い大学に行かせたいという希望を持っていたわけではないようです。親に進路を決められたり、「勉強しなさい」と発破をかけられたりしたことはありませんが、僕の意思を尊重し、必要なサポートはしっかりしてくれ、絶妙なタイミングで背中を押してくれることに感謝しています。とはいえ僕が何も手をつけずに放っていると「いまやらなくていいの？」と訊かれたり、長時間ゲームをしていて注意されたりしたくらいは記憶にあります。

ギリギリまでエンジンがかからない性格

幼稚園の年中の頃兄が通っていた公文に入会し、ここでは算数と国語を小学2年まで続けました。ここで計算が速くなったのだと思います。その後、小学3年になった頃地元にあった日能研に入塾しました。記憶がおぼろげですが、「中学受験したい？」と母親から尋ねられた時、僕は「やりたい」と即答したそうです。

公文で計算力を培っていたので日能研でも算数が得意で、そのおかげか4年になると首都圏で4校ある地域選抜クラスの一つであるたまプラーザ校に呼んでいただきました。電車で通うには不便なため、母が車で送迎をしてくれました。入ってみると中学受験をあまり意識することはなく、他校の子と交流するのが楽しかったです。この当時からギリギリまでエンジンがかからない性格で（笑）。宿題の丸つけを塾まで送ってもらう車中でやっていたこともあります。

日能研はテストごとに成績上位者の名前が会報に掲載され、表紙には上位20位までが大きめに載ります。クラスには頻繁に表紙にも名前が載る子もいて、それが刺激になったのか、僕も何度か名前が載りました。

ここでできた友人は麻布でも一緒で、さらにその後の鉄緑会へも共に通うという出会いもあり、いい人間関係ができたと思います。

中学受験は1月に先生の勧めで兵庫県の「灘中をみなで受けよう」ということになり、先生がクラスの何名かを引率をしてくれる受験ツアーに参加し、合格しました。ここで自信がつき2月1日に麻布、2日に聖光を受け、3日に受けた筑駒のみ不合格で、麻布、聖光、渋谷幕張、西大和（東京受験）にも合格することができました。

友人と共に鉄緑会へ

麻布は中高一貫校でとにかく「自主独立」「自由闊達」という校風。服装も髪型も思うがままです。僕はバトミントン部に入部し、ゲームをしたり、髪も染めたりしていて。音楽は特定のアーティストが好きというより雑多にいろいろ聴いたりしました。小説は辻村深月さんの作品が好きで、人の心理がよく描かれているうえ、叙述トリックや、別の作品の登場人物が再登場する点などが面白くてたくさん読みました。中学3年で鉄緑会に入るまでは勉強はテスト前に軽くするくらいで、遊びや趣味や、スポーツ中心の生活を送ることができました。

中3の終わり頃になって、「そろそろ塾に入っておいたほうが安心かも」と考えていた時、親が背中を押してくれたのです。選択肢はいろいろあるわけですが、やはり東大合格率の高い鉄緑会かと思いました。入塾テストは麻布の同級生も受けて、落ちたという話も耳に入ってきていて「落ちたら恥ずかしい」という思いもあり迷ったのですが、日能研から一緒の友人と「二人で落ちるならいいよな」と言いながら受け、無事に二人とも入塾できました。

鉄緑会の上位クラスで波に乗る

東大を視野に入れ始めたのは高1頃です。ごく普通のサラリーマン家庭で、兄も私立大学に通っていたため学費がかかっていることはわかっていて、専業主婦だった母もこのころは学費のためか働き始めていたので、やはり自分は国立へ行きたいと。また、麻布は浪人をしても国立大学を目指す風潮があります。であれば東大も可能かも、と思い始めて。そして当時、あまり国語や社会など人文系に興味が湧かなかったため、理系を選択しました。

麻布は三者面談や入試指導はなく、本人と親が決めなくてはならないため、理Ⅲに合格できたのは鉄緑会の力が大きいと思います。

鉄緑会では、中3から高2までは数学と英語しか真剣に取り組まず、その2教科の中では数学が得意でした。

英語は最後まで足を引っ張られたように思うのですが、なんとかなったのは鉄緑会で出している英単語帳『鉄壁』をとにかくやりこんだこと。これでなんとか英文が読めないことはなくなったのかもしれません。あと高3の1年間は、演習で東大の過去問をやっていたので、そのリスニングの音声を毎日聴くことは習慣づけました。

高2の最後に、高3のクラス分け「Aクラス」と「Bクラス」が決まる模試があるのですが、そのクラス分けで上位のクラスに入ることができ、いい波に乗れました。高2までは下位8割程度のオープンクラスでしたが、そこも悪くはなく、数学は得意で上位のほうへ移ることもできたのですが、理Ⅲ生の先生がとても親身になってくれ、そのまま居続けた経緯はあります。その先生からは問題と解法をそのまま暗記するというより「本質を学ぶように」と教えられて。浅くではなく深く理解する勉強ができたと思います。

あと、医学部は面接がありますから、志望校ごとに対策をしてもらえました。東大での頻出の質問とされる「どんな医師になりたいか」や「なぜ東大なのか」といった目的を明確に述べる練習ができました。このリハーサルがあったため本番で緊張することはありませんでした。

共テで失敗するも気持ちを奮い立たせる

共通テストは難なくこなした、というわけではありません。共テはどれだけミスを抑えられるかというゲームのようなものとされていて、東大対策がそのまま通用するのは数学、理科、英語なので、国語と社会は本来、共テ用の勉強をしなければならなかったのですが、それらの対策を怠っていたため、かなりミスを連発してしまったのです。

　誰にも言わなかったのですが、1日目を終えたときはもう内心では、かなり動揺していました。同じ教室に同級生が何人もいたので、笑顔で話そうと努めていたのですが。後で聞いたのですが、「あの時は大丈夫か?と思った」と。見抜かれていましたね。一般的に1日目には「自己採点をしてはいけない」とされているのですが、気になって丸つけをしてしまった。でもそこで落ち込まず、「やれるだけやろう」と気持ちを奮い立たせました。そのあたりは勝負強いというか、気負いすぎることがない性格が幸いしたのかもしれません。2日目は得意科目でミスは少なかったですが、それでも775点でした。

　結局、理Ⅲに合格したなかではこの775点はかなり低いと思います。理Ⅰ志望の友人のほうがかなり取れていました。共通テストの得点が二次試験にあまり反映されないのが幸いでした。とはいえ後期は千葉大医学部に願書を出していました。これは29日に知らされるのですが足切りにあって、東大には響かなかったとはいえかなりのダメージでした(笑)。

直前でも9~10時間は寝ていた

　東大模試では秋には270から280点くらいでA判定が出ていましたが、この得点で喜ぶわけにはいきません。280から290点は欲しいところです。駿台と河合の模試の結果、判定がそれぞれDACAでしたから、微妙なところです。

　結局、直前対策として国語はほとんどやっていなくてそれで共通テストでも散々だったわけで、『緑パック』など演習を10セット。麻布で現代文の授業で東大過去問を5年分くらいやる機会があったくらい。国語ではそんなに差がつかないだろうと思い、あまり時間を割いていられないと考えました。ただ共テのミスがあったので、本試験に向けては、『東大古文問題集』を購入し、5年分やったり、裏にある解説資料も覚えたりしました。

ですが結局、国語で差がつくとしても10点くらいなので、やはり二次試験でも戦略としては数学や英語、理科に時間を割きました。

まず得意科目の化学で、これをより盤石にすることができたのは鉄緑会で上のクラスに入れたことが大きいと思います。校内模試では上位の人が多数在籍するクラスのなかで、化学は上位をキープできていました。理科は上位のクラスに入ると名物講師といわれる化学の寺田先生と、物理の久保先生に習うことができます。先生方の経験値で、いま何に取り組めばよいかということが明確ですし、できる人の考え方にも近づくことができます。

物理でいえば、フィーリングで問題を解いてしまうと、どこかで間違えた時に取り返すのが難しい。ですから理詰めで解法を導き出すことをきちんと教えてくれるので、これが身に付くと感覚で解いてしまうときの勘違いやミスが起こりにくく、難しい問題も簡単にとらえるようになってきます。

勉強時間に関していえば、麻布は3年になると選択授業の兼ね合いで1限から授業がない日もあります。自分は物理や化学は授業は取らずに、自宅では集中できないので自習室や図書館で勉強することが多くなっていました。鉄緑で講義が長引くと帰宅は夜10時、11時になる日も増えて、その後夕食を食べたらすぐ就寝というスタイルで、家ではほとんどやりません。幼少期からよく寝る子だったので直前も睡眠時間は9時間程度は取っていました。

運と勝負強さで合格

二次を終えて「やれることはやった」という思いもありましたが、合格発表は自信がなかったです。東大の発表は遅く、その前に他の国立大学の合格発表があったので、浪人が決まっていた友人もいて。「こいつらと一緒にがんばるか」といった覚悟もしていました。

そうはいっても発表が近づくにつれ落ち着かず、発表の瞬間は自室でひとりでスマホで見ました。合否を見る前に昨年より合格者最低点が約23点上がっていたのを見て、もう自己採点の結果から相当厳しいと思ったのですが「一応は合否を見てみよう」と。それで合格していたので「ミスかな?」と思ったくらいです。運がよかったのと勝負強さがあったと思います。

「合格した」と叫んだら、母が部屋に来て。外出先から電話をかけてきた父親も「よかった」と涙声でした。自分も涙くらいは出るかと思いましたが出ませんでした。それくらい驚きが大きく、他人事のようで、よくある喜び方はできなかったのです。物理で自己採点では半分くらいしかできていないという採点だったのですが、蓋を開けたら8割程度取れていたのです。

東京大学の前期教養課程では医学以外にも興味のあることを文理を問わず学べること、そして麻布で6年間同じ顔ぶれの男子だけで生きてきたので、大学では共学となり地方出身の人をはじめ多様な人と出会い関わっていくことが楽しみです。

オススメの参考書・塾・勉強法

英語

『鉄緑会東大英単語熟語　鉄壁』（KADOKAWA）

「鉄壁」の単語をすべて覚えれば単語で困ることは少なくなるし、鉄壁では関連する単語がまとめてあったり、イラストがあったりするなど、単語をすべて覚えるための工夫がなされています。

・通っていた塾・予備校

鉄緑会

アンケート

○理Ⅲ合格の自信は何％あった？
昨年4月30％、今年2月50％

○勤務医、開業医、研究医。どれになりたい？
勤務医、開業医。理由としては患者さんと直接向き合って治療できることに魅力を感じる

○尊敬する医師・研究者は誰？
いません

○医師以外でなりたい職業は？
研究者

○東大の好きなところは？
多様な学生と出会える

○東大の変えたいところは？
ウォーターサーバーを増やして欲しい

○大学生活で、勉強以外にやりたいことは？
バトミントン、恋愛

○ストレス解消法は？
よく寝ること

○あなたの長所と短所は？
長所：集中力がある
短所：飽きっぽい、物事に取り組むのに時間がかかる。

○好きな本は？
辻村深月さんの『スロウハイツの神様』

○好きな映画や音楽は？
最近では椎名林檎さんの『人生は夢だらけ』

○受験勉強中、負けそうになった誘惑は？
YouTubeを見たくなった

○理Ⅲ受験で最も大切なのは？
自己分析と目的をもった勉強

○人生で最も必要なものは？
挑戦し続ける気持ち

合格者解答例この1題

科目 数学 第1問

Pは xy平面上の点より、$P(x, y, 0)$ とおける。

(i) ⇔ $x \neq 0, y \neq 0$ … ①

(ii) ⇔ $\cos\angle AOP \leqq -\frac{1}{2}$ (∵(i))

⇔ $\dfrac{\overrightarrow{OA}\cdot\overrightarrow{OP}}{|\overrightarrow{OA}|\cdot|\overrightarrow{OP}|} \leqq -\dfrac{1}{2}$

⇔ $\dfrac{-y}{\sqrt{2(x^2+y^2)}} \leqq -\dfrac{1}{2}$

⇔ $\sqrt{2}y \geqq \sqrt{x^2+y^2}$

(∵ ① より $\sqrt{x^2+y^2} > 0$)

⇔ $2y^2 \geqq x^2+y^2$ かつ $\sqrt{2}y \geqq 0$

⇔ $(x-y)(x+y) \leqq 0$

かつ $y \geqq 0$ … ②

(iii) ⇔ $\cos\angle OAP \geqq \frac{\sqrt{3}}{2}$ (∵(i))

⇔ $\dfrac{\overrightarrow{AO}\cdot\overrightarrow{AP}}{|\overrightarrow{AO}||\overrightarrow{AP}|} \geqq \dfrac{\sqrt{3}}{2}$

⇔ $\dfrac{y+2}{\sqrt{2(x^2+(y+1)^2+1)}} \geqq \dfrac{\sqrt{3}}{2}$

⇔ $\sqrt{2}(y+2) \geqq \sqrt{3}\sqrt{x^2+(y+1)^2+1}$

(∵ ① より $\sqrt{x^2+(y+1)^2+1} > 0$)

⇔ $2(y+2)^2 \geqq 3(x^2+(y+1)^2+1)$

かつ $\sqrt{2}(y+2) \geqq 0$

⇔ $3x^2+y^2-2y-2 \leqq 0$

かつ $y \geqq -2$

⇔ $x^2+\dfrac{(y-1)^2}{3} \leqq 1$

かつ $y \geqq -2$ … ③

以上 ①, ②, ③ の共通部分を図示して、求める範囲は下図斜線部分。

(境界は白点のみ含まず)

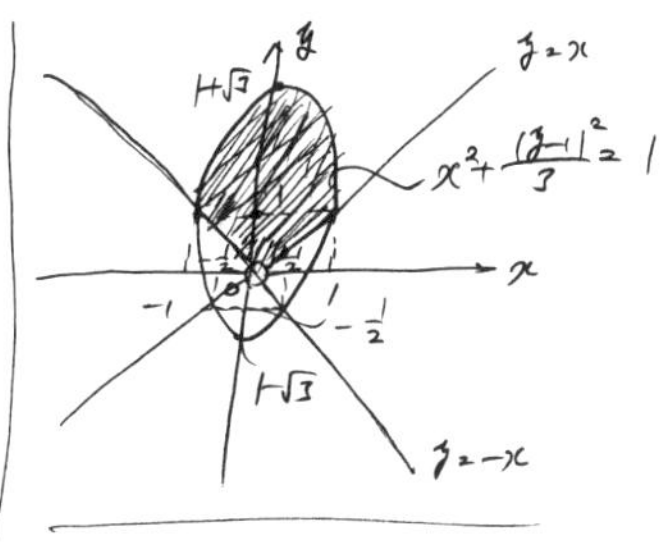

吉野 鼓（よしの つつみ）

臨床医になりたい★★★☆☆　研究医になりたい★★★☆☆　医者以外の道もあり★☆☆☆

私立福島成蹊高校卒　現役
共通テスト　846点
前期　東大理Ⅲ　○
後期　千葉大医（出願）
併願　慶應大医　○
順天堂大医　×
国際医療福祉大医　○
東北医科薬科大医　○
防衛医科大学校　○

得意科目　英語・数学
不得意科目　理科
親の職業　父・銀行員、母・公務員
兄弟　姉1人

中2で転校して生活が一変

幼稚園の頃、病弱で入院していたことがあり、その時に私を診察してくれた医師のようになりたいと思ったのが、医師を目指すようになったきっかけです。私がつらかった時に優しくしてくれて、感謝の気持ちで折り紙を作って贈ったら、診察する時に毎回それを服に付けてきてくれたんです。それが嬉しくて、一番印象に残っています。それからずっと、お医者さんになりたいという気持ちを持ち続けていました。

出身は福島県二本松市で、小学校は地元の公立。英会話と公文に通っていて、公文は中学生でやめた時に、数学は高校の内容に入るくらい、英語は高校の内容を終えるくらいまで進めていました。

小4からは能開センターに入り、そこで同じクラスの人が福島大学附属中学校を目指していたので、私もそこを目指すようになり、合格しました。ところが、中1の終わりに父の転勤で学区外になってしまい、試験を受けて中2から福島成蹊中学校に転入しました。家から通えるというのと、姉が中学からお世話になっていたからです。

別の学校になって、生活は大きく変わりました。中1の時はそれほど勉強していなかったのですが、福島成蹊では授業内容のレベルが上がりました。なんとか頑張って追いつくことができましたが、それは数学と英語を公文で先に進めていたからだと思います。

クラスメイトの影響で理Ⅲを目指すように

中学時代は茶道部で、私が入っていた一貫コースは高校に上がると、放課後は学校で自習したり補講を受けたりしていました。

一貫コースというのは中高一貫コースのことで、高校の範囲を早めに終わらせて大学受験を目指すというものです。1学年全体で300人ほどのうち、20人前後が一貫コースに入っています。国語、理科、社会の授業進度は他のコースとそれほど変わりませんが、英語と数学は速くて、英語は中3、数学は高1までに高校の範囲は全部終わらせ、大学入試の過去問も教材として使っていました。

中2で福島成蹊に転校する前までは、医学部ならどの大学でもいいと思っていたので、最初は地元の福島県立医科大学を考えていました。ところが福島成蹊に入ると、クラスには東大や京大を目指す人たちがいて、その影響で理Ⅲも考えるようになりました。

あとは、中2の時にクラスで東京に大学見学に行った際、東大のキャンパスにいる学生がかっこよく見えたというのもありますね。でも、他の大学の医学部と比べたらレベルが高いのは分かっていたので、行ける自信はあまりなかったです。

高校に上がってからは、学校で東大受験科という東大と京大を目指す生徒のクラスができて、そのメンバーで補講を受けたり、過去問の進捗を確認したり、先生からのアドバイスを受けたりして、東大受験に向けた勉強をしていました。東大を目指す人が他にいたので、勉強とか模試でつらいなって思った時も、クラスメイトに相談できたり、つらさを共有できたりしていたので、それが心の支えになっていたと思います。

理科はもっと早めに始めておけばよかった

中学から高2までは学校が6時に終わるので、家に帰ってから勉強するのは2時間くらい。学校で自習するほうが集中していたと思います。授業そのものも演習をすることが多かったです。

自習では、数学は東大の過去問を使った演習を主にやっていました。東大の過去問をやり始めたのは高1の後半くらいからです。あとは授業で分からなかった部分があったらその復習、課題が出ていたらそれをやっていました。

過去問では、東大の数学は時間配分が厳しいので、150分かけて1セットやって、手がつかない問題があったらそれをもう1回やって、それでも分からなかったら答えを見てという感じ。解けた問題も、他の解法があったらそれも確認していました。

英語は幼い頃から英会話教室に通っていて得意だったので、数学ほど勉強に時間を取っていません。英会話では文法がちゃんと分かっていなくても、実際に話す時にこの形は使うから使えるなみたいに感覚的に分かる部分がありますが、受験英語ではその感覚だけではどうにもならない部分もある。なので感覚で分かっていても文法的に理解しようとしていました。長文読解は、大学の入試問題をまとめたものを授業前に予習して、授業の中で解説を聞くという形でやっていました。

理科をやり始めたのは高3の夏以降。高2の2月に受けた東大入試同日体験受験は204点で、理科がまだ手つかずだったので、物理なんて3点でした。このままで理科は大丈夫かなと少し心配だったのですが、結局、本番までには間に合いませんでした。今から思えば、もっと早く始めたほうがよかったかなと思います。

ただ、英語と数学をちゃんと固めてから理科に行ったほうがいいと先生方に言われていて、学校の授業でもそのペースで進んでいました。実際、それで英語と数学を固められて得点源になったので、結果的にはよかったのかもしれません。

夏休みも毎日学校で自習

高3になると勉強時間が増えました。学校での自習時間も増えて、帰る時間もそれまでの6時から7時半になりました。学校での自習の間は、分からないところがあったら先生に質問したり、苦手な分野は補講をお願いしたりできます。

高3の夏休みも日曜日とお盆を除いて毎日学校があり、朝8時に行って、授業を受けたり自習で演習をしたりして、平日は7時半、土曜日は5時に帰っていました。高校の3年間はずっと毎日そんな感じです。また、夏休みには学習合宿があって、中高の一貫コースに通う生徒が一緒に4泊5日の泊り込みで勉強していました。

高3夏の東大模試は、オープンはB判定、実戦はA判定。数学は60点前後でしたが、英語が一番安定していて、90点から100点くらいは毎回取れていたので、それが大きかったと思います。ただ、いつもいい判定を取っていたわけでもなくて、東進の模試などではD判定の時もありました。

模試や学校のテストでの点数が悪かった時などは、理Ⅲを諦めて東北大の医学部など、他の大学を考えたこともありました。どこの大学に行っても医学部は大きく変わらないので。でも、志望校をこのまま下げたら、絶対にどこかで後悔すると思い直し、志望校を下げることなく理Ⅲを目指して頑張りました。

夏休みから理科はペースが上がってきて、授業の量が全体的に増えて、秋のうちになんとか全範囲を終わらせました。その頃にはもう数学と英語はある程度固まっていたので、自習ではほとんど理科ばかりやっていて、過去問も速いペースで進めるようになりました。

化学は『化学の新演習』を使ったりしましたが、物理は基本的に過去問だけですね。まだだいぶ残っていて、分野ごとの進み具合で手をつけていなかった問題とかもありました。物理は東大入試で必ず出る力学と電磁気の演習を最初にやり、原子は最後の秋で一気にやりました。

理Ⅲに決めたのは最後の最後

秋に受けた東大模試もB判定。東大入試同日体験受験の時と比べれば物理も化学も20〜30点ずつ上がってはいたのですが、やっぱり不安になって、東北大学医学部に下げようかなって思ったこともありました。おそらくA判定を取っても、これで理Ⅲに絶対に受かるという気持ちにはならなかったと思います。

点が上がったといっても、この時はたまたまで、他の模試では物理で大問一つ丸々解けないこともあって理科の触れ幅が大きかったので、ちょっと不安が残りました。

実際、最終的に理Ⅲを受けるかどうかなかなか決められなくて、共通テストの後も少し悩んだほど。結局、下げたらどこかで後悔するだろうし、わずかでもチャンスがあるのならやってみるかという感じで、二次試験の出願をする時になってようやく決めました。

共通テスト後の直前期も毎日普通に学校。一応、この時間にこの科目をやるみたいになっていましたが、演習が中心でした。

試験本番は前日に母と一緒に東京へ。着いたら試験会場の下見ですね。夜は特に勉強することもなく、ケアレスミスを防ぐために化学の先生がまとめてくれたプリントを見ていました。ギリギリまで勉強するよりも、ちゃんと寝るほうが大事だと思い、早めに寝ました。

これで落ちていたら普通に実力不足

1日目の国語は、現代文がいつもより早く終わって、古文・漢文に時間が取れました。終わった時は、いつもよりちょっとできて40点ちょっとかなという感じ。数学は計算ミスをしていなければ100点くらいいくかなという感じでしたが、例年より簡単で、逆に不安になりました。今年の数学は、解き方はすぐに思いつくけど、計算が重かったかも。

2日目の理科は、1問目の力学に一番時間をかけたものの、後から見たらけっこう間違っていて、2問目の電磁気は答えを忘れて確認できず、3問目は半分くらい。力学と電磁気で点を取ろうと思っていたのに、あまり取れませんでした。化学はだいたいいつもどおりでした。

最後の英語を受ける前は、数学でいつもより点が取れているから、英語もいつもどおりできたらいけるかも思ったのですが、それで逆に緊張しちゃいました（笑）。全部を終えた時は、全部出し切れたなという感じで、これで落ちていたら普通に実力不足だからと、悔いはありませんでした。

合格発表の日は、朝からずっとドキドキ。自分の番号を見つけた時は、本当にすごく嬉しかったです。今までの努力というか、福島成蹊に入ってから勉強で大変なことがたくさんあったので、それが報われた感じがしました。

大学では、何かのサークルに入りたいと思っています。医学面では、臨床か研究か、何科にするかなど、まだ決めていません。勉強をしていく中で、どういう方向に進むか考えていきます。

最後に、母は毎日早く起きてお弁当を作って、学校までの送り迎えもやってくれたし、父も東北大か東大かで悩んでいる時に相談に乗ってくれました。両親に支えてもらって感謝しています。

オススメの参考書・塾・勉強法

数学

参考書は特に使っていない。学校の先生からもらったプリント、テキストと、東大の過去問だけを使った。高2までは数学はかなり時間をとって勉強していた。

物理

参考書は特に使っていない。主に東大の過去問を演習として使った。高3の夏以降に理科は本格的にやり始めたので、時間が足りず、東大の過去問もやりきれていない。でも、高3の時点で英・数は固まっていたので、直前期は理科の勉強に専念できた。

化学

『化学の新演習』（三省堂）

物理より時間をとったと思うが、基本的には物理と同じ状況。

英語

数学と同じ。ただ、英語は数学と違って、幼い頃から英会話教室に通っていたこともあり、得意だったので、数学ほど時間をとって勉強していない。

国語

参考書は特に使っていない。東大の国語の対策より共テの国語の対策に時間を使った。

アンケート

○理Ⅲ合格の自信は何%あった？

昨年4月10%、今年2月50%

○勤務医、開業医、研究医。どれになりたい？

まだ決めていない。

○尊敬する医師・研究者は誰？

特にいない。

○医師以外でなりたい職業は？

医師以外の職業について考えたことはない。

○東大の好きなところは？

日本で一番の大学だという点。

○東大の変えたいところは？

まだ東大に通っていないので、分からない。

○大学生活で、勉強以外にやりたいことは？

高校では部活動がなかったので、サークル活動をやりたい。

○ストレス解消法は？

睡眠をとる。

○あなたの長所と短所は？

長所：目標に向けて努力できる。短所：人とコミュニケーションをとるのが苦手。

○好きな本は？

あまり本は読まないので、特にない。

○好きな映画や音楽は？

「絶滅危惧」（天開司）

○受験勉強中、負けそうになった誘惑は？

ゲーム

○理Ⅲ受験で最も大切なのは？

忍耐力

○人生で最も必要なものは？

まだ分からない。

吉野 鼓

合格者解答例この1題

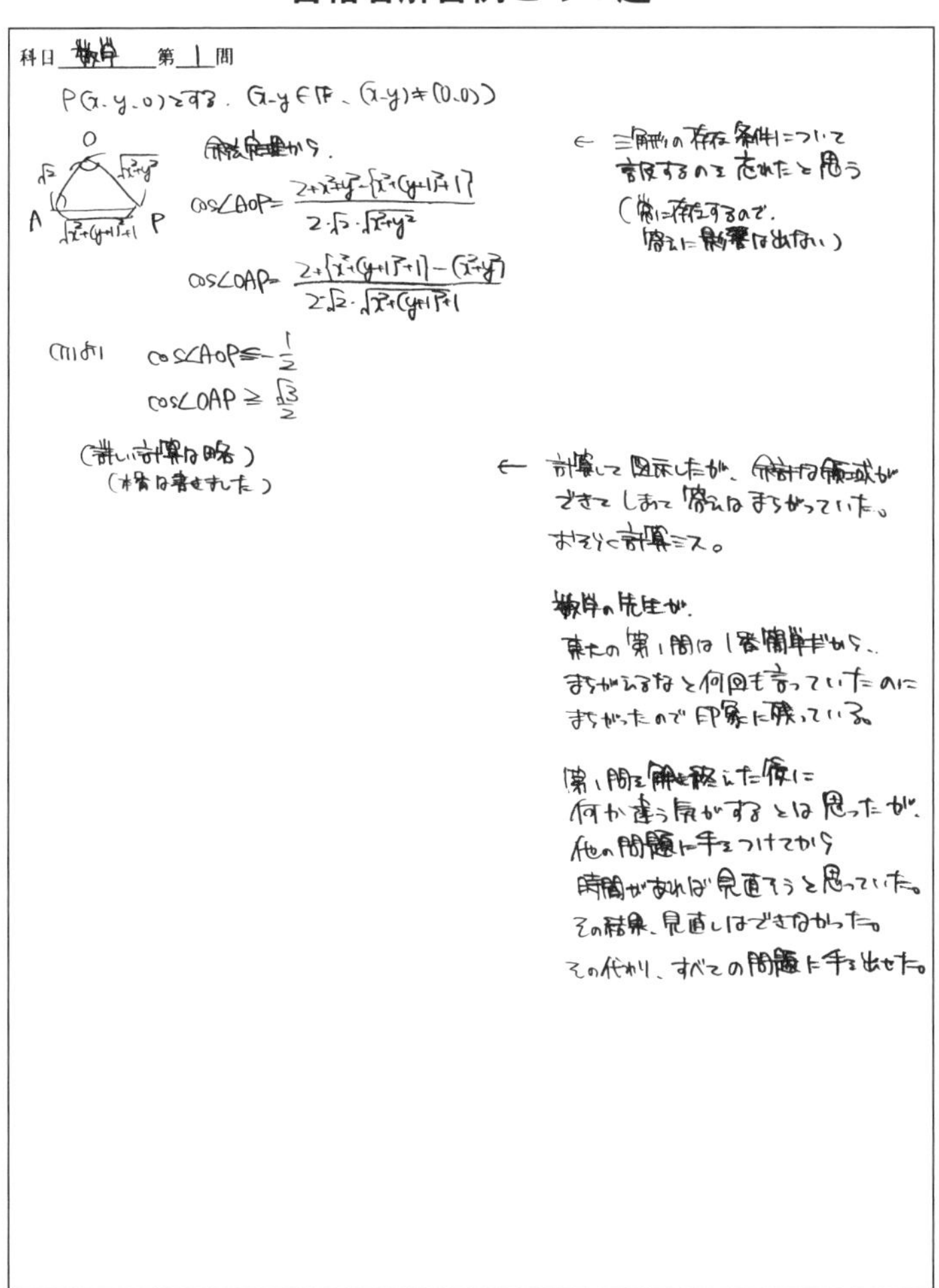

科目 数学 第 1 問

P(x, y, 0) とする．($x, y \in \mathbb{R}$，$(x, y) \neq (0, 0)$)

余弦定理から．

$$\cos\angle AOP = \frac{2 + x^2 + y^2 - \{x^2+(y+1)^2+1\}}{2\cdot\sqrt{2}\cdot\sqrt{x^2+y^2}}$$

$$\cos\angle OAP = \frac{2 + \{x^2+(y+1)^2+1\} - (x^2+y^2)}{2\sqrt{2}\cdot\sqrt{x^2+(y+1)^2+1}}$$

(1)より $\cos\angle AOP \leqq -\frac{1}{2}$

$\cos\angle OAP \geqq \frac{\sqrt{3}}{2}$

(詳しい計算は略)

(本番は書きました)

← 三角形の存在条件について言及するのを忘れたと思う

(常に存在するので，答えに影響はでない)

← 計算して図示したが，余計な領域ができてしまって答えはまちがっていた。おそらく計算ミス。

数学の先生が，東大の第1問は1番簡単だから，まちがえるなと何回も言っていたのにまちがったので印象に残っている。

第1問を解き終えた後に何か違う気がするとは思ったが，他の問題に手をつけてから時間があれば見直そうと思っていた。その結果，見直しはできなかった。その代わり，すべての問題に手を出せた。

渡邉 空一翔（わたなべ あいと）

臨床医になりたい★★★★☆ 研究医になりたい★★★★☆ 医者以外の道もあり☆☆☆☆☆

私立東海高校卒 再受験

現役時
共通テスト 762点
前期 東大理Ⅲ ×
後期 名古屋大医 ×

一浪時
前期 東大理Ⅲ ×
後期 山梨大医 ○

合格時
共通テスト 851点
前期 東大理Ⅲ ○

得意科目 数学・化学
兄弟 姉1人

家庭教師生徒募集のメッセージ
基礎からでも応用のみでも教えることができます。相談だけでも良いので、気軽にメールしてください。

E-mail waka19tham06@gmail.com

東大の数学が一番解きにくかったから

現役、1浪と理Ⅲに落ち、1浪の後期で合格した山梨大医に入学。大学に通いながら仮面浪人で理Ⅲへの挑戦を続け、医学部2年目の今年、合格しました。つまり3浪したことになります。

僕は口唇口蓋裂という病気を持って生まれ、ずっと通院していたので、幼稚園の頃から「医者になりたい」と言っていたそうです。医者が身近な存在で、憧れの思いがあったのだと思います。

理Ⅲを目指そうと思ったのは高2の終わり。自分の成績と得意な分野を考え、いくつかの大学の入試問題の数学を解いたら東大の問題が一番解きにくかったので、理Ⅲにチャレンジしようと思いました。端から見たら変な理由だと思います。

中学では数々の数学の大会に参加

幼稚園の頃から頭の中で計算をするのが好きで、足し算を頭の中でずっと反芻して計算していた記憶があります。筆算を習った後には、お風呂の中でも筆算を頭の中で組み立てて計算していました。小1の頃に掛け算を習った時などは、同じ数字を何回も足すことを掛けるって言うんだ、そういうやり方もあるんだと感動した覚えもあります。

小3から日能研に入り、中学受験を考え始めたのは小5の頃。地元の東海にはほぼ受かるだろうという状態だったので、灘と洛南、開成に合格するレベルになるために勉強していました。結局、灘と開成は数点差で落ちて、併願の洛南は合格したのですが、医学部に進むのなら東海という意識があり、東海に入学しました。

東海での部活は数学研究部に。そこでは数々の数学の大会に参加し、個人戦の数学オリンピックにも出ましたが、僕が主に出ていたのは学校単位の団体戦です。ジュニア数学コンクールでは中2、中3で優勝し、ジュニア広中杯では決勝まで進みました。中3の時に優勝したジュニア数学コンクールでは、大会側からシンガポールの国際大会に出場する打診があり、高1の時にチームを組み替えて参加。そこでは3番目の賞をもらいました。

中3夏に挫折を経験

僕は中学・高校と塾には行かず、中1から学校で真面目に勉強していました。ところが、中3夏のテストで自分としては悪い点数を取ってしまい、そこから自分の中でガラガラと崩れるものがあり、勉強にやる気をなくしてしまって。それからは数学しかやらなくなっていました。ちょうどその頃、友達からの熱烈な勧誘で乃木坂46にハマってしまったというのもあります。

それからまた勉強に力を入れるようになったのは高2初めから。高1の12月初めに乃木坂46の推しが卒業して熱が冷めたのを機に勉強を始めようと思ったのですが、翌3月に他のSSH校（スーパーサイエンスハイスクール指定校）が主催する大会で、最終ステージになっていたアメリカでの数学発表会に出るための考察で忙しくなったため、高2になってからとなりました。

学校では、中3夏に挫折してからは高2からの英語の授業以外はまったく聞かず、授業中は自分の勉強をしていました。そうしていくうちに成績が上がっていく手応えがあり、それなら塾に行かずに自分で勉強したほうがいいと思いました。

高2終わりから高3始めまでコロナ禍で学校が休校になり、学校が再開して東進の東大模試が始まると、模試で見つかった理系科目の苦手分野を埋める勉強。特に数学は、模試から帰る途中、解けなかった問題を克服するための参考書を書店で探して、家でやったりしました。この時は買った1冊の参考書を3～5日で終わらせていました。

数学は第1問が解けるかどうかが重要

それからの勉強計画は、次の模試に向けてそれまでに苦手な分野を克服しておくという、模試単位のスケジュールで考えていました。とはいえまだ勉強の進行が追いついておらず、現役時代の夏と秋の東大模試はすべてD判定。それでも、まだ終わっていなかった有機を頑張れば化学は大丈夫だといったポジティブな要素を見つけて、自分は合格するものだと思っていました。

全科目の過去問を始めたのは12月から。数学と理科は15年ほど、英語と国語は10年ほど。英語と国語は学校の先生に採点してもらい、英語と国語は低くても理科と数学が高く、合計で合格点を超えていて、これなら大丈夫という感覚でいました。

数学は点数を多く取るために全問解く気でいて、第1問から解くので、第1問が重要で、解けないと焦ってしまうのです。現役の時の本番では第1問が解けず、数学が完全に崩れ落ちてしまいました。その影響か英語のリスニングが全然聞き取れず、数学と英語がやばい点数になっていました。結果、理Ⅰや理Ⅱの合格最低点は超えていましたが、理Ⅲからは遠く離れていました。

合格発表を見た時は、やっぱり理Ⅲって難しいんだなと、ショックはありませんでした。後期で出願した名古屋大医は、共通テストの点数でほぼ決まると言われていて、僕は762点だったので落ちてしまい、1浪が決定しました。

1浪では合格まであと数点で不合格

1浪中は名古屋にある河合塾の東大理類コースに通いました。全科目で予習をして、理科と数学は予習で問題を解いて分からなかった時だけ授業を聞いて、解けた時は自分の勉強をしていました。

一方で英語と国語は授業をしっかり受けていました。特に英語で大きかったのが英文和訳で、以前は思い切って意訳をかけず、直訳で書いていましたが、自分がこれだと思った意訳を書いていったほうがいいとか、過去問演習ではセットで解くのではなく、各分野の問題を1日にまとめてやったほうが点数が伸びるといった、解答の書き方から勉強のやり方まで学ぶことができました。東大模試も点数は現役の時より上がり、判定もBがずっと出ていました。これならいけるはずという自信を持って1年間勉強していきました。

この年の共通テストは現役の時より30点ほど上がったものの780点ほど。これでは後期の医科歯科大は無理で、千葉大医も厳しく、山梨大医か県立奈良医大のうち、山梨大医を選びました。

二次試験では、数学がその年は難しかったといわれる中で86点と、自分としてはいい点数でした。ところが、2日目の理科の試験開始時刻が電車の遅延が理由で遅くなり、それで自分の中で何かが狂ってしまいました。物理の回路図で矢印を逆に書いてしまって解答が大きく崩れ、理科全体も総崩れになったのです。また、解答用紙の裏に受験番号を書いたかどうかで心配になり、それを英語の試験まで引きずって、リスニングがまた聞こえなくなってしまいました。

結局、現役の時と点数はそれほど変わらなかったものの、合格最低点が前年より下がったことで、合格まであと数点で不合格。後期の山梨大医には合格し、どこに行っても医者になれるのは同じだと考え、山梨大医に入学することにしました。

メンタル面でズタボロな状態に

しかし時間がたつにつれて、合格まであと数点だったのに、ここでやめるのはもったいないという思いが強くなってきました。そして4月に入学した時には、もしダメだった時のための備えとして大学の勉強はしっかりやりながら、仮面浪人をすることに決めていました。

大学では授業に全部出て、それプラス受験勉強。授業の前に予習をしっかりやり、朝に上がってくるその日の講義資料をバーっと見て、この講義は聞かなくても大丈夫と思った授業の時は聞かずに受験勉強して、夜は家で受験勉強していました。

ただ、一人暮らしが初めてで家事に時間がかかり、仮面浪人していることを大学の周りに打ち明けていないし、部活もやっていないしで、他の人と話さない状態になっていました。それに加えて、あの問題であぁしていれば合格していたのにといった後悔が出てきて、メンタル面ではズタボロな状態で勉強していました。そのため前期はほとんど勉強ができず、『大学への数学』の学力コンテストと宿題のみ続けていました。

それでも、夏の東大模試で初めてA判定が出て、このままいけば絶対に大丈夫という自信が。秋からはもっと勉強して、もっと点数を上げて頑張っていこうという気持ちになりました。

理由がよく分からない自信が湧いてきた

ところが3回目の二次試験の1か月前、実家で飼っていた犬が亡くなってしまって。夜、家族から電話で調子が悪そうなんだけどどう思う？と聞かれ、病院に連れていくのは明日の朝でいいんじゃないかと答えたのですが、翌朝連れていったら間に合わなかったのです。夜、病院に連れていったら助かっていたのではないかと今でも思います。

その後悔で1月から勉強が手につかなくなってしまいました。試験には影響しないように気持ちを整えて受けたのですが、数学は現役の時と同じように1問目が解けなくて、その焦りから2問目もワケが分からなくなり、結果、数学は4問がミスによる失点という形になってしまいました。

ただ、試験が終わった後は「今年もダメだった」など思わず、なぜか「これなら来年は絶対に受かる」という、理由がよく分からない自信が湧いてきたのです。結果は1浪の時よりも悪い20数点差での不合格でしたが、自分の気持ちに区切りをつけるためにもあと1年だけ続けて、自分を追い込まずに気楽に生活して、受験勉強もやる気がある時だけやって、受かったら理Ⅲにいけばいいし、落ちたらそんなもんだよなぐらいの感覚で気楽にいこうと、親と話し合って決めました。

大学は2年生になると勉強が一気に大変になり、全く受験勉強ができませんでした。そこで『大学への数学』の学力コンテストだけ毎月出し、それ以外は短期集中型に切り替えて夏休みに集中して受験勉強。12月中旬から共通テストの準備をして、その後は大学でテストがあったため、1月終わりから二次試験の勉強を始めました。この時は基礎の確認だけですね。漏れなく基礎が分かっていれば応用問題もできると思っていたので。

合格発表は手術後の病院で

今年の二次試験で以前と変えたのは、数学ではまず60点を取ることを考えて、その後にその先の60点のことを考えようということ。1番から順に解いていって4番で詰まったので、まず60点を確実に取るために1、2、3番の見直しをして、間違いがないことを確認してから5番を解きました。

次の6番は（1）を解き、（2）がちょっと考えて解けず、4番に戻ったら解けました。最後に6番の（2）をやって、答えを書き切りました。一応6完で開示は102点。いくつかミスがあって厳しく採点したら90点ぐらいと思っていたので、かなり部分点をつけてくれたのだと思います。

今年の合格発表は病気の手術日のすぐ後にあり、手術後の経過観察でポケッとしている時に見ました。ただ、病院内のＷｉ-Ｆｉ環境が悪くて、自分で見るより前に親や姉からのＬＩＮＥで受かったことを知りました。今年は受かるだろうと思っていたのもあって、ようやく理Ⅲに入れるんだという安堵の気持ちが大きかったです。支えてくれた家族、友人、特に4年も我慢してくれた親に対する感謝の念も同時に押し寄せてきました。

山梨大学で2年間学んだことの大きさ

合格発表の翌日が退院日で、それから4日以内に山梨大に退学届を出さないと3学期中の退学にならないと言われたので、急いで山梨大に行って退学届を出しました。それに遅れると4月の時点で大学に二重在籍することになってしまい、両方の大学から退学になってしまうんです。

今考えると、現役時代も浪人時代も直前期のやり込みが少なかったのと、試験当日の体調の整え方が下手でした。今回合格できたのは、短期集中型で本番1か月前にけっこうな量をやったので知識がしっかり残った状態で試験を受けられたのと、以前は直前期だと6時間くらいしか眠れなかったのを、8時間眠ることに決めて、試験当日の朝もしっかり食べるなど、試験前日までの健康面を整えるようにしたのが大きかったと思います。

2年も仮面浪人をしましたが、山梨大学での2年間で学んだことは大きかったです。例えば、ご献体の解剖までやったので、もう1回やったらさらに得られるものがあると思います。

浪人すると自分の力がつくし、現役生と浪人生の大きな違いは一回大きな挫折経験があるので、人として成長することもできる。浪人したら人生終わるみたいな感じに捉えてしまう人もいると思いますが、まだ後悔が残っているのだったら、浪人という選択肢も悪くないと思います。

オススメの参考書・塾・勉強法

数学

『青チャート』（数研出版）

基礎の網羅ができて、ここ20年くらいの入試問題であれば、類題が大体あるから。

『月刊 大学への数学』（東京出版）

学力コンテストで記述のチェックができるから。

『マスター・オブ・整数』（東京出版）

チャートでは、整数のみ力をつけにくいから。自分が整数分野が好きだから。

物理

教科書、『良問の風』（河合出版）

基礎を確認できるから。

『名問の森』（河合出版）

大体の入試物理の問題が載っているから。

化学

東海高校の化学テキスト・問題集

基礎確認ができるから。

『化学重要問題集』（数研出版）

入試問題にでてくる解法がほとんどあり、暗記系を除いたら、化学の新演習と大してレベルが変わらず、計算量少なく、時間をかけずに勉強できるから。

英語

『TED Talks』

字幕ありで1日5分見ていたら、3、4ヶ月で、東大リスニング一桁から20点超えできたから。

国語

『文脈で学ぶ 漢文句形とキーワード』（Z会）

漢文の基本が全て載っている。

『東大現代文プレミアム』（教学社）

模試はとれて、本試とれなかった現代文が、得点改善されたから。

アンケート

○理Ⅲ合格の自信は何%あった？
昨年4月100%、今年2月90%

○勤務医、開業医、研究医。どれになりたい？
勤務医 or 研究医　高度な手術をしたいから。また、研究をすることで、根本的な治療もしてみたいから。

○尊敬する医師・研究者は誰？
患者さんのために常に動ける医師。自分もそうなりたいから。

○医師以外でなりたい職業は？
ない

○東大の好きなところは？
他大学では体験できないプログラムがある。

○大学生活で、勉強以外にやりたいことは？
研究

○ストレス解消法は？
音楽を聞く。友達や家族と話す。

○あなたの長所と短所は？
長所：やる気があるものはやり切れる所。緊張をあまりしないこと。
短所：人に自分から話しかけるのが苦手。ミスをしすぎるところ。

○好きな本は？
『浜村渚の計算ノート』

○好きな映画や音楽は？
ディズニー、ジブリ映画、J-POP、K-POP

○受験勉強中、負けそうになった誘惑は？
当時いた医学部であと1年、2年で実習やCBT（医学生の受けるコンピューターを使った客観試験）があるという誘惑。

○理Ⅲ受験で最も大切なのは？
自分の実力が最も発揮できる睡眠時間を見つけて、当日それだけ寝られるようにすること。試験当日の3食をしっかり食べること。

○人生で最も必要なものは？
自分がやりたくて、かつ他人に迷惑をかけないことは、自分から行動すること。

高１の時にアメリカで数学の発表をした際の様子

合格者解答例この１題

科目 数学 第 6 問

(1) $f(x)=x(x^2+10x+20)$

$x=1,-1$ か $x^2+10x+20=1,-1$ であればよい.

i) $x^2+10x+20=1$ のとき,

$x^2+10x+19=0$

xは整数解を持たない.

ii) $x^2+10x+20=-1$ のとき,

$x^2+10x+21=0$

$(x+7)(x+3)=0$ $x=-3,-7$

$f(-3)=3$ $f(-7)=7$ より, $n=-3,-7$ が満たす.

よって, i) ii) より, $n=-3,-7$

← ここでなぜか $x=1,-1$ を試して書くのを忘れた.

(2) $g(x)=x(x^2+ax+b)$ ← この場合はx素数

$x=1,-1$ or $x^2+ax+b=1,-1$ となる中で, 整数解 x が 3つ以下であれば良い.

$T(x)=x^2+ax+b$ を考える.

i) $x^2+ax+b=1$ に1つ解を持つとする.

それをαとすると. (αは素数)(このとき αは $x^2+ax+b=1$ の解の大きい方)

$x=-a-\alpha$ のときも $T(x)=1$

$T(\alpha-1)=\alpha^2-2\alpha+1+a\alpha-a+b$

$T(\alpha)=\alpha^2+a\alpha+b=1$ よって $T(\alpha-1)=2-2\alpha-a$

⋮

この後流れは忘れてしまったが, 最後まで書いたけれど, 雑な証明で時間切れとなった記憶がある.

4の(2)のaによる分類も一部 a^2の値を書いたので, 4(2)と6(1)はミスで間違えて点数が引かれていると思う.

開示から考えて, 皆が解ける問題は減点多め, 完答でようやく点が出る, 皆が書けなかった問題は, 減点少なめ 部分点多めな気がする。

理学部2年
止まれ
STOP
15

鉄緑会

中高一貫校生対象の大学受験専門塾。中1から東大合格に的を絞ったカリキュラムを組むことで、確実に東大に合格する実力を養成する。

開成、桜蔭、筑駒をはじめとする6年一貫の一流校15校を指定し、その在校生のうちさらに厳しい入塾テストに合格した者のみを受け入れている。レベルの高い環境にあり、なおかつ鉄緑会の指導についていける高い学力を有することを確認したうえで受け入れるための制度だ。特に優秀ならば、指定校以外の生徒にも門戸を開いている。

講師陣は東大卒の専任講師を中心にほぼ全員が東大生・東大卒業生から厳選されており、自らの経験に裏打ちされた指導を行なう。講師の過半数が東大理Ⅲ・医学部出身なので、医学部を目指す受験生にとって具体的な相談相手や目標ともなる。鉄緑会出身で理Ⅲ合格後に講師を志望する者も多い。

独自カリキュラムに基づいて作成された教材は、一つの問題に対して複数の有効なアプローチ法を提示し、答案作成時の注意点にまで踏み込む密度の高いもの。万全な学習体勢を作るための家庭学習用問題集と、授業終了後の徹底した居残り指導によって、疑問点を決して残さないようにしている。

〒151-0053　東京都渋谷区代々木1-55-8
（JR代々木駅北口から徒歩1分、新宿駅新南改札から徒歩5分）
TEL 03-3375-6893
URL www.tetsuryokukai.co.jp
●現役専門　●今年度東大合格者数（大阪校含む）：理Ⅰ 245名、理Ⅱ 87名、理Ⅲ 56名（定員100名中）
●大阪校　〒530-0012 大阪市北区芝田2－1－18 西阪急ビル2F　TEL 06－6485－0170
URL tetsuryokukaiosaka.jp
大阪校は京大医、阪大医の講師が多く、東京校と同じカリキュラムによる指導を行っている。

駿台予備学校

理Ⅲを目指す浪人生向けの「スーパー東大理系演習コース」は毎年多くの理Ⅲ合格生を送り出している。また、「EX東大理系コース」「EX東大理系演習コース」は選抜制となる。現役合格を目指す高校生向けの「選抜・東大レベル」「選抜・医系」コースは高度な応用力、実践力を養成している。

熟成されたオリジナル教材に基づき、医学部入試に精通した講師陣が論述力、応用力、思考力を養成する。創立百年を超え、実例に基づくデータの豊富さは随一で、一人ひとりの成績状況を過去のデータと照らし合わせ、克服すべき課題を適切にアドバイスしてくれる。また、近年、AI・ICTによる個別サポートも徹底しており、駿台浪人生全員にタブレットを貸与している。

URL：https://www2.sundai.ac.jp/

河合塾

東大入試で問われる本質的な学力を育む指導とカリキュラム、学習意欲が高まる環境、東大入試を全体把握できる情報分析。これらが相乗効果を生み、抜群の東大合格実績につながっている。

高卒生のための「大学受験科」では、東大専門特化校舎の本郷校をはじめ、全国の校舎に東大コースを設置。中高一貫校生対象のMEPLOは、グローバルリーダーの養成を目指している。現役合格を目指す高校生のための「高校グリーンコース」では、東大対策講座／特別選抜講座を全国の校舎に展開している。

東大教授や医師・医療従事者などの講演会や河合塾OB・OGによる現役東大生ガイダンスなどを開催し、単に理Ⅲに合格できればいいというのではなく、どんな医師・研究者を目指すのかを見据えられる環境を提供している。

URL：www.kawai-juku.ac.jp

SEG

SEGは「Scientific Education Group」（科学的教育グループ）の略。中学生と高校生を対象に、理数系と英語を中心に教えている。

都内の有名私立校の生徒が多数在籍しているが、誰でも入会できる。入会の際に試験があり、それによりクラス分けされる。通常授業に入会する生徒のために季節講習も開講している（無試験）。2024年の東大合格者は69名で、そのうち理Ⅲ合格者は1名となっている。

授業は大学入試だけに焦点を当てたものではなく、大学入学後も見据えた指導を行なっている。高校数学では「基礎の徹底理解」と「実験・発見・証明」にこだわり、英語ではネイティブ講師の指導により英語の原書を数多く読む「多読」が中心になっている。

URL www.seg.co.jp

東進ハイスクール・東進衛星予備校

現役合格実績において近年注目を集める東進ハイスクール・東進衛星予備校は、首都圏を中心に東進ハイスクールが約100校、東進衛星予備校が全国に約1000校を展開。最先端のITを駆使した学習コンテンツと担任による熱誠指導により、2024年の東大現役合格者は834名で、うち理Ⅲは42名となっている。

東大現役合格を目指す高校生を対象に、短期集中型の「東大特進コース」を設置。東京（御茶ノ水・渋谷）・大阪・名古屋の4会場での一斉ライブ授業のほか、インターネットを活用しての自宅受講可能な講座もある。

授業は東大講座を歴任してきた講師陣が担当。東大入試の分析に基づいたカリキュラムで受験を超えた学問の本質に通じる「本物の実力」を伝授する。

URL www.toshin.com

☆価格には消費税が加算されます

東大文系への数学
東大文系数学専門の
実戦力を養う
東大模試15回
東京大学への道

難解な問題を避け、確実に得点を稼ぎ出す！　100分４題を15回分収録した、実戦式テキスト。
1500円

東大合格への日本史
プロフェッショナルが
導きだした東大日本史
公式120
東京大学への道
代々木ゼミナール元講師
かえつ有明高等学校教諭
前田秀幸

日本史の公式を打ち出し、ＣＤで知識を耳からも吸収！　東大日本史攻略への鍵を集中的に覚える！　　CD付　1700円

模試でダントツの全国１位を獲得し、東大にトップクラスの成績で合格した学生のノートを教科別に掲載。　1400円

公立の中学・高校から、塾なし・予備校なしでも、東京大学に合格するためのメソッドを東大生が開発！　1500円

『つなぎ合わせる技術』で必要な知識を確実に記憶し、塾・予備校なしで開成トップ、東大合格を果たした著者の実戦的記憶術！　1300円

30年にわたって東大生1000人以上の小中高時代を調査研究し、子供を勉強好きにさせる具体的な方法を導き出した保護者必携の一冊。　1500円

「東大理III 合格の秘訣㊳ 2023」　1800円
「東大理III 合格の秘訣㊲ 2022」　1800円
「東大理Ⅲ 合格の秘訣㊱ 2021」　1800円
「東大理Ⅲ 合格の秘訣㉟ 2020」　1800円
「東大理Ⅲ 合格の秘訣㉞ 2019」　1800円
「東大理Ⅲ合格の秘訣㉝」　1800円
「東大理Ⅲ合格の秘訣㉜」　1800円
「東大理Ⅲ合格の秘訣㉛」　1800円
「東大理Ⅲ合格の秘訣㉚」　1800円
「東大文Ｉ合格の秘訣⑦」　1800円
「東大文Ｉ合格の秘訣⑥」　1800円
「東大文Ｉ合格の秘訣⑤」　1700円

→書店でご注文ください。お問い合わせはデータハウス（電話 03-5334-7555）へご連絡ください。

センター試験トップの成績を収めた著者が極秘のノウハウを大公開。合格に近づく点数を１点でも多く稼ぎ出せ!!
1300円

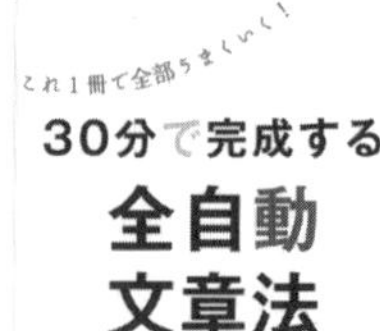

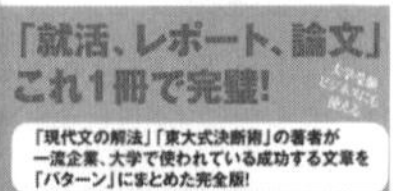

東大法学部、司法試験、大手渉外法律事務所と難関試験を次々に突破した著者が贈る、短時間で自動的に文章を作る方法。
1300円

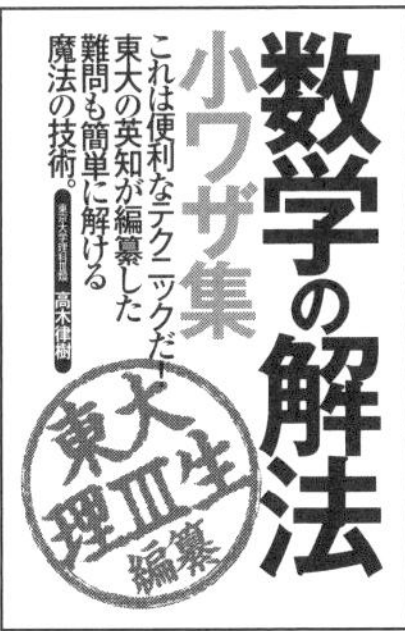

東大入試のための必勝テクニックを現役東大生が解説した、東大数学のちょっとした小技集!!
1500円

東大合格への数学
東大理Ⅲ生が発見した究極のテクニック

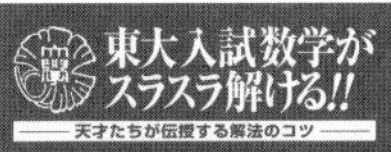

現役の東大理Ⅲ生が頻出過去問を中心に解説、東大数学合格への究極のテクニックを紹介。
1500円

センター試験
30点アップする
一夜漬け勉強法
一発逆転のテクニック教えます!!

センター試験で満点や高得点を叩きだした現役の東大生たちによって書かれた、センター試験安全攻略法。

1400円

東大合格への世界史
東大文Ⅰ生が教える日本語力で解く論述テクニック

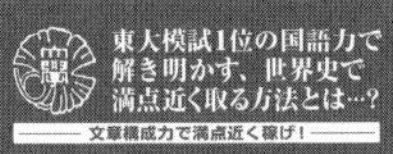

現役東大生が解説する「東大入試のための世界史」その体験に基づいた最新の世界史攻略法を、東大の過去問を中心として伝授。
1500円

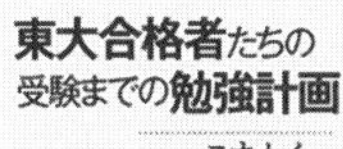

こまかく、ていねいに、教えます。
東大合格への道標

東京大学合格者が、東大受験に向けた心構えや過ごし方から、参考書をどの時期まで行ったなど、詳細に記述。

1500円

東大合格への物理
東大医学部生が教える最高物理へのアプローチ

最高レベルの問題を分かりやすく、丁寧に解説した東大物理攻略の基本テキスト。
1500円

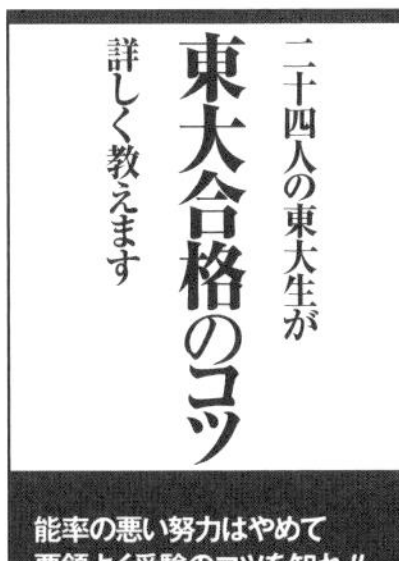

能率の悪い努力はやめて
要領よく受験のコツを知れ!!
1500円

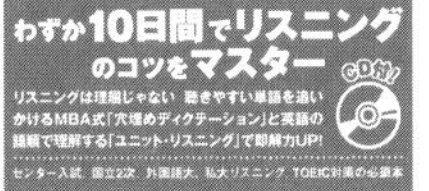

リスニングのプロフェッショナルが確立した10日間の集中プラクティス。わずか10日でリスニングのコツをマスター!!
1600円

文系最難関への合格法
2012年東京大学文科Ⅰ類に合格を果たした38人の成功例に見る東大文Ⅰへの合格術。

東大文Ⅰに合格した学生たちによる実力養成のための『おすすめの参考書』や合格点を叩き出すための勉強方法を解説。

1800円

東大理Ⅲ 合格の秘訣㊴ 2024

2024年7月5日　初版第1刷発行

編　著　「東大理Ⅲ」編集委員会

スタッフ　大室衛
川嵜兼暁
後藤宰人
齋藤公二
里中高志
本荘そのこ

発行者　鵜野義嗣

発行所　株式会社データハウス
〒160-0023　東京都新宿区西新宿 4-13-14
☎ 03-5334-7555（代）
HP　http://www.data-house.info/

印刷所　三協企画印刷

製本所　難波製本

ISBN978-4-7817-0260-5　C7037